知识生产的原创基地

BASE FOR ORIGINAL CREATIVE CONTENT

颉腾商业

JIE TENG BUSINESS

SUPPLY CHAIN 4.0

IMPROVING SUPPLY CHAINS WITH ANALYTICS AND INDUSTRY 4.0 TECHNOLOGIES

供应链4.0

大数据和工业4.0
驱动的效率革命

[英] 艾梅尔·埃克特斯（Emel Aktas） 迈克尔·布拉基斯（Michael Bourlakis）
[希腊] 伊沃阿尼斯·米尼斯（Ioannis Minis） 瓦西里厄斯·泽姆佩基斯（Vasileios Zeimpekis） 编著

刘大成 周家弘 译

SPM 南方传媒 | 广东经济出版社

·广州·

Title: Supply Chain 4.0, 1 Edition,by Emel Aktas, Michael Bourlakis, Ioannis Minis, Vasileios Zeimpekis

This translation of Supply Chain 4.0 is published by arrangement with Kogan Page.

图书在版编目（CIP）数据

供应链 4.0：大数据和工业 4.0 驱动的效率革命（英）艾梅尔 · 埃克特斯等编著；刘大成，周家弘译 .—广州：广东经济出版社，2022.8

ISBN 978-7-5454-8313-0

Ⅰ.①供… Ⅱ.①艾… ②刘… ③周… Ⅲ.①制造工业－供应链管理－研究 Ⅳ.① F407.469

中国版本图书馆 CIP 数据核字 (2022) 第 052663 号

版权登记号：19-2022-048

策　　划	颉腾文化	**封面设计**	Colin
责任编辑	陈潇　王春蕊　李沁怡	**责任技编**	陆俊帆

供应链 4.0：大数据和工业 4.0 驱动的效率革命

GONGYINGLIAN 4.0：DASHUJU HE GONGYE 4.0 QUDONG DE XIAOLÜ GEMING

出 版 人　李　鹏
出版发行　广东经济出版社（广州市环市东路水荫路 11 号 11 ～ 12 楼）
经　　销　全国新华书店
印　　刷　北京市荣盛彩色印刷有限公司（河北省保定市涿州市常家庄村）
开　　本　710 毫米 ×1000 毫米　1/16
印　　张　17.25
字　　数　273 千字
版　　次　2022 年 8 月第 1 版
印　　次　2022 年 8 月第 1 次
书　　号　ISBN 978-7-5454-8313-0
定　　价　79.00 元

图书营销中心地址：广州市环市东路水荫路11号11楼
电话：（020）87393830　邮政编码：510075
如发现印装质量问题，影响阅读，请与本社联系
广东经济出版社常年法律顾问：胡志海律师

Translator's Foreword | 译者序

清华大学互联网产业研究院副院长兼物流产业研究中心主任
中国通信学会创新驱动工作委员会副主任
中国通信工业协会 5G 专业委员会副主任
刘大成

当我看到 *Supply Chain 4.0* 这本书时，就决定把它翻译成中文，并向自己的学生和中国读者介绍这本书。一方面，书中的一些作者是国际上极其著名的供应链学者。如《国际物流管理杂志》（*International Journal of Logistics Management*）的联合创始人兼联合主编马丁·克里斯托弗（Martin Christopher）教授，他在 2005 年获得了美国供应链管理专业协会（CSCMP）（旧名：美国物流管理协会）授予的“卓越服务奖”，他提出的“未来的竞争不再是企业和企业之间的竞争，而是供应链之间的竞争”宣言，在过去的 20 年里被我无数次在课堂和各种国际或国内学术论坛上引用。另一方面，中国互联网经济 / 移动互联网经济、电商经济和直播经济等数字经济的高速发展，使得中国商业市场的规模经济与网络经济和范围经济高度融合，特别是以 4G、5G 为代表的通信基础设施在全国范围内的大规模建设和运营，使得在一些罅隙市场中的生产商（也可以是总经销商）有能力最大限度地接近消费者，这就使得书中倡导的“供应链 4.0”有条件在这些罅隙市场的供应链中落地。

近年来，政府出台了一系列促进消费的政策，无论是“国内国际双循环”“新基建”，还是“碳达峰”“碳中和”，都通过定位于产业结构转型升级来面向消费、培育消费、引导消费和满足消费，减少资源消耗、减少环境污染和增强供需匹配。中国漫长的“重农抑商”历史，导致“全面以消费者为中心”的竞争哲学更多地停留在理念和口号上，而改革开放 40 多年实现的在全球中低端制造市场里具有超强生产能力的“中国制造”，如今也面临着“消费不足”的最大挑战。1993年国内生产与消费刚刚取得历史上第一次基本平衡，1996年国内轻工业品生产总额就占据了当年中国GDP的50%，仅仅3年，“中国制造”能力就远远超过了“中国消费”能力；2001年，中国正式加入世界贸易组织（WTO），“中国制造”开始满足“全球消费”；2008年，中国就能启动4万亿元投资“铁公基”拉动消费，仅仅6年，“中国制造”能力就远远超过了中低端市场的“全球消费”能力。面向消费者，满足供需的精准匹配成为每个产业共同面对的挑战和未来获取市场竞争优势的关键，而工业4.0、大数据、云计算、人工智能（AI）、区块链和机器人等一系列新的数字技术和装备都为供应链4.0的应用或落地提供了前所未有的系统支撑。

2001年，当我在清华大学，同时也是在国内高校首次开设“供应链管理”（Supply Chain Management，SCM）本科生课程时，国内多数行业的业内人士尚未听说过这一名词。20年后，不仅供应链创新与应用成为国内顶层设计的国家战略和轰轰烈烈的行业行动，许多供应链管理的理念、规划和实践也早就根植于国内企业家的脑海，并在国内各行各业的具体实践中落地。然而，随着经济全球化、制造全球化和消费全球化的持续升级，全球资源配置能力也得到了空前、高速的提升，满足消费者需求和争夺消费者的市场竞争越来越激烈，供应链管理随之不断地升级，以满足消费者的需求驱动为标志的供应链4.0体系也开始形成并持续完善，相信未来国内会有更多人认识、理解、更新和应用供应链4.0的理论和实践成果。

本书的翻译得到了清华大学工业工程系科研助理周家弘和平安集团资产管理有限公司刘子嘉的鼎力支持，同时还得到了北京颉腾文化传媒有限公司创始人兼CEO周中华的无私帮助，以及出版社各位编辑的指导，在此一并表示感谢。

2022年2月

About the Editors | 关于编者

艾梅尔·埃克特斯（Emel Aktas）教授担任克兰菲尔德管理学院（Cranfield School of Management, CSM）供应链分析学系主任。她专门从事数学建模、模拟、决策支持系统和统计分析，以解决供应链问题，特别是运输、零售和制造部门的问题。她研究的重点是食品供应链管理，其中一个项目（SAFE-Q）是关于尽量减少食品供应链中的浪费，另一个项目（U-TURN）是关于城市食品配送的物流协作实践。她的研究成果发表在《欧洲运筹学杂志》（*European Journal of Operational Research*）、《接口》（*Interfaces*）、《国际生产经济学杂志》（*International Journal of Production Economics*）和《人类行为计算》（*Computers in Human Behavior*）上。

迈克尔·布拉基斯（Michael Bourlakis）教授是克兰菲尔德管理学院的研究主任，物流、采购和供应链管理小组的负责人，同时也是国际知名的物流和供应链管理的权威。他富有影响的思想领导力受到了媒体（BBC 新闻、ITV 新闻、《卫报》《华尔街日报》等）的广泛关注。他是 15 种期刊的编委会成员，获得了 30 多项研究和咨询项目资助，发表了 250 多篇论文，其中包括 68 篇期刊论文。布拉基斯教授曾与家乐福（Carrefour）、敦豪（DHL）、莱坊（Knight Frank）、麦德龙（Metro）和索奈集团（Sonae）等多家跨国公司合作，并一直是特易购（Tesco）首席执行官主持的“食品未来”顾问委员会成员。

伊沃阿尼斯·米尼斯（Ioannis Minis）教授自 2002 年起就担任爱琴大学（University of the Aegean, UA）金融与管理工程系教授。他的专长领域包括供应链管理、生产和运营系统。米尼斯教授持有马里兰大学（University of Maryland, UMD）机械工程系博士学位，曾任助理教授和副教授（1988—1997 年）。

他从事运营和供应链方面的研究已有32年之久，著有四卷编辑卷、65篇期刊文章和60多篇会议论文。他还作为首席研究员负责超过35个研究项目。米尼斯教授是1993年美国制造工程师学会（SME）“Earl E. Walker杰出青年制造工程师奖”的获得者，他还是希腊政府咨询机构供应链增长和竞争力国家委员会的主席。在供应链和运输领域，米尼斯教授为多家国际公司和组织提供咨询服务。

瓦西里厄斯·泽姆佩基斯（Vasileios Zeimpekis）博士是爱琴大学金融与管理工程系的助理教授，也是DeOPSyS研究实验室的副主任，曾被任命为联合国欧洲经济委员会（UNECE）及希腊物流部门发展和竞争力委员会的运输和物流专家。他的研究方向集中在物流运营和信息系统。在过去的20年中，他发表了大量关于供应链主题的文章，并参与了50多个研究项目和150个工业项目。

Contributors | 投稿人

Imran Ali, School of Business and Law, Central Queensland University 120 Spencer Street, Melbourne VIC 3000, Australia. Email: i.ali@cqu.edu.au

伊姆兰·阿里（Imran Ali）博士目前是澳大利亚中央昆士兰大学（Central Queensland University, CQU）墨尔本校区商业与法律学院的运营和创新管理讲师。他拥有南澳大学（University of South Australia，UniSA）商学院的运营和供应链管理博士学位。在进入学术界之前，阿里博士在领先行业担任过各种管理职务（超过 10 年），并通过业务分析、问题驱动的研究和效益实现报告为提高组织生产率做出了贡献。阿里博士与主要利益相关者（包括联合国开发计划署）合作完成了 4 个研究项目，他研究的重点是工业 4.0、气候变化、可持续性以及供应链中的风险和弹性。

Jeremy Archbold, Dow Chemical Company, Midland, MI 48674, USA. Email: JArchbold@dow.com

杰里米·阿奇博尔德（Jeremy Archbold）是位于陶氏全球总部（the Dow world headquarters）的数字配送中心集成供应链（Integrated Supply Chain, ISC）的分析学负责人。他利用分析技术与陶氏全球的职能和业务合作伙伴进行创新。他在过去两年中一直是 ISC 核心创新团队的一员，并在陶氏公司工作了 20 年。他的研究重点是通过数字化、流程改进、数据分析和决策支持系统来增强客户服务、供应链、项目管理和人员领导力。

Zina Ben Miled, Electrical and Computer Engineering Department, School of Engineering and Technology, Indiana University - Purdue University Indianapolis, 723

West Michigan Street, Indianapolis, IN 46202, USA. Email: zmiled@iupui.edu

齐娜·本·米莱德（Zina Ben Miled）女士于1988年在美国俄勒冈州科瓦利斯市的俄勒冈州立大学（Oregon State University，OSU）获得学士学位，并分别于1990年和1997年在美国印第安纳州西拉法叶市的普渡大学（Purdue University，PU）获得计算机工程硕士和博士学位。她目前是美国印第安纳州印第安纳大学－普渡大学印第安纳波利斯联合分校（Indiana University－Purdue University Indianapolis, IUPUI）电气和计算机工程系的副教授。她的研究方向包括数据分析和知识发现（knowledge discovery）、数据模型和大规模面向服务的软件体系架构。她在期刊和会议上与其他学者合著了多篇技术论文，是IEEE高级会员，也是“印第安纳州女性高科技奖”的获得者。

Stephen J. Childe, Plymouth Business School, University of Plymouth, Plymouth, PL4 8AA, UK. Email: stephen.childe@plymouth.ac.uk

斯蒂芬·J. 蔡尔德（Stephen J. Childe）博士是英国普利茅斯大学（University of Plymouth）普利茅斯商学院运营管理系副教授，国际航运、物流和运营管理系主任。他是英国高等教育学院的高级研究员、特许工程师和工程技术学会成员，同时也是国际信息处理联合会（IFIP）WG 5.7生产管理系统（APMS）进展会议的成员之一。他的研究领域包括改善管理、服务运营及供应链，特别是在发展循环经济理念方面，提议在不进一步损害人类和地球的情况下提供服务和商品。

Martin Christopher, Emeritus Professor, Cranfield School of Management, Cranfield University, College Road, Cranfield, MK43 0AL, Bedfordshire, UK. Email: m.g.christopher@cranfield.ac.uk

马丁·克里斯托弗（Martin Christopher）是克兰菲尔德管理学院名誉教授。克里斯托弗教授对物流和供应链管理的贡献是国际公认的，著有众多学术论文和教科书，文章被引用超过45000次。克里斯托弗教授与他人共同创办了《国际物流管理杂志》，并担任了18年的联合主编。他在物流和供应链管理方面领导了许多研究项目，并在许多组织担任顾问，同时也是英国皇家物流与运输学会（CILT）名誉会员和英国皇家采购与供应学会（CIPS）会员。

Brooke Renee Cochenour, Electrical and Computer Engineering Department, School of Engineering and Technology, Indiana University - Purdue University Indianapolis, 723 West Michigan Street, Indianapolis, IN 46202, USA. Email: bcocheno@iupui.edu

布鲁克·勒妮·科奇努尔（Brooke Renee Cochenour）女士于2018年获得中佛罗里达大学（University of Central Florida，UCF）计算机科学学士学位。她目前正在印第安纳大学-普渡大学印第安纳波利斯联合分校攻读计算机工程硕士学位。她的研究方向包括软件工程和机器学习。

Rameshwar Dubey, Montpellier Business School, Montpellier Research in Management, 2300 Avenue des Moulins, 34185 Montpellier, France. Email: r.dubey@montpellier-bs.com

拉梅什瓦尔·杜贝（Rameshwar Dubey）博士是法国蒙彼利埃高等商学院（Montpellier Business School, MBS）副教授。在任教于蒙彼利埃高等商学院之前，他曾在印度和中国的知名大学以及制造行业工作。他的研究方向包括人道主义运营管理、创新技术在供应链设计和制造管理中的应用。他是多个领先技术和运营管理期刊的编辑委员会成员。他作为主要作者在国际领先技术和运营管理期刊上与其他学者合著了100多篇研究文章，包括《国际生产经济学杂志》、《国际运营与生产管理杂志》（*International Journal of Operations and Production Management*）、《国际生产研究杂志》（*International Journal of Production Research*）以及其他国际领先技术和运营管理期刊。

Anastasios Gialos, Researcher, Department of Financial and Management Engineering, School of Engineering, University of the Aegean, Kountouriotou 41, Chios,

Greece, GR 8210. Email: fmer180031@fme.aegean.gr

阿纳斯塔西奥斯·贾洛斯（Anastasios Gialos）先生是爱琴大学的研究员，也是供应链运营管理和优化方面的高级顾问。在过去十年中，他参与了一系列项目，涉及运营审计、业务流程再造、仓库布局设计、基于活动的成本核算、逆向物流、库存补充模型、物流 4.0 技术的设计和开发及可持续性。他在学术期刊和会议上发表了超过 15 篇论文，拥有金融和管理工程硕士学位、工业管理和技术硕士学位以及系统工程硕士学位，同时也是希腊技术商会和希腊物流协会的成员。

Angappa Gunasekaran, School of Business and Public Administration, California State University, Bakersfield, 9001 Stockdale Highway, Bakersfield, CA 93311–1022, USA. Email: agunasekaran@csub.edu

安加帕·古纳塞卡兰（Angappa Gunasekaran）博士是加利福尼亚州立大学（California State University, CSU）贝克斯菲尔德分校商业与公共管理学院院长兼教授。此前，他曾担任马萨诸塞大学达特茅斯校区查尔顿商学院院长（2013—2017 年）、决策与信息科学系主任（2006—2012 年）和商业创新研究中心创始主任（2006—2017 年）。他在同行评审的期刊上发表了 400 多篇文章，在会议上发表了 50 余篇论文以及 50 篇文章，并多次受邀到多个国家进行演讲。他是多个期刊编委会的成员，并在运营管理和信息系统新兴领域组织了多次国际会议。

Henning de Haas, Aarhus University, Department of Business Development and Technology, School of Business and Social Sciences, Aarhus University, Birk Centerpark 15, 7400 Herning, Denmark. Email: hdh@btech.au.dk

亨宁·德哈斯（Henning de Haas）博士是奥尔胡斯大学（Aarhus University, AU）商业与社会科学学院商业发展与技术系供应链管理助理教授。他的研究和教学领域包括供应链管理、学习供应链、可持续供应链管理和运营管理。他在领导和管理不同公司的供应链运营和优化方面拥有超过 20 年的实际行业经验，如 Bang & Olufsen、AGCO Systems、LEGO System、BB Electronics、KK Wind Solutions、Vestas Wind Systems；并在众多工业企业担任管理顾问。

Benjamin T. Hazen, Logistikum, University of Applied Sciences Upper Austria, Wehrgrabengasse 1 - 3, 4400, Steyr, Austria. Email: hazenscm@ gmail.com

本杰明·T. 黑曾（Benjamin T. Hazen)）博士是上奥地利应用科学大学（University of Applied Sciences Upper Austria, UASUA）后勤学系研究教授。他投身于供应链可持续性、技术和创新领域研究，是一名退休的美国空军军官。黑曾博士在多个学科的顶级期刊上发表了 70 多篇经过同行评审的文章，并在多个期刊的董事会任职，此前曾担任《国际实物分销与物流管理杂志》（*International Journal of Physical Distribution and Logistics Management*）、《国际物流管理杂志》和《国防分析与物流杂志》（*Journal of Defense Analytics and Logistics*）的主编。

James Kench, Commercial Director, Cysiam Limited, The Mansion, Bletchley Park, Bletchley, Milton Keynes MK3 6EB. Email: james.kench@cysiam.com

詹姆斯·肯奇（James Kench）曾就读于威尔士教堂学校（Wells Cathedral School）和卡迪夫大学（Cardiff University），之后在拉卡（Racal）雷达防御系统公司担任采购员。多年来，他在多个行业领域（包括国防和航空航天、电信）的商业战略制订和实施方面取得了令人羡慕的成就。作为 Cysiam 有限公司的商务总监，詹姆斯负责 Cysiam 有限公司与其客户、员工、合作伙伴、承包商和供应商之间各种商业关系的维护。他与妻子埃洛伊斯（Eloise）和两个女儿住在萨默塞特（Somerset）。

John Bang Mathiasen, Aarhus University, Department of Business Development and Technology, School of Business and Social Sciences, Aarhus University, Birk Centerpark 15, 7400 Herning, Denmark. Email: johnbm@btech.au.dk

约翰·班·马赛厄森（John Bang Mathiasen）是奥尔胡斯大学商业发展与技

术系的副教授和博士。他的研究方向是社会技术实践中的学习过程，其中重点是运营实践和供应链实践的持续数字化。在开始学术生涯之前，马赛厄森担任了十多年的高级经理和顾问。

Roberto Goularth Mendes, Spc, Founder and CEO of Data Runk, Av XV de Novembro, 550–Centro, 89010–000, Blumenau, Santa Catarina, Brazil. Email: Roberto.mendes@datarunk.com

罗伯托·古拉斯·门德斯（Roberto Goularth Mendes）是 Data Runk IT 运营智能咨询公司的创始人兼首席执行官。他是一名信息技术专家，在区域和跨国公司的 IT 和电信项目方面拥有超过 18 年的经验。目前，他正在提供有关 IT 智能、大数据和业务分析架构的高级 IT 服务。

Hamid Moradlou, Lecturer in Logistics and Supply Chain Management, Cranfield University, Centre for Logistics, Procurement and Supply Chain Management, Cranfield, Bedfordshire, MK43 0AL, UK. Email: hamid.moradlou@cranfield. ac.uk

阿米德·莫拉德鲁（Hamid Moradlou）博士是克兰菲尔德管理学院物流和供应链管理讲师。他在巴斯大学获得机械工程与制造管理学士学位，随后在拉夫堡大学获得先进制造工程与管理硕士学位。他还获得了由拉夫堡大学沃尔夫森机械、电气和制造工程学院颁发的供应链管理博士学位。他集中研究供应链选址决策，如发达国家的离岸外包（offshoring）和再支撑现象，以及新一代技术、工业 4.0 技术、增材制造和区块链对供应链配置的影响。

Tiago Pedro Nicchellatti, MSc, Lecturer at Leonardo da Vinci College, E-learning Department, Rodovia BR–470, Km 71, 1.040–Benedito, 89130–000, Indaial, Santa Catarina, Brazil. Email: tiago.nicchellatti@uniasselvi. com.br

蒂亚戈·佩德罗·尼切拉蒂（Tiago Pedro Nicchellatti）是 T27 组织智能咨询和 T27 Connect Hub 协同工作的创始人兼首席执行官。作为莱昂纳多·达·芬奇学院的讲师，他教授本科生和研究生有关商业战略、销售管理战略的研究方法，同时也研究商业领域的新技术应用。

Thanos Papadopoulos, Kent Business School, University of Kent, Sail and Colour Loft, The Historic Dockyard, Chatham, Kent ME4 4TE, UK. Email: A.Papadopoulos@kent.ac.uk

萨诺斯·帕帕佐普洛斯（Thanos Papadopoulos）博士是英国肯特大学（University of Kent）商学院管理学（信息系统/运营管理）教授和MBA课程主任。他拥有希腊帕特雷大学计算机工程和信息学硕士学位（MEng）、希腊雅典经济与商业大学信息系统硕士学位以及英国华威商学院管理学博士学位。他的研究定位于运营和信息管理的纽带，研究重点是在组织和供应链内战略性地利用信息系统改进流程和实现可持续性。

Alexandre Luis Prim, PhD, Senior Lecturer at National Commercial Apprenticeship Service, Management Department, Av Brasil, 610–Ponta Aguda, 89050–000–Blumenau, Santa Catarina, Brazil. Email: alexandre.prim@prof. sc.senac.br

作为国家商业学徒服务中心（National Commercial Apprenticeship Service）的高级讲师，亚历山大·路易斯·普里姆（Alexandre Luis Prim）博士教授本科生和研究生有关运营和供应链管理（O & SCM）、项目管理和业务战略的知识。他的主要研究领域包括运营战略、供应链管理，以及运营和供应链管理领域的新技术应用。

Sattar Satie, Royal Commission for Jubail and Yanbu, Jalmudah, Al Jubail 35819, Saudi Arabia. Email: Satie.abs@gmail.com

萨塔尔·萨蒂（Sattar Satie）是（土木）工程领域经验丰富的从业者、顾问和研究员。他拥有中国辽宁石油化工大学的工程学士（Bachelor of Engineering, BE）学位。在过去五年中，萨蒂一直参与建筑结构的设计与维护和基础设施的建设与监督，如道路、桥梁、发电厂，以及供水和污水处理系统。他的研究重点在于工业 4.0 技术对提高供应链中特别是土木工程领域公司的生产力和绩效的影响。

Hamed Seddighi, Student Research Committee, University of Social Welfare and Rehabilitation Sciences, Kodakyar Ave, Daneshjou Blvd, Tehran, Iran. Email: hseddighi@gmail.com

在过去十年中，哈米德·赛迪吉（Hamed Seddighi）一直致力于研究自然灾害期间的人道主义服务，尤其是灾难中的人道主义后勤和儿童健康。自 2009 年以来，赛迪吉在伊朗红新月会（Iranian Red Crescent Society，IRCS）担任过多个行政职务，包括青年事务副主任、教育与研究副主任。他是欧洲儿童和青少年家庭护理科学协会的董事会成员。该协会主要面向儿童和家庭福利领域。他获得了管理学硕士学位和工业工程学士学位，并且是社会福利和康复科学大学健康和社会福利专业的博士候选人。

Søren Skjold Andersen, Jysk Råhusmontage, Skjoldbjergvej 2, 6623 Vorbasse, Denmark. Email: sa@skjold-andersen.dk

瑟伦·绍尔德·安德生（Søren Skjold Andersen）拥有南丹麦大学的经济学和工商管理、管理和领导学理学硕士学位。他曾在建筑行业的一家公司担任了 8 年的首席执行官。由于对 IT 兴趣浓厚，他将用于数据收集、协作和信息共享的现代数字工具引入了一个保守的行业中。他的研究包括供应链管理、变革管理、管理哲学、运营管理和约束理论，已发表的研究可在《国际生产研究杂志》上找到。

Patrick Strauss, Chief Digital Strategist, Luxoft, 51 Eastcheap, Billingsgate, London EC3M 1JP. Email: PStrauss@luxoft.com

帕特里克·施特劳斯（Patrick Strauss）在数字化转型和创新解决方案方面拥有 20 多年的经验。他热衷于提供卓越的客户体验，并专注于物联网和工业 4.0、供应链、射频识别（Radio Frequency Identification，RFID）和数字客户体验等技术领域，其中关键应用包括资产和库存管理、智能工厂、智能建筑、自动驾驶汽车和互联客户。施特劳斯曾与全球工业市场中的许多行业开展了广泛合作，如零售、制造、汽车/航空航天、医疗保健/生命科学、物流/供应链、消费品、公用事业、建筑和公共部门。他是相关行业活动的定期演讲者和会议主席，也是克兰菲尔德大学物联网和数字供应链客座讲师。

Torben Tambo, Aarhus University, Department of Business Development and Technology, School of Business and Social Sciences, Aarhus University, Birk Centerpark 15, 7400 Herning, Denmark. Email: torbento@btech.au.dk

托本·坦博（Torben Tambo）是奥尔胡斯大学商业发展与技术系的副教授，也是以技术为基础的企业发展理学硕士。此前，他在电信、制造和分销领域担任了 17 年的首席信息官。作为首席信息官，他使欧洲最大的时尚零售公司之一完成了数字化转型，研究内容包括企业架构、信息系统、零售和供应链管理，以及工程管理。坦博曾在《企业架构杂志》（*Journal of Enterprise Architecture*）、《经济动力学与控制杂志》（*Journal of Economic Dynamics and Control*）、《零售与消费者服务杂志》（*Journal of Retailing & Consumer Services*），以及能源和产业转型领域的期刊上发表过文章。

Vinh Thai, School of Business IT and Logistics, RMIT University, 124 La Trobe Street, Melbourne VIC 3000, Australia. Email: vinh.thai@rmit.edu.au

永泰（Vinh Thai）博士目前是澳大利亚皇家墨尔本理工大学（Royal Melbourne Institute of Technology，RMIT）会计、信息系统和供应链学院的副教授。他也是《亚洲航运与物流杂志》（*The Asian Journal of Shipping and Logistics*）的副主编。他曾参与东盟秘书处、日本国际协力机构（JICA）、越南世界银行、印度尼西亚世界银行的咨询项目，并应邀在国际学术和行业会议及研讨会上发言。在进入学术界之前，他曾在海运物流行业的多家公司工作，包括 P&O Nedlloyd 航运公司和越南国际集装箱码头。

Markus Voss, CIO and COO DHL Supply Chain Office: 15.106, Charles-de-Gaulle-Straße 20, 53113 Bonn, Germany. Email: Markus.Voss@dhl.com

马库斯·沃斯（Markus Voss）获得了物理化学博士学位，并在 2003 年加入德国邮政敦豪集团（Deutsche Post DHL Group）之前担任了将近 5 年的顾问。此后，他担任过多个高级领导职务，如 DHL 供应链欧洲大陆、中东和非洲的首席信息官。他最近被任命为 DHL 供应链的首席运营官和首席信息官，负责监管 50 多个国家 / 地区的 2500 家供应链公司运营。他管理着一个由 2000 多位 IT 专家、1000 多位供应链专家和 300 多位解决方案设计工程师和专家组成的全球组织，其分部价值 130 亿欧元，为各行各业的公司提供仓储、运输和增值服务。

Martyn Walker, Chief Executive Officer, Agility Sciences, 4 Christopher St, London EC2A 2BS, UK. Email: mwalker@agilitysciences.com

马丁·沃克（Martyn Walker）已经从事商业软件开发 40 年。他从 20 世纪 70 年代开始改进卫星导航系统，并于 1982 年进入银行业和金融业。1996 年，沃克与他人共同创立了 Adeptra，这是一家为银行业提供欺诈解决服务的公司。费埃哲公司（FICO）于 2012 年收购了 Adeptra。如今，沃克是 Agility Sciences 的首席执行官，该公司构建了 Activeledger——一个分布式账本平台，旨在支持金融和供应链活动。早年间，他获得了船长资格证书（Master Mariner），尽管他很早就投身于软件行业，但他仍然会花大量时间在沿海和近岸水域航行。

Foreword | 序

美国加利福尼亚州立大学
贝克斯菲尔德分校商业与公共管理学院院长
安加帕·古纳塞卡兰教授

供应链 4.0 目前正引起工业界和学术界的极大关注。这一概念是在过去几年中逐步发展起来的，是在工业 4.0（又称“第四次工业革命”）概念基础上的延伸和发展。

众多的颠覆性技术都在供应链 4.0 和工业 4.0 的发展中发挥了重要作用，并使相关的公司和供应链获得了极大的竞争优势。与供应链 4.0 相关的主要技术包括大数据分析、区块链、物联网、人工智能、自动化、机器人、网络安全等。本书仅以其中几项技术为例进行介绍。

本书主要展示这些技术在一系列商业和工业环境的供应链中起到的作用和做出的关键贡献。同样值得注意的是，这些技术已经改变了供应链的运作方式，其程度之深让我们有理由相信，如果在当代和未来不采用供应链 4.0 技术，供应链将面临重大的运营挑战。

考虑到供应链 4.0 概念是最近才形成的，因此希望本书能为这一领域学术研究和管理思想的进一步发展铺平道路。编者们在本书的每一章都介绍了大量与供应链设置相关的供应链 4.0 技术，以期实现理论基础与实际应用的结合。

我确信此书对与供应链 4.0 技术相关的学术研究人员、从业人员和管理人员很有帮助。考虑到供应链技术在当代商业运作中的关键角色以及在未来的重要作用，我也相信此书对商学院和管理学院的本科生和研究生具有极大的价值。

Preface | 前言

随着科技进步的步伐加快，供应链的数字化程度不断提高，供应链之间的联系日益紧密。工业 4.0 时代的每一项令人激动的技术在如今的供应链中都扮演着极为重要的角色。例如，物联网和大数据分析支撑着供应链的可视性，机器人技术和自动化改变了仓库的运作方式，而无人机和自动机器人则被运用于投递电子商务订单。

在本书中，我们旨在阐明工业 4.0 技术如何改善供应链。因此，我们邀请了世界各地的学者，并根据他们对工业 4.0 技术应用的最新研究编撰成书。我们主要出于两个动机将本书一系列独特的章节汇集在一起：①这项工作展示了工业 4.0 技术在供应链管理中的实施情况；②这项工作可以在实践中应用，以便读者能够学到工业 4.0 技术的知识并在他们自己的供应链中实践。

本书涵盖了供应链 4.0 的几个重要方面，并从关键定义入手阐明了这一新兴领域的范围。本书还介绍了在供应链 4.0 范围内涉及的技术，包括预测物流延迟、在仓库中使用协作机器人以及实施视觉拣选技术以提高仓库操作效率。本书还通过 2019 年伊朗大洪水的案例和基于供应链 4.0 的人力资源规划案例，重点介绍了工业 4.0 技术如何应用于人道主义后勤。

第 1 章介绍了与市场驱动战略相关的供应链 4.0。马丁 · 克里斯托弗教授回顾了过去几十年的重大变化——从供应链概念的提出到以工业 4.0 技术为基础的供应链 4.0 的出现。本章着重介绍持续变化的客户需求，并提出要注意的新概念，如“以一件为批量”和“单一客户细分”。本章作者还倡议供应链专业人员将管理方法从“预测驱动”过渡到“需求驱动”，并详细说明供应链 4.0 是如何促进“需求驱动”，从而提高供应链的可见性和响应速度的。最后，本章提出了有关供应链 4.0 技术实施的观点，强调以透明的方式使用网络中的数据和信息流。

在供应链数字化的过程中，数字化的客户体验是关键之一。第 2 章的重点是如何使用系统内外的可用数据，并通过供应链数字化改善客户体验。在采集了大量的客户体验样本后，帕特里克·施特劳斯通过相关来源的关键数据，阐述了卓越的客户体验的重要性。施特劳斯提供了几种客户体验指标，并向读者介绍了其目的以及应该何时使用。本章介绍了 5 个在供应链中使用数字技术改善客户体验的案例，举例说明了利用工业 4.0 技术（如人工智能、聊天机器人、人脸识别等）对个性化产品进行预测性建模可能取得的成果，并得出“在数字化供应链中，企业需要投入精力和资源来改善客户体验”的结论。企业在改善客户体验过程中很可能不会使用现成的、最新的人工智能应用程序，而是采用自己的定制方案。

供应链 4.0 应用程序的必备条件是信息的完整性、透明度和安全性，尤其是在存在多个利益相关者的情况下，需要共享和处理敏感数据。第 3 章探讨了区块链在供应链中的应用。马丁·沃克给出了区块链的明确定义，强调要特别重视采购过程中使用的智能合约。他对比了公有（区块）链和私有（区块）链，并强调了供应链中可利用该技术的具体领域，包括客户服务、预算与成果、风险管理、关系管理、人力资源管理等。本章主要通过对一个区块链案例的研究，将传统融资解决方案与区块链技术实现的预付款义务进行比较，从而讲述如何在买家的供应链网络中实现对多级供应商的可视性。

第 4 章调查了区块链技术在人道主义供应链中的具体应用情况，旨在促进救灾行动者之间建立快速信任，并改善救灾活动的协调情况。人道主义供应链与商业供应链的主要区别在于其运作性质，特别是非日常合作伙伴之间短期合作的特性。拉梅什瓦尔·杜贝等人对 172 名受访者（主要是在人道主义组织中负责物流、供应链和采购的高级管理人员）进行了一项调查，通过分析收集的数据，发现有证据表明区块链技术提高了运营供应链的透明度，并帮助供应链成员之间建立了信任，从而提高了他们之间相互协调性。

安全挑战也可能来自工业 4.0 新技术和与其相关联的技术。第 5 章讲述了最新应用的工业 4.0 技术和不断变化的组织文化对供应链造成的网络威胁和对其最新应用方向的审查。通过最近发生的赛博网络攻击（cyber-attack，也称赛博攻击）事件，本章详细说明了虚拟攻击如何影响物理系统，概述了不断变化的技术环境。詹姆斯·肯奇列出了构成网络安全威胁的行为者的简明清单，并提供了尽可能降低此类攻击风险的可行方法。本章得出的主要结论是：组织需要一个多层次的方法来抵御网络安全威胁，其中涉及系统设计、用户行为和事件响应、数据保护、常规备份和业务连续性计划。

在介绍了供应链 4.0 的战略和基本倡议后，本书还重点介绍了目前工业 4.0 技术在供应链管理中的实施和应用情况。第 6 章定义并测试了系统参数，以改进仓库视觉拣选技术。首先，阿纳斯塔西奥斯·贾洛斯和瓦西里厄斯·泽姆佩基斯通过系统的文献综述确定了影响仓库视觉拣选技术性能的20个参数。然后，通过采用层次分析法（Analytic Hierarchy Process，AHP），并根据专家判断选择了其中 4 个参数。本章作者采用实验设计方法并进行了实验室测试，以确定基于完成时间和准确性的视觉拣选技术的性能；同时，他们还通过美国国家航空航天局任务负荷指数（NASA-TLX）调查评估了感知工作量；最后，他们指出要注意在技术应用和实践中可能影响成败的三个方面，即企业文化、流程再造和员工对变革的抵制。如果不考虑这三个方面问题并将其纳入变革管理过程中，技术应用活动将很难实现其预期目标。

第 7 章重点介绍了工业 4.0 技术在仓储中的应用。马库斯·沃斯通过在仓储工作环境中引入协作机器人展示了仓库运营的变革。机器人技术被认为是最重要的仓库技术，预计将提高现今可追踪的大多数运营指标的生产力。根据有关报告的具体数据，自动化仓位的点对点机器人和自主托盘点对点机器人等各种自动化技术将生产力提高了 10% ~ 50%。本章详细介绍了一种具体的机器人自动化技术——LocusBots™ 机器人，以便让读者理解仓库机器人执行任务的步骤和工作原理。

第 8 章研究了工业 4.0 技术的另一种仓库应用——食品冷链。亚力山大·路易斯·普里姆等人以巴西一家大型冷冻食品供应商的出境物流流程为研究案例，确定了应用物联网和大数据分析技术时存在的障碍因素、驱动和结果，以达到降低成本和提高能效的目的。通过采用行动研究法（Action Research Method,

ARM），他们将自己置身于转型过程中，从而能够第一时间发现困难和成果。通过将物联网和大数据作为实时监控供应链流程、支持主动决策、降低运营成本并提高产品质量的展示工具，他们发现，合作伙伴关系将有效减少学习时间和障碍，提高实施的成功概率。

第 9 章介绍了一个实用的机器学习应用程序，该应用程序使用内部和外部数据预测配送的中转时间。齐娜·本·米莱德等人利用一家位于美国印第安纳州印第安纳波利斯（Indianapolis）的供应商的运营数据以及外部天气数据和推特（Twitter）流，预测其运输时间的相关特征。他们得出的结论是，运营数据的可变性、始发地到目的地的地理位置以及路线的长度都对模型的预测性能有着重大的影响，因此需要对路线和装运过程的特性进行进一步的调查，从中观察进一步的发展趋势。预测运输时间的方法使装运计划人员了解到计划的细微之处和重大偏差，以便提前采取适当措施来减轻此类偏差的负面影响。

第 10 章则以前几章成果为基础，重点介绍了在农业食品供应链中采用的工业 4.0 技术。伊姆兰·阿里等人采用不同的方式采访了一个澳大利亚柑橘供应链中的主要利益相关者，并指出采用工业 4.0 技术的关键驱动因素是成本优化、减少供需变化的决心、消费者对食品安全的担忧以及法规遵从性。他们还发现了其中的障碍，主要包括组织惰性、财务约束，以及农业食品供应链内部缺乏资源共享。与第 6 章类似，他们还指出人们对技术变革的抵制是阻碍新技术应用的一个关键因素，并指出这种抵制可能源于人们缺乏对这些相关技术中技能优势和知识优势的了解。

第 11 章重点介绍了工业 4.0 技术支持共享经济在突如其来的灾难后的新用途。以伊朗 2019 年 3 月中旬—4 月的山洪灾害为例，哈米德·赛迪吉和阿米德·莫拉德鲁研究了数字平台在以点对点方式将灾民与捐赠者联系起来并提供交通、住房和救济分发服务方面的作用。他们得出结论：共享经济激励措施和工业 4.0 技术可以在需求评估、采购和库存管理等方面为人道主义救援组织和急救人员提供帮助。他们认为，由工业 4.0 技术支持的此类激励措施可以在联系和服务受灾群众、提高人道主义后勤的效率和效益方面发挥多重作用。

从传统供应链向数字供应链的过渡要求组织将人为因素纳入变革管理过程

中。本书最后一章以一家丹麦建筑公司为例，讨论如何促进这一转变，根据基于实践的学习，介绍了该公司在过渡过程中经历的不同阶段。在第 12 章中，亨宁·德哈斯等人总结了在缺乏协调、待管理产品的数量激增的复杂情况下进行决策的具体影响。他们认为，学习对提高供应链的效率至关重要，并建议供应链领导者将目光投向销售、金融、IT 等领域。通过这种方式，供应链领导者可以深入了解客户的需求、与战略投资相关的风险，以及人工智能、机器人、区块链等技术的发展，从而成功过渡到数字供应链管理。

现在是研究和实践工业 4.0 技术的激动人心的时刻。人们可以通过开拓创新和颠覆性的方法来应对当前和未来与基本供应链流程相关的挑战，并通过使用工业 4.0 技术激发供应链的巨大潜力。

最后，我们希望本书可以促进人们对供应链4.0的进一步研讨，更重要的是，它将增进我们对供应链 4.0 技术相关的各种概念和应用的理解。思考这些技术的关键性作用，以及其对当代及未来供应链的转型的影响，必将成为业界一个极为重要的热点问题。

为方便读者拓展阅读和深入研究，本书配有详尽的参考文献资料，有需要的读者可自行扫码免费获取相关资源。

供应链4.0参考文献资料

Contents | 目 录

第 3 章　供应链中的区块链

第 4 章 服务人道主义供应链的区块链

第 5 章 网络安全挑战

第 6 章 面向仓库操作中视觉拣选技术的系统参数定义与测试

第 8 章 利用物联网和大数据改善冷冻食品质量控制：一个经验案例

第 9 章 预测配送的中转时间：出货物流案例研究

第 12 章 寻找供应链 4.0 的人文因素：将学习约定为未来供应链组织的杠杆

第 1 章

供应链 4.0：

市场驱动使能策略

马丁 · 克里斯托弗
(Martin Christopher)

有时很难意识到，30 或 40 年前的世界和现在是完全不同的。在 20 世纪的最后几十年里，随着许多国家的经济实现稳步增长，新市场不断涌现，新的供应来源不断被开发，各种行业的投入成本开始有所下降。这也是供应链概念最初得到定义和发展的时期。在一篇具有开创性的论文中，Oliver 和 Webber[①]（1982）第一次提出了“供应链管理”这一名词。之后其他学者和评论者也开始阐述改善企业间协作的好处。[②]

新工具和新技术开始影响管理实践。准时生产运动（Just-In-Time Movement）已经开始，其原理已被广泛应用于各个行业；信息技术的使用提升了企业管理复杂供需网络的能力。事实上，这一时期被一些人称为“第三次工业革命”。第三次工业革命在很大程度上是由计算机和互联网的发展推动的，可以说，这场工业革命与前两次工业革命一样具有颠覆性意义：第一次工业革命是通过使用蒸汽和水动力推动工业发展；第二次工业革命是通过使用电力推动大规模生产和现代工厂的发展。

尽管这几次工业革命对世界产生了巨大的影响，但现在有人提出[③]，下一

---

① Oliver, R.K. and Webber, M.D., 1982. Supply Chain Management: Logistics Catches up with Strategy, Outlook, Booz, Allen & Hamilton, Inc, reprinted in 1992 in *Logistics: The strategic issues*, ed M Christopher, Chapman & Hall, London.

② Kanter, R.M., 1994. Collaborative Advantage: The Art of Alliances, *Harvard Business Review*, July/August; Lewis, J.D., 1995. *The Connected Corporation*, Free Press, New York; Gattorna, J.L. and Walters, D.W., 1996. *Managing the Supply Chain*, Macmillan Press, Basingstoke.

③ Marsh, P., 2012. *The New Industrial Revolution*, York University Press, York; Anderson, C., 2012. *Makers: The New Industrial Revolution*, Random House, New York.

次工业革命对供应链以及我们如何管理供应链的影响可能更为深远。下一波变革浪潮已被广泛称为“工业 4.0（Industry 4.0）”，即第四次工业革命。

“工业 4.0”这一概念出现于 21 世纪初，起源于德国政府支持的一项举措（准确的名称为 Industrie 4.0），该术语涵盖多项相关创新，包括人机界面的自动化、人工智能的使用和连通性发展，尤其是物联网（IoT）和云计算。工业 4.0 的预期目标是通过使用更少资源的定制解决方案实现更高的客户价值。

Hermann 等人（2016）[①] 为在商业中更广泛地应用工业 4.0 确立了若干设计原则：

（1）互操作性（interoperability）：通过物联网实现人、机器和赛博物理系统（cyber-physical systems）之间的通信。

（2）虚拟化（virtualization）：通过传感器和其他方式监控物理过程，生成的数据可用于创建系统的虚拟模型。

（3）分散化（decentralization）：赛博物理系统能够自主作出决策，并仅在异常情况下进行报告。

（4）实时能力（real-time capability）：通过传感器、条形码、射频识别标签（RFID tag）等方式，持续监控系统性能，实时跟踪进度。

（5）服务导向（service orientation）：通过云计算等方式，赛博物理系统提供的功能可以作为一项服务提供给他人。

（6）模块化（modularity）：模块化系统能够通过“即插即用”（plug and play）能力快速适应不断变化的需求。

利用这些设计原则，就可以设想在短时间内建立对不断变化的商业环境进行响应的供应 / 需求网络。在不确定性和波动性不断增加的世界中，在短时间内对需求进行响应的能力将成为企业的竞争优势。当这些设想被纳入供应链管理的实践中时，我们可以合理地将这种现象称为“供应链 4.0”。

---

① Hermann, M. *et al.*, 2016 Design Principles for Industrie 4.0 Scenarios, 49th Hawaii International Conference on System Sciences.

1.1 不断变化的客户需求形态

几十年来，客户对定制化产品和个性化解决方案的需求与日俱增，这一趋势近年来尤为明显。在企业对消费者（B2C）市场和企业对企业（B2B）市场都是如此。对于公司而言，仅凭亨利·福特（Henry Ford）在报道中所说的，他的顾客可以购买“只要是黑色的任何颜色的汽车（any colour, as long as it is black）”的观点已经不足以让公司提供“千篇一律（onc size fits all）”的物品了。现在，公司必须提供针对单个客户的产品和服务。与此同时，在服装等行业，有一种日益增长的趋势是让客户更积极地参与产品的设计和规格的设置（如耐克的“飞马气垫跑鞋 36”，它为消费者提供了多种选择），这种趋势被称为“共同创造（co-creation）”①。

需求模式从单一市场向一个日益多元化市场的根本转变，对传统的制造业和物流业提出了挑战。自第一次工业革命以来，许多管理思想一直受到“规模经济（economies of scale）”概念的影响。规模经济的思想是产量越大，单位成本越低。为了实现较高的经济效益，无论是制造业还是物流业，都需要更大的批量和最大限度地利用产能。显而易见的是，这种方法虽然可以降低单位成本，但也会大幅度降低柔性并限制客户的选择。

如今，面对客户对定制化产品和个性化解决方案的普遍需求，规模经济的观念必将被“范围经济（economies of scope）”取代。从本质上讲，范围经济能够利用相同的资源为客户提供更多的选择。正是在从规模经济到范围经济的转变中，特别是通过启用“以一件为批量（batch size of one）”，供应链 4.0 发挥着重要作用。

从某种意义上来说，“以一件为批量”是一个哲学概念，尽管在某些商业环境中可能永远无法实现，但企业仍应将其设定为一个“扩展”目标。如果产品和解决方案能够以一个为单位（有利可图）进行设计、制造或组装并运输，

① Prahalad, C.K. and Ramaswamy, V., 2004 *The Future of Competition: Co-Creating Unique Value with Customers*, Harvard Business School Press, Boston.

那么个性化定制就可以成为现实。快速制造技术（如 3D 打印）的进步，使个性化定制在越来越多的行业中成为可能。同时，机器人技术和自动驾驶汽车的发展有望使较小数量的分销在经济上可行。

1.2 从大众市场到“单一客户细分”

在 20 世纪的大部分时间里，市场营销工作的重点是寻求服务“大众市场”的方法。该方法着眼于效率和规模经济，目标是数量最大化，并为同类客户群生产标准产品。就当时的市场需求而言，这种方法是非常适用的。然而，在 20 世纪中叶，一类新的消费者开始出现，他们的可支配收入水平较高，并且具有个人需求，他们想要寻求具体的解决方案。市场营销人员基于细分的思想制定策略来应对这一类新的消费者群体。① 市场细分的概念很简单：将客户分为几个在某些特定方面相似的群组，并将被划分为不同群组的消费者区分开。通过这种方式，市场营销人员可以为每个细分市场制订特殊的营销策略，从而能够更有效地满足不同市场的需求。

最初，这些市场的细分程度较低，以便在保持生产和物流效率的同时保留一定程度的差异化。然而，随着竞争加剧，客户选择范围扩大，市场被分割成越来越小的细分市场。现在面临的挑战是，如何为这些“微”板块（“micro” segments），或极端的“单一客户”（segments of one）提供服务。

应对这一挑战的一个方法是“大规模定制”（Mass Customization，MC）。② 大规模定制的原理是，在满足个人需求的同时，仍然能够通过规模经济保证生产效率。要实现这两个明显冲突的结果并存可通过价值创造过程的“解

---

① Yankelovich, D., 1964 New Criteria for Market Segmentation, *Harvard Business Review,* March/April, pp 83 - 90; Bass, F.M. *et al.*, 1968 Market Segmentation: Group Versus Individual Behavior, *Journal of Marketing Research*, 5 (3), pp 264–70.

② Pine, B.J., 1993 *Mass Customization: The New Frontier in Business Competition*, Harvard Business School Press, Boston.

耦”（de-coupling），即通过设计产品，延迟最终制造、组装、包装和分销，从而延迟配置产品。在得知确切的客户需求之前可以将模块或半成品作为战略库存保存；收到订单后，再进行最终产品的制造、组装、包装，从而实现更高的响应度。

为了推行这种延迟策略，有必要认识到：供应链始于（设计的）制图板。这意味着产品的设计应使其实质上是模块化的，或能够进行多阶段制造或组装。如果可以实现这一点，就可以在得知客户需求前大量生产核心模块或元件，并将其作为战略库存持有，直至了解客户实际需求。这种战略库存实际上是“解耦点（de-coupling point）”，可以根据单个客户的需求进行制造或组装最终产品。通过这个过程，有可能实现从规模经济至解耦点后，过渡到基于范围经济的商业模式。这样，既可以降低整体供应链成本，同时也可以增加客户选择，进而提高客户满意度。

虽然这种延迟策略已经实施了很长时间，① 并且近年来在许多行业中被广泛采用，但其真正的潜力很可能通过供应链 4.0 才得以激发，因为它具有更快、更灵活的响应能力，并可以减少批量的规模。

1.3 从“预测驱动”过渡到“需求驱动”

在技术创新不断涌现的环境中，很容易忽视任何供应链的最终目的都是为客户服务这一简单的事实。在当今世界，一家企业从竞争中脱颖而出的最有力手段之一，就是拥有比竞争对手更快、更好地满足客户需求的能力。从传统上来讲，供应链是从工厂向外设计的，而不是从客户向后设计的，即生产驱动而非需求驱动，这意味着供应链主要专注于实现供应商的效益而非提高市场有效性。

---

① Bucklin, L.P., 1965 Postponement, Speculation and the Structure of Distribution Channels, *Journal of Marketing Research*, 2 (1), pp 26–31.

采用这种传统的以生产为驱动力的原因是，当交付周期长且实际消费者需求的可见性差时，企业不可避免地提前进行计划和预测。由于预测期（forecast horizon）较长，这些预测的准确度往往很低。总体而言，供应链 4.0（尤其是物联网连接）的潜在变革方向之一是供应链的端到端（end-to-end）可见性的显著提高。以此为基础，响应时间会变短，并实现更高水平的柔性，这意味着预测期缩短，从而提高预测精度；同时，还可以结合利用多个数据源的数据分析提供的其他观察，增强预测的准确性。如果可以利用人工智能和机器学习，这些预测将不再只是预期性的，而是可以预料到实际需求的。总的来说，我们可以建立一个强大的良性循环，这将为需求驱动的供应链的发展奠定一个坚实的基础。

虽然工业 4.0 的前景广阔，但要实现这一前景，仍有许多障碍需要克服。显然，目前可获得或即将开发的突破性技术可以极大地简化制造和物流流程，并使其变得更高效。然而，要实现突破，就需要从根本上改变我们思考供需匹配过程的方式，尤其是需要打破“预测驱动（forecast-driven）”管理的传统观点的束缚。几个世纪以来，生产管理的基础一直是根据预测来计划需求。由于交付周期较长（通常以月而非周或日计算），如果要使供应匹配需求，就有必要提前进行计划。预测驱动的管理是在预期需求的情况下建立成品库存，最终导致成本增加，同时由于预测可能出现错误，服务失效的情况也时有发生。

预测期越长，则预测误差越大。因此，对于那些寻求以更低成本和更低风险来提高产品可用性的组织而言，缩短交付周期便成为其目标。在缩短交付周期的同时，我们还需要搜索与使用服务市场相关的最新数据，不断地更新预测。因此，对于寻求改善供需匹配的管理者来说，应着眼于两个目标：一是缩短交付周期，二是尽可能实时地获取与需求相关的数据。

正如我们前面提到的，客户希望在更短的时间内获得更多定制化解决方案。B2B 和 B2C 市场的供应商都面临着客户的服务期望值不断上升的情况。因此，当下对公司而言越来越重要的是从预测驱动的业务模式（forecast-driven business model）过渡到一个在需求发生时能够快速响应的业务模式。

从预测驱动型向需求驱动型转变并非易事，但更好地利用数据将有助于促进这一转变。这一转变的目标应是利用尽可能接近实时捕捉的多个数据流进行更深入的客户洞察。在面对瞬息万变的商业环境时，基于历史数据的经典“机械”预测（classic “mechanistic” forecasts）通常准确度很低。尽管供应商仍需要更高水平的长期预测来规划资源和获取产能，但也应利用能够预测客户实际需求的数据对市场需求做出日常响应。分析学和大数据[①]可以帮助供应商更快地解析事件并帮助理解潜在的需求驱动因素，从而显著提高预测的准确性。

1.4 供应链 4.0 对敏捷性的影响

敏捷性是指组织迅速适应供应或需求状况意外变化的能力。这不是针对一个单一公司的概念，而是涉及整个供应链。无论业务本身在公司内部流程和程序方面有多灵活，如果公司依赖的上游或下游合作伙伴缺乏敏捷性，那么公司自身的敏捷性毫无意义。

显然，整个供应链的敏捷性依赖于合作伙伴之间的关系和协作。除此之外，敏捷性还有两个关键的驱动因素：可见性（visibility）和响应速度（velocity）。这两个因素都可以通过使用供应链 4.0 技术而显著增强。

可见性和响应速度在提高敏捷性从而提高响应能力方面的作用可以通过参考“供应链支点（supply chain fulcrum）”的概念来解释。由于供应链管理的基本目标是平衡供应和需求，我们可以将其表示为一组天平，其一侧标有“D”的方框表示需求，而在另一侧则必须由等量的“供应”来平衡。供应有两种形式：库存（即实物产品）或产能（即货源或生产产品的能力）。只要库存（I）和产能（C）之和等于需求（D），供应是否包含多于或少于产能（C）的库存（I）并不重要。图 1.1 说明了这一原则。

现在，假设支点移到了靠近标记“D”的方框，如图 1.2 所示。简单的物

① Mayer-Schönberger, V. and Cukier, K., 2013 *Big Data: A Revolution that Will Transform How We Live, Work and Think*, John Murray, London.

理原理告诉我们，相同的需求可以用更少的库存或更少的产能来平衡。

此处支点的位置反映出，在我们回应供应承诺之前，可以有多接近实际需求。事实上，若要使支点更接近需求，首先需要尽可能地实时了解需求的实际情况（即可见性），其次需要以最短的可提前交付期（即响应速度）做出快速响应。

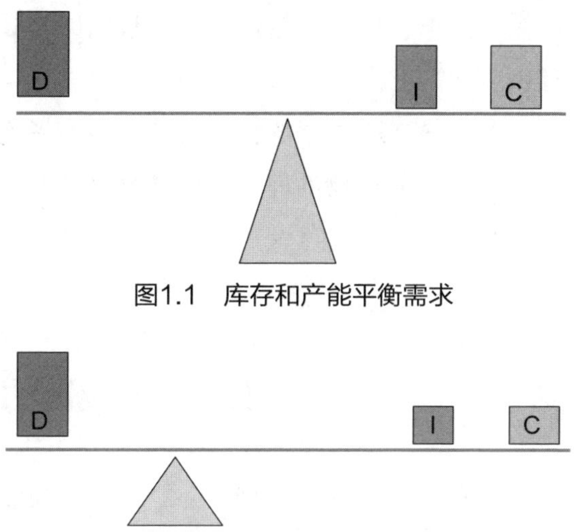

图1.1　库存和产能平衡需求

图1.2　随着支点越来越接近需求，所需的库存和产能将减少

1.5　供应链 4.0 对可见性和响应速度的影响

支撑供应链 4.0 的智能技术可以识别需求模式并解析需求信号，从而显著提高整个网络的可见性。该系统可实时监控使用率并实现产品的连续补给，这意味着需要更少的库存，尤其是安全库存；可以跟踪和追踪从源头到用户的物料流转（flow of material），并且可以更快地识别出该流转是否中断。

缩短交付周期可提高响应速度，这可以通过快速制造、自动化和更好的人机界面管理实现。使用较小的批量动态调度生产可以缩短排队周期，而自动驾驶汽车和机器人技术将提供必要的柔性，以实现对客户需求的更快响应。

这些技术尽管仍在不断发展，但都呈现出一种愿景，即创建真正由需求驱动的供应链功能。

供应链 4.0 对供应链管理的影响将是重大的。然而，获取收益的障碍之一是缺乏跨界的共享信息——包括企业内部以及网络合作伙伴之间的共享信息。5G 蜂窝网络技术的出现将使我们能够在整个供应链的多个端点获取数据，并与供应链中的各方即时共享这些数据；智能手机和物联网设备将实时收集有关销售、订单、装运、库存水平的数据以及其他所有必要信息，从而更有效地管理供应和需求。

本章前文所强调的转型已在许多市场实行，包括从大众市场到日益分散的客户群和细分市场的转变，这些转变正展现了支撑工业 4.0 的新技术的到来尤为及时。

1.6 供应链的重心转移

所有供应链都有一个重心，该点的位置是由各种供应方载体和需求方载体的相对强度决定的，而这并不在组织的控制范围内，并且将不断变化。供应方载体的例子包括不同国家的不同劳动力成本、可用材料和资源的可获得性以及运输成本。在需求方载体方面，可能影响供应链重心的因素包括市场人口结构的变化、客户偏好和可支配收入水平的变化，以及工业部门的兴衰。

这些载体的动态相互作用将导致重心不断转移，这意味着供应链的中心工厂（focal firm）需要更高水平的敏捷性和柔性，以确保具有竞争力的成本优势及快速反应能力；通过更快的应变能力可以突显竞争优势，为“动态能力（dynamic capabilities）”的概念奠定基础。[①]

动态能力是指企业对业务和市场环境中的意外变化作出迅速反应的能力。简而言之，动态能力反映了企业基本业务流程和日常工作的敏捷性和柔性，如能够快速投入市场的新产品开发流程；除此之外，组织的最终动态能力指的是迅速重新配置其内部和外部结构及关系的能力，这种能力被称为“结构柔性（structural flexibility）”[②]。结构柔性反映了供应链适应或重新配置其架构的能

① Teece, D. *et al.*, 1997 Dynamic Capabilities and Strategic Management, *Strategic Management Journal*, 18 (7), pp 509–33.

② Christopher, M. and Holweg, M., 2011 Supply Chain 2.0: Managing Supply Chains in the Era of Turbulence, *International Journal of Physical Distribution and Logistics Management*, 41 (1), pp 63–82.

力，以应对业务需求方或供应方的意外变化，即供应链重心的转移。

矛盾的是，众多的组织由于专注于效率，并拥有以规模经济为基础的商业模式，往往缺乏快速改变发展模式或方向的能力。一般而言，这类企业会建立旨在使成本最小化而非最大化提升响应能力的网络，他们可能已投资了实体工厂和分销中心等实体资产，因此很难在短时间内重新配置其供应链布局。

然而，对于那些准备抓住供应链 4.0 带来的机会的组织而言，情况可能会截然不同。之所以如此乐观，是因为供应链 4.0 有潜力在整个供需网络中实现更高水平的连通性，并带来众多好处。

1.7　供应链 4.0 提供了连接的钥匙

虽然“供应链”一词被广泛使用，但称其为“网络”可能更准确，因为现实情况是每一家企业都依赖多个外部联系而生存。随着外包和离岸业务的兴起，这些复杂网络的管理变得更具挑战性。企业尽管过去可能在其内部进行许多创造价值的活动，但如今很可能依赖许多第三方为其客户创造价值。有人建议[①]公司不再作为个体或实体参与竞争，而是作为供应链参与竞争。因此，需要在整个网络中进行最高级别的协作，以确保能够实现并保持竞争优势。现在更需要关注的是，如何确保供需网络的节点和链接之间的最大限度的连通性。

“连通性”是指不同参与者和实体在这些创造价值的网络中无缝地相互连接和互动的方式。尽管长期以来，跨供应链协作和交流都被视为竞争成功的重要先决条件，但事实证明这些通常都是难以实现的。原因之一是，直到现在对许多企业而言，采用该技术实现实时端到端连接并非切实可行。

然而，随着供应链 4.0 相关技术的开发，现在已经消除了许多快速获取数据、分析数据及信息共享过程中存在的障碍。

由于外包，企业越是向某些所谓的“虚拟”企业过渡，就越需要更高层次

① Christopher, M., 1992 *Logistics and Supply Chain Management*, Pearson, Harlow.

的连通性。互联、互通对于构建具有更大结构柔性的网络也至关重要。由于结构柔性要求能够随环境变化而快速重新配置网络，因此，开放式架构的并行性要求实现在同一网络下的所有成员间的数据轻松共享。

如果没有网络中所有成员间的高度信任以及合作意愿，这些都不可能发生。虽然该技术的存在是为了通过传感器、射频识别标签等从供应链的一端到另一端捕捉和共享数据，但只有各方都同意开辟信息高速公路才能充分发挥其潜力；同时，各方也必须都有意愿跨企业边界来调整流程，并致力于加强协议和程序的标准化。

当前我们面临的问题是如何克服障碍，并找到实施供应链 4.0 的方法。

1.8 供应链 4.0 的实施

围绕工业 4.0 主题进行的大多数讨论都与技术有关。然而，将工业 4.0 的理念应用于供应链管理（即实现“供应链 4.0”）时所涉及的远不止技术，尤其是在能否充分发挥这些突破性技术的潜力方面，还取决于能否实现最高水平的端到端供应链整合。尽管多年来，供应链整合都是相关文献研究的重要主题，但事实证明，这种整合在实践中难以实现。

供应链整合有两个基本方面，即流程调整和共享信息，这两者只有通过跨企业边界的协作才能实现。

通过协调供需网络中各方的流程实现无缝连接，从而实现整个供应链的整合。一个很好的流程调整的例子是使用供应商管理库存（Vendor Managed Inventory，VMI），供应商负责自动补充其客户的库存。这个目标可以通过共享有关客户对该存货的使用率信息实现。通过这种方式，供应商和客户对安全库存的需求都会减少，并且供应商通常能以更低的成本实现更高的库存可用性。

我们可以利用工业 4.0 提供的大量工具在整个供应链中收集信息，但遗憾的是，由于缺乏协作，无法深层挖掘这些信息的许多潜在价值。从历史上看，企业中经常存在鼓励对供应商（有时甚至是对客户）采取“保持距离（at arm’s length）”态度的思维模式，人们不愿与供应链中的其他实体走得太近，尤其是在信息共享方面。此外，过去实现低成本和安全地跨链传输数据的技术并非始终可用，例如，现在有许多基于云的解决方案，通过这些解决方案，可以与多个合作伙伴共享数据，并实现供应链端到端的信息访问。我们需要的仅仅是一个网页浏览器，而最关键的是，我们要有与供应链上其他成员共享这些信息的意愿。也许正是缺乏信任阻碍了当前供应链 4.0 概念的广泛应用。

除了信任问题，阻碍供应链 4.0 发挥全部潜能的另一个因素则是公司内部缺乏适当的技能，基于物流和分销管理的传统供应链管理技能亟待增强。未来的供应链管理者将需要获得数据科学家的支持，因为数据科学家可以利用分析技能达成更深入的客户洞察；此外，还需要精通机器人技术和自动驾驶技术的工程师来确保人机界面的平稳运行；最重要的是，鉴于跨边界工作（cross-boundary working，包括企业内部和企业与企业之间）的需要，也需要高水平的供应链协调能力。正如管弦乐团的指挥要确保将所有不同的乐器及其演奏者结合在一起，从而获得想要的效果一样，供应链管理者也必须能管理供应链 4.0 的所有元素和组成部分。

对于许多公司而言，实施基于工业 4.0 技术的一体化供应链战略（integrated supply chain strategy）还有一个重大障碍是其组织结构不理想，该结构的形状应理想地反映连接供需网络的所有元素的信息流。这种信息流动是“水平的”，即从供应链的一端到另一端，然而大多数公司遵循“垂直的”准则，即按部门或职能进行组织，结果就是信息流动的透明度可能受到限制，从而降低公司内部所有职能或部门共享“单一版本事实（a single version of the truth）”的可能性。当遇到公司间的边界时，问题就会更加严重，可能会无法轻易传输数据或影响交接，这意味着供需网络中的每个实体都可能会按照不同的假设进行工作，或以不同的方式解释数据。

显然，实现供应链 4.0 的一个先决条件是数据和信息必须能够以不受阻碍且透明的方式在网络中流动。组织设计的含义是必须消除功能边界和公司边界（functional and inter-firm boundaries），并拆除管理孤岛（silos），取而代之的是，应在企业内部组建更多跨职能（cross-functional）、流程导向（process-oriented）

的小组，并与上游和下游供应链合作伙伴中的同类组织建立最紧密的联系。

除此之外，“控制塔（control towers）”需要具备在网络中的每个节点和链接处捕捉数据的能力，以及在整个网络中共享数据的能力。建立控制塔的目的是确保端到端的可见性，并利用人工智能分析解释数据，以便就适当的供应链响应和行动作出决策。

为了持续改善网络的性能，可以选择构建一个能反映供应链实际物理配置的“数字孪生（digital twin）”供应链。实际上，数字孪生是供需网络的虚拟复制，可用于识别瓶颈、提出假设问题及模拟替代策略。

通过利用与需求和供应状况有关的所有数据（其中大部分是通过传感器和其他设备实时获取的），并利用来自多个外部来源的信息对其进行扩充，控制塔和数字孪生能够有效地指导管理决策。

1.9 结论

尽管实施供应链 4.0 需要克服许多障碍，但供应链 4.0 实现跨供需网络的真正端到端整合的潜力是人们努力实施供应链 4.0 的强劲驱动力。尽管我们仍处于发展的早期阶段，但很明显，供应链 4.0 的思想和实践可以改变我们为客户服务的方式。过去，客户处于供应链的末端，即供应商确定产品和服务的接受方；而如今，客户处于供应链的起点，并指定了他们希望看到供应商能提供的价值。有很多人讨论关于“公司需要成为真正市场驱动（market-driven）”的话题，供应链 4.0 最终可以使这一想法成为现实。

第 2 章

推动数字化以改善供应链中的客户体验

帕特里克 · 施特劳斯
（Patrick Strauss）

在供应链大环境下从事了20多年的技术与创新工作，我观察到的一个关键的共通性主题是需要提供更好的客户体验。有意思的是，当我要求客户描述他们的客户体验以及他们如何在自己的组织内定义客户体验时，我看到了不同行业领域的共同趋势。他们中的大多数人无法简明扼要地阐明什么是良好的客户体验，以及如何正确地衡量它。

我一直以一种相对简单的方式看待世界，在给客户带去极佳的体验这件事上也不例外。从本质上讲，一个人可以提供世界上最好的产品或服务，但如果客户都不想购买这种产品和服务，那又有什么意义呢？如今的客户非常精明，只需按一下鼠标按键的工夫，就可以改变他们的行为和态度。现代技术和创新让消费者可以通过社交媒体即时分享他们对公司产品或服务的意见和建议。因此，我们可以通过不同的方式获得更多有关是否提供了极佳的客户体验的评价或如何改善客户体验的相关数据。而这一过程中可能会面临的挑战是：需要不断捕捉、利用和分析数据，以提供“可操作的洞察情报（actionable insights）”。我的经验表明，这是一个许多公司都在努力奋斗的领域，并为改善和创新留下了很大的空间。

在供应链环境中，公司通常在其“信息烟囱（own four walls）”内对数据和意见有相当好的处理能力。这是诸如企业资源规划（ERP）、制造执行系统（MES）或仓库管理系统（WMS）等信息技术（IT）系统形成的地方。通常情况下，这些系统（包含该系统对应的数据）之间相互隔离，因此公司有时会因缺乏数据协调而无法实时作出主动决策。在端到端的供应链环境中，组织可以看到并使用约 20% 的数据（Strauss, 2015），这些数据主要来自其烟囱内的 IT 孤岛系统（图 2.1）。这意味着，公司难以以保持一致和持续的方式利用在“信息烟囱之外（outside those four walls）”约 80% 的可用数据。例如，来自脸书（Facebook）、推特等社交媒体渠道（Strauss, 2015）的相关客户数据。

公司可以通过社交媒体渠道实时查看客户或消费者对其产品和服务的看法、感受和举动，并与之互动。例如，通过利用推特或 Instagram 上的客户文章并分析其共同趋势和情感，组织能够即时了解客户的相关行为并做出相应决策，从而提升客户体验。

图 2.1 说明了公司可以找到以 80% 的外部数据补充其现有的内部数据的机会，其中一些外部数据与客户对产品和服务的看法、感受和举动有关。这些数据将为设计更好的产品或服务提供重要的见解和信息，并帮助公司通过忠诚活动（loyalty activities）提高客户保留率。

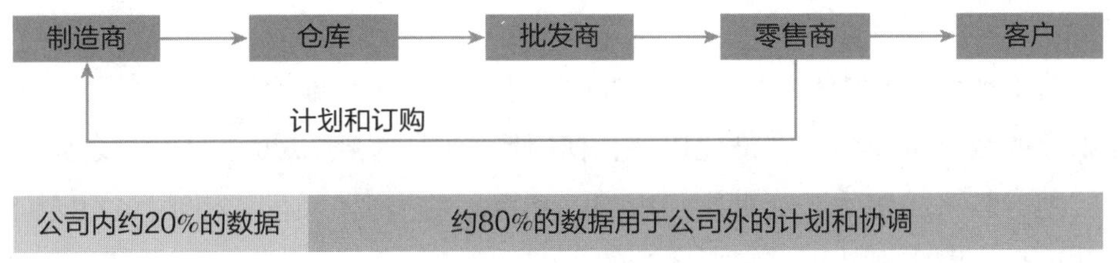

来源：Strauss (2015)

图2.1 “信息烟囱”内外的数据可用性

2.1 客户体验是什么，为何如此重要

近年来，围绕客户体验的讨论有很多，客户体验被视为许多行业发展和成功的关键差异化因素和驱动力。然而，究竟什么是客户体验？什么才是真正优质的客户体验？

盖特纳（Gartner）咨询公司将客户体验定义为“客户对与供应商的员

工、系统、渠道或产品的一次性和累积互动的感知和相关感受”[①]，而佛罗斯特（Forrester）研究机构将客户体验定义为“客户如何看待与贵公司的互动”[②]。

显然，客户体验定义中的两个基本元素是认知和互动，如图 2.2 所示。

客户的认知：客户对品牌的整体认知是在整个客户生命周期中与该品牌多次互动的结果。

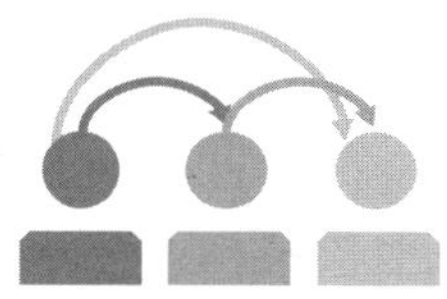

与品牌的互动：客户在互动过程中的各个接触点，包括呼叫中心支持、实时聊天或自助服务。

来源：Roberts(2019)

图2.2　客户的认知和互动定义了客户体验

简单地说，客户体验是指客户如何通过所有真实和虚拟的互动来识别品牌。在如今的数字世界中，客户比以往任何时候都能更好地获取信息并与之建立联系。随着越来越多的交流理念、思想、观点等的出现，企业越来越多地转向技术和平台，以实现其提高客户体验的目标。

使顾客获得良好客户体验会对所有组织的业务和运营模式产生重大影响。例如，对于基于订单的企业，它可以增加客户保留率，减少客户的流失；对于服务行业，它可以带来更好的口碑，并将投诉风险降至最低；而对于电子商务企业而言，它可以最大化获取重复订单，降低退货率。这些业务模式可以相互结合并与客户服务的诸多方面相关联，包括链接各种客户群、价值诉求、客户伙伴关系和关联关系等（Dijkman *et al.*, 2015; Ives *et al.*, 2016）。Yerpude 和

① https://www.gartner.com/en/information-technology/glossary/customer-experience (archived at https://perma.cc/84U6-KQNN).

② https://go.forrester.com/blogs/definition-of-customer-experience/(archived at https://perma.cc/3P5L-N5DC).

Singhal（2018）强调了客户模式的转变，多年来，我们的客户模式已从传统营销（与客户进行一次性交易以促进销售）转向关系营销（与客户需求相关的长期定位）再到最新的客户关系管理，重点是对客户有正确的认知和理解，并恰当地使用这些信息来更好地为客户提供服务。

既然我们了解了客户体验的含义，那么接下来需要解决的问题是，为什么它很重要？为什么组织要在这方面费心？

正如我们已经发现的，使客户在初次交易中就获得良好的体验对于现在的任何企业都是很有必要的。体验越好，客户越愿意提供重复业务并留下积极的评价，同时减少对供应链内货物的投诉和退货（Parry *et al.*，2015）。

提供卓越客户体验的好处如下：

（1）提高客户忠诚度；

（2）提高客户满意度；

（3）获得更好的口碑、正面评价和推荐。

更好的客户体验基于人们从供应链中端到端的数据和洞察情报中获得的价值。这些数据成为当今商业中的新“货币”，这已不再是一个秘密。然而，许多企业仍然难以理解数据的真正价值，以及如何利用数据来推动自身发展，从而使自身与众不同，并保持竞争优势和寻求更大的商业价值。“数据”与“商业价值”之间的这种关联通常被称为“可操作的洞察情报”或“有价值的情报”。

如图2.3所示，“可操作的洞察情报”位于数据金字塔的顶端。推动执行的洞察情报，尤其是使你重新思考并将你推向新方向的洞察情报，通常比仅回答问题的洞察情报更有价值。这些洞察情报是准备、收集和分析数据所

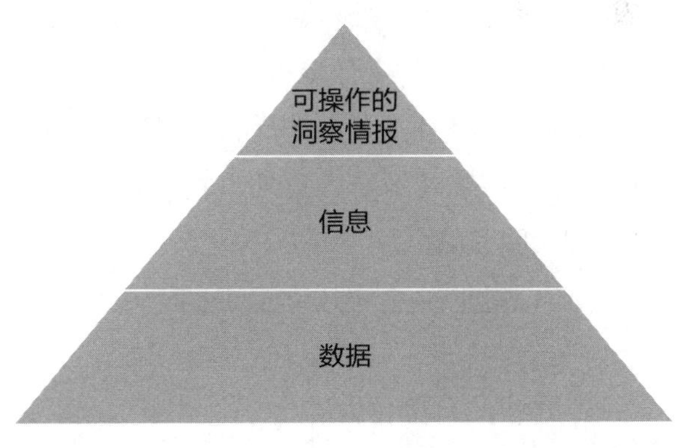

来源：Dykes (2016)

图2.3　数据金字塔

取得的宝贵工作成果。通过数据分析，可最大限度地了解客户关于产品或服务的看法、感受和举动，以获取极有价值的情报，这对数据驱动的成功至关重要。公司能够将加入客户体验的情报进行共同创新而让产品变得更具创新性（Ehret and Wirtz, 2017）。

2.2 良好的客户体验是什么样的？我们如何衡量它

不幸的是，没有一个万全的方案可以保证给客户带来良好的客户体验，因为客户是独一无二的，企业也是独一无二的。但总有一些通用原则可以帮助企业提供更好的客户体验：

（1）倾听客户的意见，并将其视为组织内的头等大事。

（2）建立收集客户反馈的工具，以便更深入地了解客户。

（3）实施有助于收集、分析反馈并定期采取行动的制度。

（4）关注客户的具体问题和特殊要求，并提供相应的解决方案。

（5）使用“设计思维”等工具制定新的主张，来实现“以客户为中心”。

从本质上讲，良好的客户体验需要企业关注客户、倾听他们的反馈并及时采取行动。这听起来很简单，但实际情况是，并不是每一家企业都有适当的流程或工具能简洁、实时和连续地捕捉此类信息。

糟糕的客户体验有多种形式，其程度也不尽相同，Hotjar① 在 2019 年对 2000 名客户体验专业人士进行的一项调查中就发现了许多常见的糟糕客户体验。这项调查的结果并不令人意外，它们真实呈现了客户在零售和服务组织的常规流程中遇到的问题。

你还记得上一次导致你沮丧的糟糕客户体验吗？那很可能与图 2.4 所示的原因有关。

---

① https://www.hotjar.com/customer-experience/trends-and-stats/(archived at https://perma.cc/KMB2-A4SM).

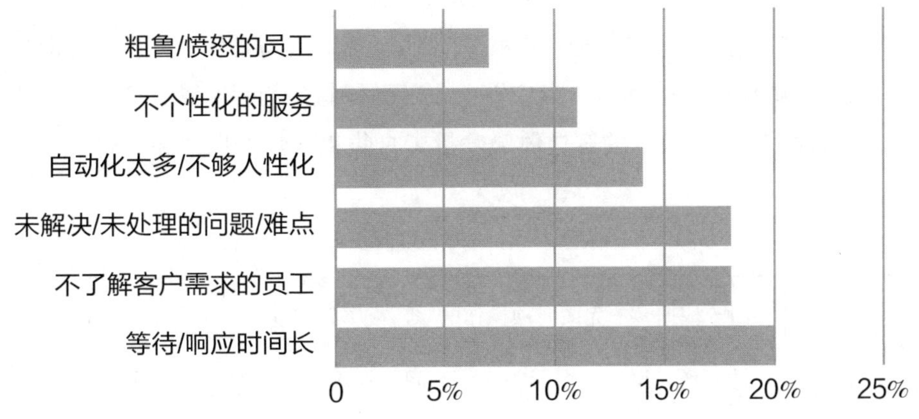

来源：Hotjar(2019)

图2.4　糟糕客户体验的主要原因及其占比

然而，在企业中，被视为糟糕的客户体验可能是独一无二的。了解如何改善这种糟糕客户体验的唯一方法就是倾听客户对企业业务的意见和建议，然后制订解决问题的方案，将糟糕的客户体验转变为良好的客户体验。

这些在实践中可能更难实现，因为人们可能会认为很难持续衡量和比较客户体验。这里有一些已经设计好的客户体验指标可以用于帮助衡量业务中的客户体验的好坏。

使用可量化的客户体验指标可以观察客户体验是如何随着时间的推移而改善（或恶化）的，并确定所做的改变是否有效（表2.1）。客户体验的专业人士用以评判一段时间内客户体验的四个主要指标如下：[①]

（1）客户费力度（Customer Effort Score，CES）。

（2）净推荐分数®（Net Promoter Score®，NPS）。

（3）顾客满意度（Customer Satisfaction Score，CSAT）。

（4）解决时间（Time To Resolution，TTR）。

---

① https://www.hotjar.com/customer-experience (archived at https://perma.cc/2KSJ-UMH4).

为了补充上述的客户体验分析，还应该完成以下三个任务：

（1）了解“理想客户”是什么样的，他们想要或需要什么样的“体验”。

（2）了解他们在端到端（供应链）中的关键接触点是什么。

（3）通过表 2.1 所示的客户体验度量工具收集客户的反馈和见解。

表2.1　客户体验度量工具

客户费力度	CES 根据客户完成一项操作的“难”或“易”程度来衡量产品或服务的体验。CES 调查通常是在客户与组织的客户服务部门互动后开始的，带有一些针对性问题，诸如“今天解决您的问题的难易程度如何？”，并询问从“1：非常容易”到“7：非常困难”的评级。 此外，CES 应该在客户达到重要的里程碑之后进行衡量。例如，在注册免费产品试用版之后或成功完成交易之后
净推荐分数	NPS 是通过向客户提出一个封闭式问题“在 0~10 的范围内，您向朋友或同事推荐该产品或公司的可能性有多大？”来计算客户忠诚度。 可以选择稍微调整一下这个问题以更好地适应企业的业务，并利用后续的 NPS 问题来获得更多的意见。但最重要的是，NPS 是在 0~10 的范围内得到一个简单的代表客户体验好坏的数字答案或分数
顾客满意度	CSAT 调查可衡量客户对企业提供的产品或服务的满意程度。结果可以用 5 分制来表示（其中，“1”表示非常满意，“5”表示非常不满意），客户也可通过简单的“是”“否”来回答。 CSAT 与 NPS 不同，NPS 要求客户考虑他们对品牌的整体感受（即考虑他们是否可能推荐），CSAT 关注的是让客户找到他们在整个产品使用过程中高兴或不高兴的特定接触点
解决时间	TTR 是客户提出问题后，客户服务团队解决问题所需的平均时间。它可以用“天”或“小时”来衡量，计算方法是将所有时间相加，然后将结果除以已解决问题的案例数。 客户感到体验糟糕的主要原因之一是等待响应时间过长。因此，TTR 是跟踪和改进客户体验的一个重要指标：TTR 越短，客户在寻求帮助时感到沮丧的概率就越低

来源：https://www.hotjar.com/customer-experience (archived at https://perma.cc/GS8J-L7NP）

2.3 客户体验的应用案例

改善客户体验是一个不断发展的过程。通过对各种在线文章和网站的研究，本节将介绍五个品牌的客户体验应用案例，这些品牌敢于跳出固有的思维模式，用创新的技术和方法为客户提供差异化的产品或服务。

2.3.1 Zappos：与客户建立情感联系[①]

最好的客户体验是企业与客户建立情感联系。实际上，使用情感维系关系的企业在销售额方面会比竞争对手高出 85%。[②] 在线鞋类零售商 Zappos 就是这样一个例子。

一位顾客因家人去世在超过退货政策期限后选择了退货。Zappos 公司的客户服务团队了解情况后立即安排了一名快递员免费上门取鞋，这其实超出了他们通常的职责范围。此外，他们还额外安排了一束鲜花和卡片以示慰问。

如果你想创造影响力，请先学会倾听并以打破常规的方式与客户接触，不要盲目地遵循不合时宜的规则和政策。请记住，有时为了获得积极的效果，需要打破旧规则。

如果你想向你的客户证明你真心地关心他们，那么请做好一件事：倾听。当你这样做的时候，你便更有可能了解他们的需求和困难。在如今的网络世界中，使用推特和 Instagram 等应用程序可以了解客户对你公司品牌的看法。这

---

① 本案例是根据以下具体网站拓展的：https://senseimarketing. com/10-unique-customer-experience-examples-best-practices-boost-brand/(archived at https://perma.cc/BNU2-Y9QE); https://uxaudit.io/blog/7-steps-to-become-a-design-led-organisation/(archived at https://perma.cc/LE53-H3N7); https://www.revechat.com/blog/customer-retention-strategies-to-improve-brand-loyalty/(archived at https://perma.cc/MB2L-3E9P); https://news.gallup.com/businessjournal/127520/retail-new-normal.aspx (archived at https://perma.cc/2HZL-J7RH); https://www.gallup.com/analytics/244607/why-b2b-leaders-touch-customers-feelings.aspx (archived at https://perma.cc/5K4P-JEMT).

② https://news.gallup.com/businessjournal/127520/retail-new-normal.aspx (archived at https://perma.cc/2HZL-J7RH); https://www.gallup.com/analytics/244607/why-b2b-leaders-touch-customers-feelings.aspx (archived at https://perma.cc/5K4P-JEMT).

种方法最终将提高客户满意度，也是 Yu 等人（2015）的文章中证明的当前在线和数字环境竞争中的一个关键点。

2.3.2 SuperValue：与客户建立直接的友好关系[①]

如果你想知道如何提供优质的客户体验，你首先要了解客户的需求，可以直接问他们。

有一个很好的例子：爱尔兰食品分销商 SuperValue 的创始人兼总裁费尔盖·奎因（Feargal Quinn）每两周亲自邀请 12 位客户参加一次圆桌会议。该会议议程旨在通过客户反馈了解 SuperValue 公司的服务水平、定价、产品质量，甚至是对即将推出的广告促销活动的看法。此外，奎因还利用顾客反馈评估商店经理等员工，并调整公司的战略规划。

2.3.3 Casper/Netflix/Google：利用聊天机器人和互动营销创造优势[②]

床垫公司 Casper 专门为失眠症患者开发了一个免费聊天机器人。客户可以通过手机向机器人（Insomnobot3000）发送特定的文本号码，然后客户就可以和机器人讨论他的想法。这种服务就好像客户在与一个真人聊天。

---

① 本案例是根据以下具体网站拓展的：https://senseimarketing.com/10-unique-customer-experience-examples-best-practices-boost-brand/ (archived at https://perma.cc/BNU2-Y9QE); https://uxaudit.io/blog/7-steps-to-become-a-design-led-organisation/ (archived at https://perma.cc/LE53-H3N7); https://www.revechat.com/blog/customer-retention-strategies-to-improve-brand-loyalty/ (archived at https://perma.cc/MB2L-3E9P); https://news.gallup.com/businessjournal/127520/retail-new-normal.aspx (archived at https://perma.cc/2HZL-J7RH); https://www.gallup.com/analytics/244607/why-b2b-leaders-touch-customers-feelings.aspx (archived at https://perma.cc/5K4P-JEMT).

② 本案例是根据以下具体网站拓展的：https://www.theverge.com/2019/1/2/18165182/black-mirror-bandersnatch-netflix-interactive-strategy-marketing (archived at https://perma.cc/PWL8-44YH); https://www.marketingdive.com/news/netflixs-hit-bandersnatch-takes-interactive-marketing-to-new-level/545202/ (archived at https://perma.cc/CFN4-PHN7).

借助 Insomnobot3000，Casper 公司能够向失眠症患者发送促销优惠等信息；在推出聊天机器人的第一年，Casper 公司就成功获得了 1 亿美元的额外销售收入。

其他的例子还包括 Netflix 公司使用预测分析工具向订阅客户推荐节目（比如最近流行的电视节目）；Google 公司则使用 AI 帮助司机绕开交通堵塞路段。这种收集和分析消费者行为、口味和偏好并据此制作内容的独特方式，对许多消费品牌来说非常有益。

2.3.4 耐克：定制个性化[①]

把每一位客户都当成独立的个体定制个性化的客户体验，是使客户满意的众多方式之一。这种方式可以通过使用 AI 来简化，例如，能够进行针对客户的促销活动，并在恰当的时间将最合适的促销信息传递到客户首选的输出渠道（电子邮件、手机软件、社交平台等）。

在个性化方面，Nike 公司作为运动鞋领域的品牌领导者，通过为客户提供设计自己鞋子的机会，使原本非个性化的在线体验变得更加个性化。

NikeID 是一项用于定制运动鞋的服务，通过个性化定制产品为客户提供独一无二的客户体验。

2015 年，Nike 公司为了与客户建立更加紧密的关系，制作了 10 万个有关特定位置、天气和运动数据的个性化动画。此外，Nike 公司还推出了一种基于会员资格的在线体验 App——Nike+，其中包括对 Nike 商品的个性化推荐，以及根据会员兴趣和目的量身定制的训练计划。

---

① 本案例是根据以下具体网站拓展的：https://senseimarketing.com/5-ways-to-improve-customer-experience-with-artificial-intelligence/ (archived at https://perma.cc/3TJX-LJQW); https://www.wsj.com/articles/nikes-strategy-to-get-a-lot-more-personal-with-its-customers-11557799501 (archived at https://perma.cc/QE7V-D782); https://coschedule. com/blog/nike-marketing-strategy/ (archived at https://perma.cc/TG4B-S3GV).

2.3.5 肯德基：面部识别[①]

肯德基公司通过与百度公司合作，利用餐厅中的面部识别摄像头收集数据，以此预测顾客想吃什么。这种洞察情报基于访问的时间（如早餐、午餐、晚餐），顾客的大致年龄、性别，以及顾客的情绪或情感。例如，根据一位 30 岁的女性过去的订单偏好，她可能会被推荐一份劲脆鸡腿堡、一份麦辣鸡翅和一杯汽水，因为系统会记住顾客以往的订单，以便于顾客日后的再次光临。

中国肯德基门店一直高度重视服务的速度、效率和个性化，会将数字订单与面部识别技术结合在一起，从而提供不同且更好的客户体验。

上述例子突出了许多关键的共性和特征（表 2.2）。首先也是最重要的一点，如果你真心关注客户并能够认真倾听他们的需求，客户就会以持续的忠诚和重复购买来回报，从而推动业务的持续增长。

表2.2　客户体验示例摘要

案例分析	提升客户体验的方式	成果
Zappos，美国	情感联系 / 简单地倾听顾客	提供超出客户正常期望的服务
SuperValue，爱尔兰	让客户直接参与到流程中	更好的战略规划、增加销售机会和获得员工评价
Casper，美国	聊天机器人 / 互动营销	实时互动增加产品销售机会
Nike，美国	人工智能	个性化定制产品的所有元素
KFC，中国门店	面部识别	通过预测模型提供个性化产品

① 本案例是根据以下具体网站拓展的：https://www.theguardian.com/technology/2017/jan/11/china-beijing-first-smart-restaurant-kfc-facial-recognition (archived at https://perma.cc/MR7F-QCW2); https://www.mycustomer.com/experience/engagement/five-examples-of-companies-using-ai-to-improve-customer-experience (archived at https://perma.cc/538Y-HQYD); https://www.dailymail.co.uk/news/peoplesdaily/article-4073172/Do-LOOK-like-want-chicken-wings-KFC-uses-facial-recognition-predict-customers-orders-based-appearance-mood.html (archived at https://perma.cc/W3MV-KT8B).

其次，并不需要花费大量费用来部署这些技术或创新；SuperValue 公司的案例清楚地表明，与通过正式讨论产生的数据和情报相比，简单地邀请你的客户走进你的“信息烟囱”，询问客户你所提供的服务有效与否是一项非常小的投资，但最终却可能带来良好的品牌忠诚度和市场前景。

最后，合理地应用 AI、面部识别和计算机视觉等技术，将会推出更多、更好的个性化产品，并使企业的品牌更具“黏性”。关键是如何寻找新方法跟上“精明消费者（savvy consumer）”当前不断发展变化的需求。但是，企业一旦表现出采用新技术的意愿，即使有时只是将其作为一个实验开展，也会向那些欣赏创新的人证明，这家企业将成为市场的领导者。

2.4 结论

企业仍在尝试厘清如何通过采用诸如物联网、区块链、人工智能、深度学习、机器学习和增强 / 虚拟现实等新兴技术以及敏捷产品开发等方法来更好地迎接工业 4.0 浪潮，其关注热点、时间、资源和投资方面，却总是忽视重要的一环：客户。每家企业都声称它们高度关注客户体验，因此大量投资与此相关的尖端技术。但非常矛盾的是，它们严重忽视了这样一个事实：在期望提供卓越的客户体验的过程中，它们只是向客户或企业自身提出了技术解决方案，而并没有了解客户的真实需求。因此，它们只能奔波于争取和挽留客户。

让客户体验趋近完美并非易事，不是一夜之间就能做到的，而是一个长期、持续的过程，需要整个企业和大量资源的投入来捕捉、分析客户体验数据，执行和实现客户体验提升方案。提升客户体验不是企业中某一个人的工作，而是企业中每个人的责任。驱动洞察情报和决策的数据只是其中一个推动因素，而许多企业既没有资源，又没有承诺，也没有数据（洞察情报）。企业如果真想在未来持续提升客户体验，那么需要在三个关键点上明确归属权和长远目标（图 2.5）。

由于每个企业和客户都是不同的，因此在如何提升客户体验上并没有“万能钥匙（silver bullet answer）”。不过，“他山之石，可以攻玉”，企业要合理判断别人的策略是否也适合自己。眼下发展迅猛且增长最快的当属跨行业协作和共享洞察情报，这是因为人们为实现共同目标，开始努力以更佳协作的方式共享信息。合作的最大阻碍之一，尤其是在零售业内部，仍然是将所有数据保密的传统观念。其他行业如制造业，已经开始意识到，通过数据开放和共享可以在企业之间建立更佳协作的精神，这意味着将缩短新的产品或服务的上市时间。企业如果能为客户提供更具个性化的客户体验，也就能更轻松、更直接地与客户联系。不管是现在还是将来，在竞争激烈的市场中保持业务绩效和声誉方面，客户体验都可能是真正导致差异化的因素。

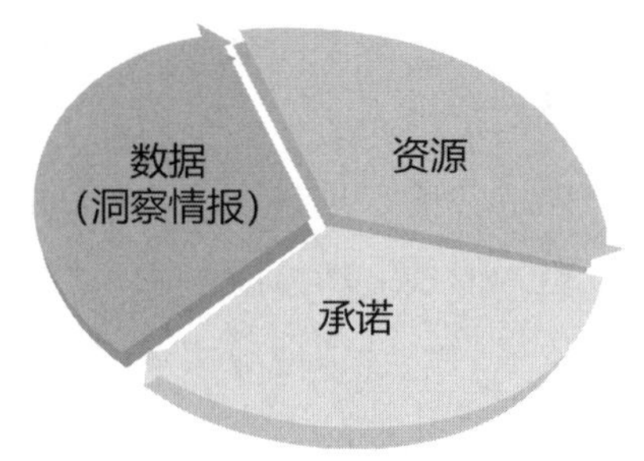

图2.5　持续提升客户体验的关键点

客户之所以从你那里购买商品或服务，是因为知道你在乎他们。你可以通过特定的数据分析和洞察情报关心他们。而客户想要的个性化体验，是只针对他们的需要和诉求的客户体验，而不是针对其他人的。

> 获得的客户可能会保留更长时间，但赢得的客户将永远保留！

企业必须保持与消费者之间的持续互动，这需要企业充分地思考与行动：

> 不在于客户如何参与到企业的业务流程中，而在于企业如何参与到客户的流程中。
>
> Potts (2010, in Rosemann, 2013)

本章展示了可供许多管理者和从业者思考和实施的一系列客户体验提升方案。同样，学术研究人员也需要认识到客户体验在现代企业和供应链数字化时代中的关键作用。因此，我强烈建议有关研究人员做进一步研究以填补相关的学术空白，并展示独特和原创的研究成果。可以预见的是，本章将为这一科学领域的相关研究和今后的进一步研究提供参考。

第3章

供应链中的区块链

马丁·沃克
(Martyn Walker)

本章主要讨论区块链及其对供应链业务的影响。在未来，锚定为终端用户客户（enduser customers）提供产品的主要经销商，将在不损害供应链内部各公司商业秘密的情况下，透明地访问整个供应链各个层次的基本信息。这将精简、优化流程，并适时提供正确信息，以处理由于缺乏可追溯性、质量和安全监测，沟通不畅以及库存跟踪和控制不佳而产生的问题。

如今，供应链参与者使用各种各样的信息工具来确保产品在供应链上的流通。这些供应链系统很少具有互操作性，更不用说协作性了，没有人喜欢共享或失去其对供应链信息（尤其是对竞争对手）的控制。

从当代系统的角度来看，区块链听起来并不吸引人，它甚至可能是一种威胁——区块链上的数据对每个人都是可见的，不是吗？本章给出了这个问题和其他几个问题的答案，所有这些问题及其答案对于理解区块链将如何影响供应链行业都至关重要。

我们还将探讨一个虚构的供应链管理案例，并预测其将如何改善未来的供应链业务。有一点是绝对肯定的，那就是新的和不断变化的规章制度是一个常量，并会影响供应链运作。建立规章制度的目标是提高质量、绩效、准确性和终端用户的利益，但规章制度也会影响成本和供应链绩效。随着所有行业都经历了新法规的冲击，区块链已成了一种实用的防御武器。这个虚构的供应链管理案例将解释区块链如何保护企业在成本和供应链绩效方面免受不必要的影响。

我们来看区块链如何改变我们的行为。区块链发布交易，并让所有人看到交易的发生；然而，它也让所有人看到交易发起人的行为。这就像在推特上发表一个观点：我们中有多少人认为我们的评论更多地是在表达自己，而非我们评论的对象？区块链有助于管理行为，它像是我们自身行动的放大镜，还有什么比实时了解我们自身行动的影响更好的改进自身行动的方法呢？

首先来了解业务推动力的转变，即从中心化活动到非中心化活动的转变。然后再来观测区块链本身：区块链是什么？有不止一个区块链吗？是否有不同类型的区块链？它将为供应链带来什么？

“区块链”一词的准确定义及其具体含义有待进一步讨论。有人说，区块链只是指比特币（Bitcoin）之类的“公有区块链”，其余都是“分布式账本（distributed ledgers）”，但这个解释行不通，因为比特币既是公有区块链又是分布式账本。为简单起见，在本章中，除非另有说明，否则“区块链”一词指的是提供区块链标准功能集的所有平台，无论是公共平台还是私有平台。

3.1 中心化和去中心化

今天，我们依靠政府制定和实施法律，依靠银行管理价值转移，依靠公司提供产品和服务。这些中心化组织负责制定和管理规则，以管控我们的期望并减少人际贸易活动中的不确定性。

当我们反对这些规则时，就会成立协会来改变这些规则，或者创建具有新规则的新公司，只要这些公司遵守法律和法规，我们就可以灵活地开展不同的工作，提高效率，降低成本，以满足客户不断变化的需求。

然而，中心化也有缺点——它取决于领导策略的正确性。如果领导层采用的模式不能正确衡量绩效，那么实行集中管理就无法从创新中获得较好的成果。非正式约束（如腐败和偏袒）也会干扰绩效和结果，从而损害公司、供应商和客户的整体利益。

区块链不太可能取代中央集权机构，但随着时间推移，中央集权机构会暴露其缺陷，而区块链将弥补这些缺陷，并通过以身作则和追究责任来鼓励更公平的交易。

在某些情况下，无需机构、政府、银行或企业的参与，仅区块链就可以减少人际贸易活动中的不确定性。那么，什么是区块链？它又是怎么做到这一点的？

3.2 什么是区块链

区块链是一个活动的公共记录。它既不是一个应用程序，也不是一家公司。区块链可被视为一个减少交易不确定性的地方，它通过向成千上万名第三方代管人声明与贸易伙伴达成的协议条款，确保各方遵守条款，并在一方违反协议时自动实施预先商定的处罚。

确保各方正确行事的关键是智能合约，这是许多区块链和分布式账本的一项功能。智能合约是一套由交易、事件或活动各方预先商定的规则，详见下文“智能合约是做什么的”。

智能合约是做什么的?

通过智能合约，您可以同意一系列“如果、何时、进行、直至、同时……”声明中的条款。“如果你……，我会……”“当你支付×××英镑的订阅费用时，我们将为你支付的款项所涵盖的每个月提供服务”“我们将继续提供服务，而你将为每次交付支付×××英镑，直至你取消服务为止”。

智能合约的运行方式与现实世界中的协议运行方式类似，但所有操作都会自动根据规则被监控和进行处理。

如果你接受智能合约支持的条款之后再出现问题，也无法停止你已经同意的操作（此功能可减少合约各方的不确定性）。当事方同意的任何变更，或法院诉讼的结果，均发生在智能合约执行后。

可以将区块链视为一个不属于任何个人的公共物品，看作一个透明的、综合的活动，它在不断更新且对每个人可见。区块链是一个开放的基础设施，可以存储各种资产和事件。其中，部分数据是加密的，且仅对授权人员可见；有些人可以在不披露自身某些信息的情况下提供证据（如个人身份）来证明其存在。例如，我可以在不披露实际年龄的情况下证明自己年满 18 岁，或在不披露地址的情况下证明自己是英国居民。公司可以选择公开完成项目所需的资源，而不披露其实际来源、资金或方法。也就是说，买方或供应商可以相信尽职调查问题的回答，而无须接触与其需求无关的信息。诸如“这家公司是否具备满足我要求所需的资金？”的问题，只要提供支持性要求且该公司已授权以这种方式使用其数据，就可以得到一个“是”或“否”的答案（binary answer）。

与其将区块链视为存储数据的数据库，不如将其视为可验证事实的存储库。区块链记录仅证明数据，例如，早期的所有人或授权机构可以对所有权证书进行认证，反过来，所有权证书就可以对早期的所有人层级和授权机构进行证明，从而为物品的来源创建一个来源链。此信息链构成所需数据的一部分，从而提供以下信息不可撤销的证明：所有权证书、位置、当时位置、状态、货币、托管人历史、知识产权、合格证书、履约证书、销毁证书或其他监管要求，合同及相关文件，对象和产品标识，个人身份、个人资料。

区块链是防篡改的，并为所有数字或非数字信息存储一个真实的单一版本，该数字或非数字信息被赋予唯一的机器可读标识，以表示它过去、当前和未来的状态。此外，区块链记录数据的来源、资质和周围情况，并证明其有效性。这意味着区块链不再需要中央授权就能降低未知交易中个人和组织相互间活动的不确定性。

3.3　有不止一种区块链吗

许多被描述为区域链的产品彼此间存在显著差异，特别是各种基于或用于单个区块链的系列产品给人的感觉是区块链远不止现存的这些，因而也很难找到现成的、完整封装的区块链解决方案。此外，流行区块链各种版本的混合也容易混淆人们的理解，这更增加了区块链定义的复杂性和混乱性。

幸运的是，以往实施案例表明还没有哪个人因为卖方声称只有一种区块链解决方案而购买它。那么，区块链都有哪些种类？其与供应链相关的优势和劣势分别是什么？

本节将介绍两种类型的区块链：一是允许任何人参与的公有（区块）链（public blockchain）；二是仅允许获得许可的用户参与的私有（区块）链（private blockchain）。

3.3.1 公有（区块）链

公有（区块）链中最有名的案例就是比特币和以太坊（Ethereum）。成千上万的独立矿工（矿工是保存区块链账本的计算机）在公众视野下管理所有交易。

公有（区块）链使用“工作量证明（proof of work）”共识，该共识依赖计算机（即矿工）来竞相寻找解决数学难题的方法。一旦获胜者获得经济奖励，其他矿工就会同时检查答案。工作量证明的流程是首先确认分布式账本数据的一致性，而后所有矿工再将该数据写入各分户账本。

经济回报诱惑了许多个体和公司进入挖矿的行列，也导致以赢得挖掘新区块的回报为目的的庞大的计算机网络竞争。近年来，代币（Token）价值的爆炸性增长使该业务格外引人注目，其负面效应就是对电力的需求大幅增加，许多公司将数以千计的机器转移到空调成本低的冰岛和电力价格相对较低的国家。公有（区块）链呈指数增长的一个巨大反讽是，无论有多少台计算机在其网络中运行，它们的功能都仅相当于挖掘新区块的最后一台个人计算机。

3.3.2 私有（区块）链

Activeledger 和 Hyperledger 是私有（区块）链或分布式账本的案例。虽然它们提供了公有（区块）链的功能，但其关注的主要是私人活动，如金融机构之间的结算和贸易融资，以及供应链中的产品制造和运输。

公有（区块）链和私有（区块）链有很多相似之处，但它们在本质上是不同的。

区块链平台为前者用户定义了治理方法。例如，在公有（区块）链中拥有挖矿设备的人员可以通过投票选择采用或拒绝哪些修改。

私有（区块）链则允许封闭的业务组（如供应链中的业务）创建和管理专注于其业务的规则。这使合作者能够决定如何应对联盟（consortium）内的变化。例如，汽车零部件供应链可以调整智能合约，以确保整个联盟采用有关电动汽车电池包装和处理的新规定。[①]

供应链业务联盟可以创建一个治理结构来支持集体需求。这种方法的一个优点是能够以较少的时间和成本适应新的法规，而不需要联盟内的每个成员单独对变化作出反应，联盟可以通过共同努力，共享共同体的智慧成果以及变更的成本。

3.4 供应链将采用哪种类型的区块链

未来的公有（区块）链和私有（区块）链解决方案将为供应链业务提供服务。公有（区块）链将提供身份、产品的来源和成分、包裹的跟踪和追踪等信息。私有（区块）链和公有（区块）链将共享公共渠道的信息，例如，允许供应链中的任何人检查肉类的来源、养殖地点、屠宰的时间和地点、运输方式以及运输时的温度。这些活动确保了所有供应链参与者的行为良好，从而改善整个供应链参与者对产品的评估。然而，对于现代供应链业务而言，目前公有（区块）链的使用成本太高，缺乏可扩展性，且执行速度太慢。

一旦公有（区块）链解决好自身问题，那么私有（区块）链就可以为供应链提供服务，实现数据的连接、利用。私有（区块）链的服务包括根据法规进

① 《电动汽车法规参考指南》见 https://www.unece.org/fileadmin/DAM/trans/doc/2014/wp29/ECE-TRANS-WP29-2014-81e.pdf (archived at https://perma.cc/HH7C-JRWG).

行衡量，以确保合规性、确认身份，并进行客户分析（KYC）和反洗钱（AML）检查，以及利用大量来自公共服务的新服务，如低成本供应链和贸易融资工具，所有这些都是为了优化供应链业务。

3.5 区块链如何帮助供应链

中国在供应链优化中获益良多，我有幸参加了中国的一个重大项目。在那里，我们对一家大型农业企业进行了解和研究，我们接触了供应链涉及的组织，包括国有银行、民营银行和保险公司。在参观山区生态保护区的农场时，我们会见了其中的从业者——从博士、科学家到遍布中国各地的小农场主。

这家企业的领导者有着清晰的战略和远见，他希望中国能生产出最好的猪肉，并减少对低档肉制品进口的依赖。首先，他创建了一家饲料厂并通过改善饮食提高猪肉产量。然后，他制订了一个育种计划，以确保猪肉的品质得到改善。最后，他为猪肉生产和贸易提供资金，以减少价格波动，以此减少了消费者对进口猪肉的需求。

他希望我们能帮助解套他在供应链中为企业担保而被套住的资金并降低保险成本。为了解决这些问题，我们向银行和保险公司提供了将产品出售给贸易商前的饲料厂交易、交货、动物福利等可核实认证的原始数据。有了这些信息，银行就可以接受该公司自身对小型农场的尽职调查，而不再需要担保；保险公司可以使用相同的数据准确计算风险，并可以实时观察和监管行业变化的影响，以便对成本做出细微调整。

虽然这只是解决供应链中一个问题的具体任务，但它为我们提供了全面的、端到端的供应链的实际情况，涵盖了金融、保险、物流、供应链管理及供应链范围的沟通。由此可以将供应链面临的挑战分为以下几类。

3.5.1 客户服务

有效的沟通是所有客户服务的命脉，在供应链中，这一点同样重要，因为供应链的复杂性取决于已知和未知来源的融合。在正确的时间将正确数量的正确产品运送到正确的位置，意味着我们需要知道产品在哪里、由谁控制。

区块链减少了客户服务团队需要处理的问题。客户服务代表有权访问网络中的经认证的数据及所有元数据（meta data）。相同的信息可供网络中的所有许可用户（如主要经销商、授信银行和分销商）使用，从而减少了他们想要了解货物通过供应链时定位或货物状态及其预计到达时间（ETA）的业务活动需求。

这意味着，我们除了可以向客户服务团队提供及时、准确的信息外，还可以向供应链的主要经销商和终端客户提供洞察情报。

由于企业资源规划、客户关系管理（CRM）或任何软件系统内的所有参与者均可获得可信数据，并能够通过应用程序编程接口（API）与其他系统进行通信，因此，了解一家公司在供应链内的表现意味着可以减少通过电话、电子邮件或 Excel 电子表格搜索来预测性能指标的时间。

3.5.2 预算与成果

燃料及货运成本的上涨、需求的增长或萎缩、现代技术的发展、新法规的制定、劳动力成本的增加及商品价格的上涨，均会带来不确定性，并对竞争性的供应链造成压力。

区块链通过驱动无错误的自动化流程节省成本。这提高了操作的可见性和可预测性，并加快了实物商品的流通。它保持一个不变的来源记录，即记录在指定地点或时间的所有行动、移动和产品状态。公司可以利用这些信息打击犯罪活动和假冒产品。此外，它还可以暴露战略上的薄弱环节，突出可持续性和企业社会责任，实现流程再造。这些都是通过准确记录不可变数据和减少孤立数据的数量来实现的，即相关数据被保存在独立的系统中或以书面形式存储。利用不断进行的分析和回归分析过程，突出变化的影响。

例如，马士基公司（Maersk）在 2014 年发现，仅从非洲东部到欧洲的一小段路程的冷藏货物运输就需要近 30 人和组织协作完成，其中涉及超过 200 种不同的互动和沟通方式。使用区块链解决方案将有助于通过将供应链过程数字化来管理和追踪全球数千万集装箱的书面记录（图 3.1）[①]。

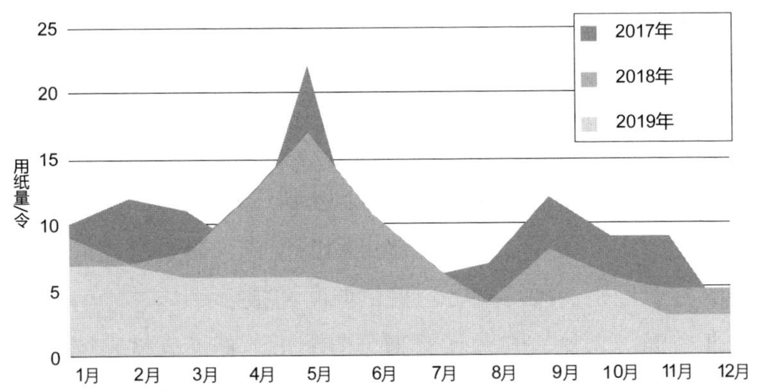

注：对比2017年与2019年数据，迅捷的科技进步使年均纸张使用量减少了68%。

图3.1　2017年、2018年和2019年的用纸量

3.5.3　风险管理

供应链中的所有合作伙伴都需要增强对产品流中断的抵抗能力。抵御市场变化、竞争性供应链进步、现代技术、新产品或改进产品、信贷投放和全球采购活动等带来的内部风险的能力越强，就越能抵御经济和政治事件等带来的外部风险。

区块链的目标是减少供应链中不必要的环节，如中间人和中心化服务，这些中间人和中心化服务增加了供应链中的摩擦（成本增加和时间延迟），但有助于保障相关人员遵守海关规定和法规。未来，消费者可以使用手机扫描产品

① 区块链：商业变革的 4 个应用案例。https://www.ibm.com/blogs/internet-of-things/iot-blockchain-use-cases/ (archived at https://perma. cc/9FAT-UX77).

溯源。这项功能在食品行业和一些公平贸易产品中已经存在[①]，也增加了终端用户对商品的理解和选择。终端用户推动需求，从而改变商品从制造商到终端消费者的流动方式。

3.5.4 关系管理

供应商和合作伙伴可通过商定并遵循衡量绩效的标准来优化其供应链中的产品流。共同商定的标准可以使供应商和合作伙伴达成一致，从而建立和谐的供应商和合作伙伴关系。

供应链中的区块链网络允许所有参与者在产品通过供应链时看到产品活动的双向元数据（two-way meta data）。对交易进度感到忧虑的主要经销商，可以匿名访问性能元数据（performance meta data），这意味着当产品接近客户时，无须供应商披露其来源，客户就可以知道产品在供应链过程中的状态和位置。通过允许下一级供应商看到新订单，他们也可以优化时间表来满足新需求。

更多详情请参阅本章的“附录：关系管理机制”。

3.5.5 人力资源管理

职业介绍所可以为从仓库到董事会的供应链职位招聘大量人员。寻找在供应链管理和采购方面拥有关键能力且经验丰富的领导者较为困难，尤其是在供求效应也正在推动薪酬水平不断提高的情况下。有效使用技术减少了所需的劳动力数量，但同时也对相关人员运用技术的能力提出了较高的要求。

如 3.5.1 节所述，区块链可以为主要经销商、供应链客户和终端用户提供流程和产品可见性，并提供洞察情报帮助他们了解产品的状态和位置。这意味

---

① 一家初创公司已经招募了 12,000 名洪都拉斯咖啡豆种植者，以获得区块链认证的有机公平贸易证书。https://www.theblockcrypto.com/post/40469/a-startup-has-onboarded-120000-honduran-coffee-bean-farmers-to-track-organic-fair-trade-certificates-with-blockchain (archived at https://perma.cc/87HG-22FB).

着现有员工将有更多的时间使用特定技能以提高工作效率。

从长远来看，由于区块链和人工智能等相关技术的应用，人力资源将获得重大改善。随着许多学科开始采用区块链，相关的学术论文、书籍、政府参与及涵盖该主题的专门会议将逐渐增多。我希望供应链行业可以为新入职员工提供帮助，以提高员工的工作效率和满意度。区块链将有助于改善人力资源的如下方面：

（1）遵守法律法规：确保个人资料的安全和及时更新；正确应用雇佣法律并使其得到有效的实施；监督薪酬条例实施情况；确保员工安全。

（2）了解变更后的绩效：在重大变更（如工厂搬迁或制定了新的雇佣条例）后，利用实时报告了解生产力的变化。进行有效的沟通，并在问题发生之前及时处理，减少变更带来的影响。此外，绩效改进并非仅限于内部流程，局部的改善可能会在整个供应链中引起明显的波动。

（3）绩效奖励机制：通过直接在智能合约中建立奖励机制，提升产出质量和交付速度。它可能反映出任何对员工有价值的事情，例如周五早退、参加公司活动和现金红利。为组织内部绩效制订一个评估和审查程序，以帮助根据领导者的行为以及员工对计划的反应来寻找合适的领导者。

3.6 供应链管理案例

以下供应链管理使用案例包含可能比目前实际上更多的特性。随着时间的推移，相关领域的专家将创建涵盖大部分这些特性的区块链解决方案。在行业准备并采用标准之前，随着人们不断试验和尝试创新的想法，我们很可能会经历“寒武纪式”的项目数量爆炸增长。此外，我们用于测试的代码可从GitHub4[①]下载，其附带MIT开放许可证，这意味着该代码可免费用于任何用途，包括商业用途。

① 免费下载地址：https://github.com/activeledger/activeledger (archived at https://perma.cc/S6NQ-CUPY).

3.6.1 背景

在 2014 年，我们为中央证券登记（CSD）公司实地建立了一个实验室，以调查区块链对 CSD 和金融结算业务的影响。通过举办研讨会，我们做出了相关假设并制订了原则，在圆桌会议上对这些假设和原则进行了测试。研讨会涉及公司内所有部门人员、公司的客户和供应商，同时，监管机构、专业律师和区块链平台建设者也共同努力，确保为本次探索创造现实场景。

该实验室运行了 18 个月，我们研究了区块链对金融服务、保险、物流和供应链管理的影响。显然，区块链的变革性质将在扩展和优化协作业务方面发挥重要作用；然而，同样明显的是，难以对历史悠久和已确立经营传统的企业进行全面改革。

实验室的运行结果让我们相信，现有的区块链平台遗漏了供应链管理中特别需要的关键特征，包括如下几点：

（1）区块链平台与区块链解决方案之间的互操作性。

（2）与现代供应链 ERP 和 CRM 系统的互操作性，或与重要的子系统（如 AI 和 IoT 设备）共享数据。

（3）地域性，即在特定地区内完成交易的能力，这一点很重要，因为它允许一个国家或地区行使主权，例如，征税、拒绝进口或出口违禁品。

（4）绩效低下，区块链的高频次验证也就意味着系统运营缓慢，对上下游的现代供应链业务而言则更为迟缓。

（5）可扩展性——公有（区块）链仍然无法通过典型供应链业务中使用的交易、大量数据和存储来扩展性能。

（6）具有云安全运行的能力（并因此继承最新的云端安全应用程序），对于大多数私有（区块）链解决方案而言，这不再是一个问题。

（7）标准化进程接口。

（8）安全的实时连接。

（9）动态路由。

（10）服务监控。

（11）跟踪和管理变更。

（12）实时端到端跟踪。

（13）附件管理，即能够存储链上数据，如 PDF、图片、证书、提货单及供应链管理所需的其他数字材料。

（14）入职能力。

（15）人、产品和流程标识管理。

当前的区块链平台中并不具备这些特性，因此不可能提供工业级的供应变更管理系统。此外，一个完整的系统需要具备支付处理和融资能力，这意味着系统无法使用大多数公有（区块）链，因为大多数公有链使用代币表示价值，而代币是一种可交易的证券，故大多数司法管辖区会监管代币使用。因此，使用代币的区块链需要一个银行许可证才能提供一整套供应链管理功能。

我们构建了一个私有（区块）链平台 Activeledger 专门来解决这些问题。我们将设计一个情景，通过研究案例来衡量和比较平台的性能。Activeledger 并不是解决这些问题的唯一平台，如果企业符合其他平台提供服务的参数，也可以采用其他备选的平台。

3.6.2 IBM Maersk TradeLens

IBM 与 Linux 基金会合作制作了超级账本（hyperledger），并与 Maersk 合作完成了一个名为 TradeLens 的项目。[①] 这两个贸易巨头建立了一个共享信息的网络，该网络最终可能会对已建立的数据聚合器进行去中介化（disintermediate）处理。如果将 TradeLens 用作运输和物流领域的实际标准，通过提供实时信息，会为供应链管理做出不可估量的贡献。

① 更多关于 IBM 和 Maersk 合作的“数字化全球供应链”的详细信息参见 https://www.tradelens.com/ (archived at https://perma.cc/F4HA-85JB).

3.6.3 R3 Corda TradeIX

R3[①] 与微软、亚马逊云技术、英特尔和惠普公司合作开发一个供应链金融应用程序。TradeIX[②] 也在 R3 的专有区块链平台 Corda 上构建了供应链管理解决方案。

3.7 供应链管理系统

当不同的供应链公司的收益和付出差异很大时，你应该如何激励这些供应链公司采用一个新系统？各公司是否会有额外成本？这些成本是否对应新系统带来的合理收益份额，还是部分公司会先于其他公司获得投资回报？最公平和最大众的管理新系统的方法是什么？谁应该采取第一步行动？供应链中将由谁推动项目向前发展并使其顺利完成？

正如你所见，建立一个旨在简化和优化供应链的区块链供应链管理系统需要许多人付出大量努力。在项目结束时，只要有一个主要参与者决定不采用新系统，便可能使该联盟迄今为止付出的成本和努力白费。当然，有很多方法可以处理这些情况。

在应用案例中，我们做出了主要经销商从供应链管理系统中获利最大的假设，并对其进行调试。这得到供应链金融工作组（SCFWG）的支持，该工作组于 2010 年发表了《供应链金融：供应链金融工作组报告》（*Supply Chain Finance: Report of the Supply Chain Finance Working Group*）[③]，并声称可以通过

① R3 Corda 在供应链中的发展详见：https://www.r3.com/customers/ (archived at https://perma.cc/6WBZ-NYX5).

② R3 Corda 与其合作伙伴 TradeIX 正在构建供应链金融应用程序，详见：https://ctmfile.com/story/how-r3-is-tackling-challenges-of-supply-chain-finance (archived at https://perma.cc/K4WX-S796).

③ 本报告的下载地址：*Report of the Supply Chain Finance Working Group* from https://www.treasurers.org/system/files/scfreportjul2010.pdf (archived at https://perma.cc/Y37X-UM24).

买方驱动的应收账款计划（BDRPs）改善信贷质量。

IBM Maersk TradeLens① 项目采用的是另一种提供现成应用程序的方法，如果你的业务与他们的业务一致，该应用程序就会是一个实用的解决方案，但如果你与 IBM 或 Maersk 是竞争对手，就要考虑 IBM 和 Maersk 平台给经营决策带来的风险。

3.7.1 管治

对于任何区块链项目，特别与供应链相关的项目，其具备的一个重要特征就是管治（governance）。传统实体［非链上解决方案，如 DAO（数字自治组织）］将维护供应链的利益，而非单个参与者的利益。

良好的管治将确保权力下放以支持整个供应链的绩效改善，并去掉导致不必要摩擦的中介流程。经验丰富的区块链高管苏珊·约瑟夫（Susan Joseph）② 指出："对联盟进行适当的治理和领导对其成功至关重要。"

3.7.2 主要经销商

现虚拟一家公司——联合汽车公司（United Auto Cars，UAC）为主要经销商。UAC 在全球布局工厂，其中，零部件来自欧洲和亚洲，而组装生产线在英国。他们准备推出一款曾在交易会上展示过的新车，并且还要履行现有订单。在应用案例中，我们分别比较了他们在使用和不使用区块链供应链的情况下是如何做到这一点的。

---

① IBM Maersk TradeLens 区块链的数字航运平台继续扩展，增加了主要的海运承运人 Hapag-Lloyd 和 Ocean Network Express。https://www.maersk.com/news/articles/2019/07/02/hapag-lloyd-and-ocean-network-express-join-tradelens (archived at https://perma.cc/TKV8-NP5A).

② 区块链治理 :2019 年联盟区块链治理的关键问题。https://www.dlapiper.com/en/uk/insights/publications/2019/08/blockchain-governance-key-issues-in-governance-for-blockchain-consortium-2019/ (archived at https://perma.cc/TK2H-KZFZ).

UAC 主要生产高档商务车。这项业务已开展多年，并拥有大批忠实经销商群体。然而，在此应用案例中，他们遭受一宗丑闻困扰，声誉也遭受损害。UAC 可以避免这个丑闻对其供应链的影响吗？

3.7.3 供应商层级

UAC 不知道有多少层级的供应商参与其供应链。UAC 知道一级供应商使用的部分零件来自亚洲，但并不知道这些零件是如何流向其供应链上游的，也不知道在零件产品到达英国之前，有多少级供应商参与制造和组装项目。

3.7.4 质量控制

UAC 对所有收到的货物都执行严格的质量控制测试，并保留拒绝个别产品或整批货物的权利。质量控制是所有供应商的重要职责。

3.7.5 贸易融资

与供应商的协议已达成，新车型及其工厂也已准备就绪。UAC 管理层可以向其供应商发出订单，并确认计划和调度时间表。UAC 也已与银行达成协议，一级供应商可以获得处理订单所需资金的优惠条款；如有需要，一级供应商也可以为二级供应商准备好协议，让二级供应商通过 UAC 获得银行的优惠条款。

与 UAC 达成协议的银行不会向三级及三级以上供应商提供相同的低成本贷款，因为时间距离较远且缺乏可用的交易历史的交易会存在额外风险。此外，由于现在赊销（open account）的普及，UAC 及其一级供应商不再开具信用证。

UAC 希望其供应链的所有层级的供应商均获得充足资金。

3.7.6 运输及保险

深入了解区块链如何在供应链中的运输和保险方面给予帮助是一个很大的课题。作为替代，我们仅观测一下区块链如何支持供应链管理。例如，当货物经过区块链进行流通时，未到达目的地的风险就会降低；区块链将向保险公司提供原始数据，以便其动态调整成本。

3.7.7 透明度和洞察力

透明度是区块链的一大优势。区块链提供了可靠且可即时查找信息的功能。例如，使用 TradeLens① 的运输经理能够即时获得当前及未来关于运输量可用性的信息。

对于企业财务部而言，区块链驱动的供应链金融系统是使流动性最大化和降低风险的宝贵工具，并可以通过更深入地研究其全球供应链动态来推进其战略指令。通过直接接触供应链背后的力量，财务部可以优化其供应链关系并更准确地评估风险。

此外，区块链还揭示了整个资金链中使用的各种融资手段，使其能够根据道德目标或可持续性要求来调整财务决策。

3.8 装运前融资

UAC 重视优化的供应链，因为这种供应链具有摩擦点少、产品流动快、移动可视性和实时报告的质量控制等特性。基于上述原因，UAC 决定为供应链管理应用提供资金。UAC 认为对供应链中大多数成员企业而言，低成本、易于安排的贸易融资是最具吸引力的因素，因此决定将其作为应用的基础。

① TradeLens 的两个新超级成员将“半个世界的运输数据”放在 IBM 的区块链上。https://www.cbronline.com/news/tradelens-data (archived at https://perma.cc/QVV6-HC4S).

3.8.1 什么是装运前融资

供应商一旦开具费用清单，通常可以在装运后获得融资。这意味着他们必须使用自有资金或融资资金来支付采购材料、生产和管理的费用，然后才能为订单提供服务。

新的供应链管理模块具有供应链融资功能，使得供应商能够在收到 UAC 的认证订单后获得资金。

在图 3.2 中，我们将传统融资与 Activeledger 设计的装运前融资的预付款项（Advance Payment Obligations，APO）解决方案进行了比较。当 UAC 发出订单时，SCM 模块立即创建相同数量的 APO。如果订单金额是 100 万英镑，则该订单将包括 100 万英镑的 APO，而收到订单的供应商则可以使用 APO 筹集资金或购买材料。

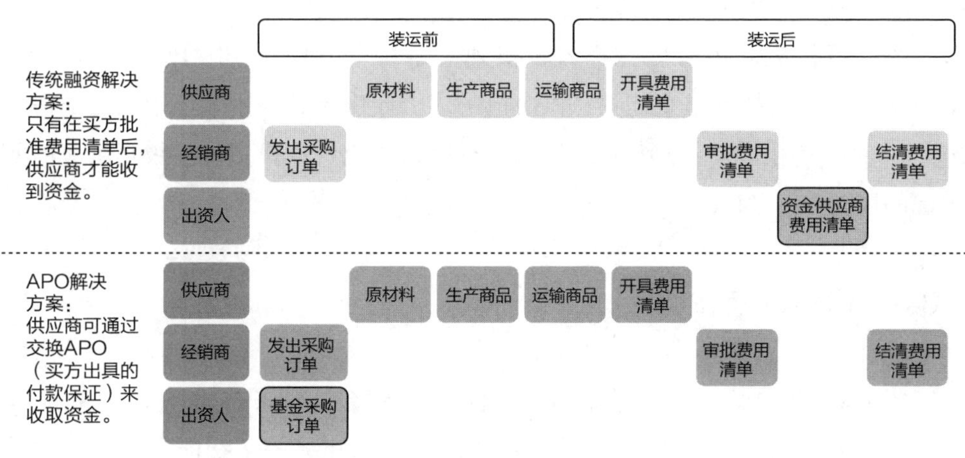

图3.2 传统融资与装运前融资的APO解决方案对比

3.8.2 预付款项

预付款项是指当交付的产品符合订单条件并由智能合约管理时，主要经销商同意支付的款项。

供应商可选择以下两种方式使用 APO：

（1）从一个资金来源筹集资金。

（2）将 APO 传递给另一供应商。

一般而言，向资金来源借款需要尽职调查贷款成本中涵盖的其他成本，及（或）在新客户入伙前就收取的费用。调查信用报告、看到订单和检查公司审计有助于投资者确定风险。

SCM 模块将使出资人能够根据经过核实的供应链交易进行尽职调查。除了历史记录和经过认证的速度和质量绩效报告外，还可以看到主要经销商的订单和历史记录。通常，出资人可以选择通过直接在智能合约中建立激励机制来影响供应商的行为。智能合约则根据出资人的条件自动返回 APO。

供应商也可以使用 APO 向下级供应商付款。由于 UAC 是一家知名公司，其 APO 值得信赖。供应商可以计算融资成本，如果下级供应商愿意接受 UAC 的 APO，则可以提出分摊的差价。

第二级供应商也可以这样做，找到愿意接受 UAC 公司 APO 的出资人。APO 的一个重要特征是它能够在供应链的多个层次上共享主要经销商的征信。因此，在此应用案例中，UAC 的征信声誉降低了出资人投资任何级别供应商所承担的风险。

3.8.3 出资人如何影响绩效

当 UAC 创建订单时，会同时创建一个智能合约来持有协议中的所有 APO。当出资人同意接受 APO 时，SCM 模块会创建另一个智能合约。新的智能合约会与订单相链接，一旦费用清单获得批准，并根据出资人和供应商的首选汇款方式交换 APO 且达成付款条件，即进行支付。

出资人可以在与供应商签订的智能合约中附加激励措施。例如，如果供应商在约定的日期交货或其产品达到 UAC 的独立质量评估公司设定的质量等级，他们可能会返还 10 000 份 APO。

3.8.4 出资人会实时看到什么

供应商获得低成本的融资后就能够扩大业务，因此，供应商向出资人提供自己的交易信息（更少的商业秘密）是符合自身利益需求的。区块链记录了供应链事件期间的认证数据。表 3.1 简要概述了记录在区块链上的信息及其受到信任的原因。

所有事件都可创建元数据，其中有些元数据是匿名的。是否排除或认可精准细节则取决于所使用的管治手段。通常，元数据包括合同标识、产品标识、过程标识、日期、时间、位置和产品状态。供应链中的主要经销商、供应商、出资人、发货人和服务者个人可以使用这些信息进行调度，并在出现问题时快速发现问题。

由治理团队授予访问权限的保险公司可以访问原始数据进行统计分析。美国前进保险公司（Progressive Insurance Company，PIC）正在研究区块链的实时原始数据，以创建动态服务。例如，Everledger① 通过记录有价值资产的特征、交易历史和所有权来跟踪这些资产。保险公司和所有者使用 Everledger 上记录的数字指纹来验证信息真实性并降低欺诈风险。

表3.1　出资人用于确定贷款人资格的可信数据的高级视图

事件	区块链记录	证明	为什么值得信任/注释
UAC（主要经销商）向供应商发出订单	APO 数量与订单价格匹配	UAC 作为一家豪华商务车制造商在全球享有盛誉	UAC 的业务取决于它的声誉，因履行承诺而闻名并从中受益
供应商向下游供应商下订单	下游订单包括 UAC 的 APO 选项	订单由 UAC 的 APO 支持	UAC 的声誉
供应商邀请出资人提供资金	标记为可供出资人使用的智能合约	出资人看见 UAC 发行的 APO	出资人查看 UAC 和供应商的交易历史记录

① 关于 Everledger 公司详情请见：https://www.everledger.io/ (archived at https://perma.cc/N4MJ-RWJ4).

续表

事件	区块链记录	证明	为什么值得信任/注释
出资人出价	报价详情	供应商可获得匿名融资历史记录	出资人的声誉
出资人和供应商同意出资	APO 从供应商账户转移到出资人账户	智能合约已更新并包含协议详细信息	智能合约将在收到认证事件时执行协议
供应商开始装运	记录产品移动	供应商通知客户装运	供应商的声誉
质量评估员在包装前检验产品质量	记录日期、时间、地点、质量证明书和质量评估员	质量评估公司和质量评估员评估产品	质量评估员的声誉
产品准备发货	记录日期、时间、地点	供应商通知运输公司产品状态	质量证书和供应商转移产品的动机
货运公司收集	记录日期、时间、地点	货运公司签收	货运公司的声誉
运单 / 提单	寄售指标，发货信息	公司签发装运单据	对包括合规数据（如 SOLAS VGM）在内的公共信息的交叉引用
物联网	追踪产品位置和状态	物联网测试证书、物联网工程师资格证书	个人设备、硬件品牌和型号以及维修公司的声誉
从公共来源获得的数据	CDS（英国海关申报服务）参考资料和其他可用资料	主权边界之间的移动	除了日期、时间、状态、位置信号都不可信
收货地点	土地和债券状况	收货代理确认	收货代理的声誉
清关	申报信息	清算代理机构	清算代理机构的声誉
产品清关质量评估	记录日期、时间、地点、质量证明书和质量评估员	质量评估公司和质量评估员评估产品	质量评估员的声誉
装运交货	记录日期、时间、地点	买方公司签收交付的货物	买方的声誉
ERP 流程	制造流程	制造商	制造商或组装商可以有选择地发布 ERP 事件，以提供详细信息

3.8.5 SCM事件摘要

表 3.1 列出了供应链中可能发生的一些事件，并显示了当产品流经供应链时，其中一些事件如何影响流程。出资人可以看到供应商的匿名交易历史，并通过在供应商满足条件时返回 APO 作为奖励来影响供应商绩效。

供应商为其制造流程购买材料时，就可以看到材料准备好装运的时间、经证明的装运质量以及离开港口的时间；当货物进入海关和消费税处理区时，他们就可以看到货物到达信息，且可以从 CDS（英国海关申报服务[①]）收到清关完成以及货物准备出发的通知；他们还可以看到承运人收货的时间以及知道承运人是否给出了预计到达的时间。

主要经销商（UAC）可以看到所有元数据。虽然 UAC 对细节的兴趣可能没有对覆盖整个供应链的兴趣那么高，但了解到每个供应商后，UAC 就有机会获得低成本的融资，看到材料质量评估报告和产品在整个供应链中的移动状态，这有助于建立信心并减少因信息缺乏或产品质量不高而产生的焦虑。

3.8.6 如果UAC的声誉受到攻击怎么办

涉及丑闻的谣言可能会导致供应链中断。一个严重问题的出现就可能导致出资人为应对增加的风险而增加贷款成本，那么 UAC 就需要向其一级供应商提供担保，一级供应商也需要向二级供应商提供担保，这种上级对下级的担保需要一直延续到供应链的末端。然而，只是担保可能还不够。在这种情况下，UAC 可以利用他们的 SCM 模块平台减少谣言的危害，只需要让 APO 持有人知道他们已把价值考虑进来以满足出资人和供应商的需求。例如，UAC 的研究显示，供应链中的借款人可以预计贷款成本将增加 10%，并愿意通过为每个 APO 支付 1.10 英镑而不是 1 英镑来为其 APO 增加 10% 的价值。

---

① 英国海关申报服务详情请见：https://github.com/hmrc/customs-declarations (archived at https://perma.cc/HU32-HB47).

3.8.7 供应链中的数据流

在供应链中使用区块链的一种方法是将其作为数据流。上游的制造商位于供应链的最远端，将数据添加到数据流中，这些数据会和其他制造商添加的数据共同流入数据流。“小溪流”会汇聚在一起，并最终流向“大海”。

就像河流会寻找最容易到达目的地的路线一样，供应链的成员将使用数据优化各自的运营，并改进客户服务。

河流会在一侧沉积淤泥，同时在另一侧侵蚀河岸，最终切断弯道并形成一条直达路线。供应链也是如此，它会削弱摩擦和减少不必要的支流，以寻求最有效的服务方式。

区块链数据流（the blockchain river of data）拥有额外的力量。人和机器在管治团队设定的严格条件下输入数据，并将数据嵌入智能合约，智能合约会核实和确认数据，并使用权限管理和保护数据。

表 3.2 显示了主要经销商下订单后，流向他们的数据流受限情况。主要经销商下订单后，可以看到其他供应商有关接受订单、资金同意、物料接收、装运详情的信息。

表3.2　从低层供应商到UAC的高级数据流

三级供应商	二级供应商	一级供应商	UAC(主要经销商)
接受订单	接受订单	接受订单	下订单
—	—	向二级供应商下订单	UAC可见
—	—	资金同意	UAC可见
—	向三级供应商下订单	一级供应商和UAC可见	
—	资金同意	一级供应商和UAC可见	
向四级供应商下订单	所有层级均可见		
资金同意	所有层级均可见		
物料接收	所有层级均可见		

续表

三级供应商	二级供应商	一级供应商	UAC(主要经销商)
质量保证（QA）	所有层级均可见		
装运详情	所有层级均可见		
—	物料接收	一级供应商和UAC可见	
—	质量保证	一级供应商和UAC可见	
—	装运详情	一级供应商和UAC可见	
—	—	物料接收	UAC可见
—	—	质量保证	UAC可见
—	—	装运详情	UAC可见

3.8.8 UAC能否证明区块链解决方案的成本合理

基于区块链的现代供应链管理系统能否获利与其UAC计划、优化及简化自身装配和制造过程的能力有关。

区块链将随着时间的推移而改变供应链的性能。主要经销商对其供应链的财务拥有控制权，能够看到材料流动以及处理影响其声誉的事件（此处仅突显了其部分能力）。

UAC能否从对区块链供应链管理系统的投资中获利尚无定论。太多的影响因素让我们无法确凿地回答这个问题。而借助区块链专家的SWOT分析，UAC有足够的信心去尝试解答。

与普通的新软件平台不同，它必须经多家公司采用才能正常工作。众多公司必须同意以一种不同寻常的方式合作，这种合作不仅仅是协作，而是为了供应链的更大利益而共享数据。例如，质量评估员可能会认为对其服务进行额外审查是一种干扰，他们需要了解自愿加入的好处，这时可以向他们展示一个高评级服务如何保持良好的精准记录并为他们带来新业务。

这正是区块链在高德纳成熟度曲线（Gartner’s hype cycle）中走向预期高增

长巅峰时遭遇的困难。区块链可能是一个行业下一个发展阶段的明显标志，但也可能是另一个行业的“无名小卒”，在区块链成长到被常规采用之前，还不会形成普遍采用的标准。除非先有几个中心化机构倒台，否则区块链就难以走向巅峰。

3.9 结论

在过去十年中，商业领域引入了区块链的概念，贸易相关的出版物将其誉为解决通信、可追溯性、准确性和合规性监控等常见行业问题的解决方案。

随着消费者和监管者对严格标准的要求越来越高，企业正采取行动。有社会意识的投资者会根据公司对气候变化、自然、员工、供应商、客户以及公司所在社区的关注程度来筛选公司。因此，用于做出决策的信息必须正确、可信、可存储、可传输并可共享，这正是区块链和现代分布式账本的关键特征。

全球第一大基金公司——贝莱德公司（Blackrock）的首席执行官拉里·芬克（Larry Fink）[①] 致信其公司投资的公司：

> 我们认为所有投资者，及监管机构、保险公司和公众，都需要更清楚地了解企业如何管理与可持续性相关的问题。这些数据应该扩展到围绕每家公司如何为其全部利益相关者服务的问题上，如：其劳动力的多样性、其供应链的可持续性，或者其如何保护其客户的数据。

这是对数据的需求不断增长并进行精确报告的一个案例。公司需要实时保存数据，为满足投资者或监管机构的要求做好准备。现今，预计汇编报告或审计的时间仍然是合理的，但随着需求的增加，保存没有核实来源的数据将增加公司资源的压力，且不会对创收产生直接的积极影响。

---

① 金融业的根本性重塑。https://www.blackrock.com/corporate/investor-relations/2020 larry-fink-ceo-letter (archived at https://perma.cc/8SZ7-W35E).

我们只有充分了解了区块链，并从其特点入手推广区块链，才会有越来越多的企业应用区块链。在网上搜索“区块链供应链案例”，你会得到数以百万计的结果，但在供应链或金融领域中，你现在能使用的实际产品却很少（如果有的话）。但是，你可以订阅多种服务，这些服务会使用区块链来保护你的数据。

值得注意的是，许多服务并没有强调它们对区块链的使用。服务平台并不认为区块链是它们解决方案背后的“天才”，反而在强调它们自身的服务能力，区块链也只是它们服务技能的一种效用，而没有资格作为它们的产品或服务。更具有讽刺意味的是，区块链在越来越多的新服务中的地位并不重要。我相信我们正在接近一个转折点，依赖数字数据的企业了解从集中式服务向可信分布式（trusted distributed）服务转变的好处，而在这种服务中，区块链扮演着重要却又很不起眼的角色。

声田音乐平台（Spotify）使用区块链验证艺术家的归属和经济收益；汇丰银行、德意志银行和巴克莱银行不需要集中证券存管机构就能进行某些贸易结算；由于区块链保护奖励，在治疗疟疾的药物通过供应链时操作人员会通过扫描二维码来保护其在非洲免遭仿制等，以上例子表明区块链可以降低中介摩擦成本（intermediary friction）、提高产品性能和可靠性。

艺术家们收到了他们信任的报告、银行优化了结算的延迟和成本、疟疾患者不再担心所吃药物是假药……这些都是全球商业计划中的微小变化，不妨试想一下，如果你所在的行业采用区块链呢？你的业务将有怎样的改进？区块链减少了管理的成本和人为错误带来的风险，但是否能减少员工的数量呢？我认为，区块链更有可能提高员工的工作效率，并且也在努力应对日益增长的监管和合规需求。

我希望本章能让你对区块链以及区块链对供应链运作的影响有一些了解。我没有探讨区块链在何时会被广泛采用，因为这很难预测。供应链由多个行业组成，每个行业都有自己的一套有关增长率的规则；此外，区块链是一个跨越物理和虚拟边界的行业，每一个交叉的规则和传统都不相同。虽然我无法预测区块链在何时会被广泛采用，但我认为，如果不对区块链进行重大投资，就无法设想十年后供应链是如何高效运行的。

附录：关系管理机制

积极的业务关系非常重要，因为它有助于企业的持续生存。通信技术和我们的交流方式在不断变化，邮政服务、电话、传真机、电子邮件、易贝（eBay）、脸书、推特等，都为企业和客户之间的新型沟通方式做出了贡献。

随着时间的推移，每种交流方法都会发展出一种与媒体速度相匹配的商业规范。在过去，给客户写信要求简明扼要且不能落下任何一个细节，因为可能需要很长时间才能得到答复。而如今，一条140字的推文就可以解决一个客户的问题。

当然，这些交流方法建立在信任之上。要求提供送货信息的客户可能会收到“明天上午前送达”的答复，客户必须相信代理人（representative）能够访问有效信息并正确传递信息。

区块链不需要信任，因为联盟网络（consortium network）上就存在认证数据，许可用户可以实时查看活动。例如，由连接签名设备的驱动程序扫描过的投递允许收件人查看投递时的运输移动过程。这是一种更简单的沟通方法，客户不需要联系客户服务团队就可以全面了解情况。

第 4 章

服务人道主义供应链的区块链

拉梅什瓦尔·杜贝（Rameshwar Dubey）、安加帕·古纳塞卡兰（Angappa Gunasekaran）、斯蒂芬·J. 蔡尔德（Stephen J. Childe）、本杰明·T. 黑曾（Benjamin T. Hazen）、萨诺斯·帕帕佐普洛斯（Thanos Papadopoulos）

在供应链 4.0 时代，协调（协作）是运营管理中备受关注的领域（Barata *et al.*, 2018）。众所周知，协调（协作）对组织绩效有积极影响（da Silveira and Arkader, 2007; Cao and Zhang, 2011）。然而，人道主义危机对发展构成了严重的威胁（Dubey *et al.*, 2019a）。这是因为，无论是由冲突、自然灾害、气候变化分别造成的相关事件，还是这三者共同造成的相关事件，带来危机的频率、严重性和复杂性都在稳步增加（El-Zoghbi *et al.*, 2017）。

2018 年，肯尼亚有 300 万人因干旱而受灾，阿富汗也遭遇严重干旱，220 万人受灾，数千人流离失所。同样，全球各地发生的地震、洪水、风暴、火山活动和野火也对人类财产造成了潜在损害，并导致数千人死亡（EM-DA, 2018）。灾难发生后，来自各国的大量非政府组织（Non-Governmental Organizations，NGO）参与了人道主义行动管理（Moshtari, 2016）。由于参与救灾工作的人员众多，而且这些人道主义组织（HO）缺乏协调（Islam and Walkerden, 2017; Dubey *et al.*, 2019b）和存在一定腐败（Islam and Walkerden, 2017; Dwivedi *et al.*, 2018），救助物资往往无法落实到灾民。据观察，在大多数情况下，稀缺资源（如建筑材料、医药、人工等）往往导致救灾参与者之间的激烈竞争，从而增加成本并严重延误救灾工作（Chang *et al.*, 2011; Moshtari, 2016; Awasthy *et al.*, 2019）。

为了应对这些挑战，越来越多救灾参与者呼吁通过新兴技术加强在救灾供应链中的协调（Ko and Verity, 2016; Dubey *et al.*, 2019a; Chen *et al.*, 2019）。在人道主义环境中加强协调可以提供获得资源（例如捐款、设备、技能和信息）的途径（Moshtari, 2016; Wagneri and Thakur-Weigold, 2018; Dubey *et al.*, 2020）。Ralston 等人（2017）认为，阻碍协调成功的因素有权力差异、财务原因、目标冲突或 IT 使用方面的协调不力。Casey 和 Wong（2017）进一步认为，供应链合作伙伴之间在信息共享方面缺乏信任和透明度往往会导致协调效果不佳。El-Zoghbi 等人（2017）认为，金融包容性（即向社会所有收入阶层提供优质金融服务）是弥合人道主义与发展鸿沟的潜在基础机会。此外，金融包容性还使得低收入家庭能够建立资产，减轻紧急情况、疾病或伤害等给自身带来的冲击，并进行生产性投资。然而，在分配援助中存在的欺诈和腐败往往减少了减贫机会，也减少了对内投资。而分布式账本技术可以提高资金的透明度和可追溯性，因此更有机会应用于国际援助中（Min, 2019; Zhu *et al.*, 2019; Zhu and Kouhizadeh, 2019; Saberi *et al.*, 2019; Queiroz and Wamba, 2019; Dolgui *et al.*, 2019 ; Wang *et al.*, 2019, 2019b）。区块链技术是一种分布式账本技术，并承载在多个用户之间。一般而言，区块链技术允许两个或多个参与者通过数字化分布式账本（digital decentralized ledger）在供应链网络中进行安全的金融交易，且不会受到干扰（Dolgui *et al.*, 2019）。此外，也有学者认为，尽管在人道主义环境下区块链技术解决方案的开发和实施仍处于早期阶段，但区块链技术在构建救灾供应链方面有巨大潜力（Thomason *et al.*, 2018; Chen, 2018; Ramadurai and Bihatia，2019）。

在以往的研究中，学者们认为，由于人道主义行为主体间缺乏信任以及在人道主义供应链中缺乏可见性，人道主义行为主体之间的协调受到严重影响（Barratt, 2004; Ramanathan, 2014; Ramanathan and Gunasekaran, 2014; Dubey *et al.*, 2018; Mejia *et al.*, 2019）。因此，越来越多以联合国和其他知名机构名义发表的报告开始要求开展此类研究，如关于分布式账本技术这一新兴技术在人道主义供应链中的应用。不过，除了少数研究外，大多数学术著作中基本上没有提及有关内容，这是一个亟须解决的研究空白。过去，学者们研究了参与救灾行动各方之间的快速信任与协调的直接关系（Tatham and Kovács, 2010; Lu *et al.*, 2018; Dubey *et al.*, 2019b），而关于快速信任在区块链技术和协调之间的中介作用的研究还处于起步阶段。最后，对区块链技术、运营供应链透明度、快速信任的影响和相互关系的理解仍然是不全面的，缺乏足够的理论基础。因此，我们第一个研究的问题是：区块链技术和运营供应链透明度对快速信任有何独特和综合的影响?

人道主义供应链涉及来自不同组织、具有不同技能的各种行动者，他们有一个共同目标：帮助人们并减轻他们的痛苦。但由于地理因素、不同的文化背景和不同的组织政策，行动者之间的协调工作存在一定障碍（Balcik *et al.*, 2010）。此外，激增的需求及其不可预测性和资源匮乏是人道主义环境的主要特征（Balcik and Beamon, 2008; Kovács and Spens, 2009; Altay and Labonte, 2014; Altay and Pal, 2014; Altay *et al.*, 2018; Ni *et al.*, 2019）。可扩展性是人道主义供应链的一个重要特征，因为人道主义供应链的设计必须足够灵活，以适应救灾行动期间突然变化的需求（Day, 2014; Tabaklar, 2017; Singh *et al.*, 2018）。为了实现人道主义供应链的可扩展性，参与救灾行动的行动者之间应建立信任（Tatham and Kovács, 2010; Dubey *et al.*, 2019a）并做好协调（Moshtari, 2016），实现信息共享（Altay and Pal, 2014）。在本次研究中，我们将重点放在以区块链技术为协调的先行条件上。研究表明，快速信任和协调可能会严重影响某些人道主义供应链管理特征，如协调或协作（Tatham and Kovács, 2010; Dubey *et al.*, 2019b; Lu *et al.*, 2018; Dubey *et al.*, 2018，2019a）。然而，这种关键的影响尚未有相关的理论研究或经过实证检验。其实，在人道主义背景下，关于区块链技术潜力的证实仍是难以开展的。文献提供了轶闻证据（Ramadurai and Bhatia, 2019），但却很少有实证研究。我们注意到这是一个重大的研究缺口，因此我们将第二个研究问题指定为：区块链技术、运营供应链透明度和快速信任对协调的直接和综合影响是什么?

我们将使用从 172 个国际非政府组织中收集的数据来回答以上两个研究问题，这些组织在亚洲、欧洲、非洲、北美洲和南美洲的国家从事救灾行动。我们将论点建立在组织信息处理理论（Organizational Information Processing Theory）（Gattiker and Goodhue, 2004; Haußmann *et al.*, 2012; Srinivasan and Swink, 2015, 2018; Dubey *et al.*, 2019a, 2019b）和关系视图（Relational View, RV）（Dyer and Singh, 1998）的基础上，因为这两种组织理论都无法单独解释区块

链技术、运营供应链透明度和快速信任对协调的直接或间接作用。我们使用验证性因素分析（Confirmatory Factor Analysis，CFA）验证了研究的架构，并使用层次回归法进一步检验了研究假设。

本章的结构如下：第 1 节介绍研究的支撑理论；第 2 节概述理论模型和假设发展；第 3 节说明研究设计，详细讨论技术与研究的结构、抽样设计、数据收集策略等；第 4 节介绍数据分析；第 5 节讨论本研究的结果及其对理论和实践的影响，以及本研究的局限性和未来的研究方向。

4.1 支撑技术与理论

4.1.1 区块链技术

随着人们对比特币兴趣的增加，决策者、从业者和学术界对支持加密货币概念及其底层技术的区块链技术产生了浓厚的兴趣（Min, 2019）。Gartner（2017）指出，供应链高管对采用区块链技术来提高供应链绩效的兴趣与日俱增。此外，他还认为区块链技术具有提升业务价值的巨大潜力。许多专家认为，区块链技术是比特币能取得巨大成功的主要原因之一。比特币通常被认为是一种记录保存机制，允许企业进行真实、可靠的合作（Kshetri, 2018）；区块链又是一个分布式公共账本（distributed public ledger），维护着大量的信息“区块”（图 4.1）。每个数据块通过唯一的哈希值（hash value）链接到前一个数据块。该哈希值是通过数学上一种被称为“陷门（trapdoor）”的数学关系计算出来的（Saberi *et al.*, 2019）。如果哈希值与“陷门”函数匹配，则将数据块链接起来。通常，一个数据块由具有时间戳的单个事务（transaction）和链接到前一个数据块的信息组成。因此，信息的踪迹存储在没有任何一个合作者可以直接控制的互联网（Internet）节点中。这些节点是匿名的，并且只链接到其他几个节点。因此，原始数据是永久性的，并留下了公共信息线索或交易链。该链对对等网络（peer-to-peer network，也称端到端网络）上的所有用户都可见，因此用户可以基于单个事务跟踪事务链的历史记录。

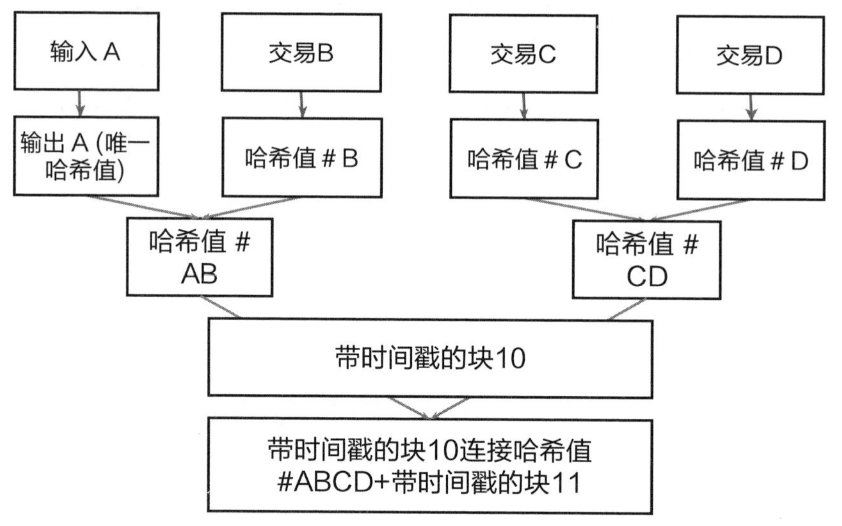

来源：《经济学人》（2015）

图4.1　区块链结构

任何用户如果想要改变信息，那么就得在将新数据块引入现有链之前使所有的用户达成共识。简单来说，由区块链技术保障的供应链具有以下特征：

（1）当集装箱、拖车和托盘在供应链参与者之间移动时，可以帮助跟踪集装箱、拖车和托盘的数量、规格和原产地。

（2）可以帮助记录每笔交易的装运单据、收据和其他必要文件。

（3）为下游参与者提供装配流程、原材料清单和针对每个定制产品的预防性警告。

（4）通过将保险报价、清关和关税信息直接附在每批货物上，简化监管和审计流程。

（5）有助于监控、访问和共享信息，以分析实时信息获得更进一步的洞察情报。

因此，这些特征可能有助于简化复杂的人道主义供应链。

4.1.2 信息共享

信息共享对供应链协调至关重要（Arshinder *et al.*, 2008; Prajogo and Olhager, 2012）。Premkumar 和 King（1994）认为，信息共享可以归类为组织资本，即一种专注于信息流的资源。Zhou 和 Benton（2007）进一步认为，信息共享的效用取决于信息质量。信息的质量、可访问性、准确性和相关性取决于有效的交付方式（Cao and Zhang, 2011）。Altay 和 Pal（2014）进一步主张在人道主义供应链网络中的代理之间进行信息传播，以改善对策。他们基于 Schweitzer 等人（2002）的研究，认为高质量的信息共享实际上可能会减少决策过程中的不确定性。Kwon 和 Suh（2004）认为，信息共享可能有助于减少行为不确定性，而这种不确定性正是建立信任过程中的障碍之一。

4.1.3 快速信任理论

快速信任是一种出现在临时组织结构中的信任形式，在团队组建中可能非常有用（Meyerson *et al.*, 1996）。任何特定救灾行动中的救灾链（disaster relief chain）都包括来自不同组织的若干管理人员（Tatham and Kovács, 2010）。救济活动涉及东道国政府、军队、地方和区域救济组织以及私营公司，每一个组织都可能有不同的利益、任务、能力和后勤专业知识（Balcik *et al.*, 2010）。

灾难的发生可能会导致匆忙形成救灾网络（Tatham and Kov á cs, 2010）。在先前的文献中，信任被认为是关系成功建立的一个重要因素，甚至可以降低交易成本（Laaksonen *et al.*, 2009）。Lu 等人（2016）认为，对市场的信任可以增强供应链参与者进一步参与市场互动的意愿。Lu 和 Fan（2014）进一步指出，信任是许多经济交易的核心，可能涉及社会不确定性和风险，是一个复杂而多面的结构。有关供应链协作的文献中也承认信任在供应链协作与其他因素建立关系时的作用（Barratt, 2004; Fawcett *et al.*, 2008; Capaldo and Giannoccaro, 2015）。Tatham 和 Kov á cs（2010）认为，信任是在一段时间内形成的。因此，在仓促形成救灾网络的情况下，信任可能不会产生像在商业供应链网络中那样积极的影响。Tatham 和 Kovács（2010）进一步将 Meyerson 等人（1996）的快速信任模型扩展到救灾网络。在本研究中，我们称之为信任，以避免混淆。

4.2 理论模型与假设发展

我们的理论模型牢固地扎根于两个既定的组织理论：组织信息处理理论和关系视图。特别是当组织执行高度不确定性的任务时，组织信息处理理论已经成为有效利用信息获取竞争优势的有力解释（Galbraith, 1974; Srinivasan and Swink, 2015, 2018; Zhu *et al.*, 2018; Dubey *et al.*, 2019a, 2019b）。基于 Galbraith（1974）的观点，我们认为一个组织可以通过机械方法减少对信息处理的需求和提高其信息处理能力。

第一种机械方法：通过创建闲置资源或创建自洽任务来减少信息处理需求，这可能会导致成本高昂，而且无助于提高敏捷性。第二种机械方法：通过投资横向和纵向信息系统来提高组织的信息处理能力，这在不确定的环境中可能是一个更好的选择（Srinivasan and Swink, 2018）。因此，我们认为，提高信息的可见性可能有助于增强参与救灾行动的行动者相互之间的信任（Dubey *et al.*, 2019a）。

此外，一个组织利用其强大的技术能力不会对组织行为产生太大影响，同时也不会影响参与该过程的人员的行为。关系视图的组织理论认为，参与救灾行动的行动者相互之间的信任，在加强人道主义供应链中这些行动者之间的协调方面起着重要作用。关系视图表明，组织可以通过合作关系中产生的关系租金或收益以及合作伙伴的共同努力和贡献来获得竞争优势（Dyer and Singh, 1998; Wang *et al.*, 2013; Moshtari, 2016），而只通过单个组织的努力却可能无法实现（Cao and Zhang, 2011）。因此，我们提出了基于这两个不同的组织理论视角的理论模型：组织信息处理理论和关系视图理论模型（图 4.2）。

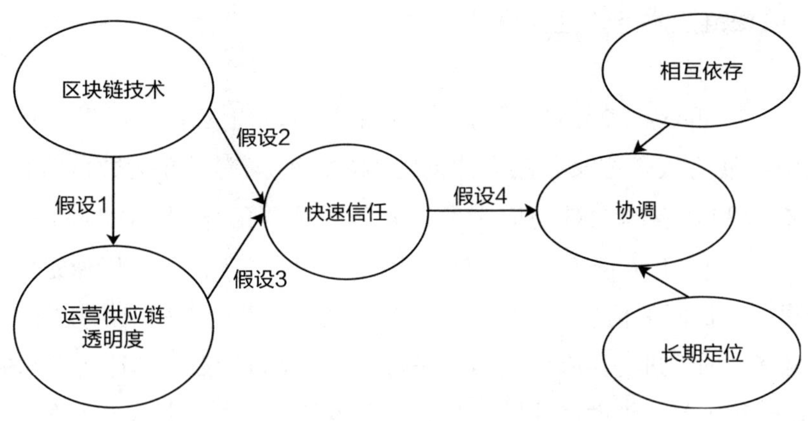

图4.2　组织信息处理理论和关系视图理论模型

4.2.1　区块链技术和运营供应链透明度

人道主义供应链的透明度常常被认为是一个关键特征，涉及来自不同背景的多个参与者（Burkart *et al.*, 2016）。透明的供应链在整个链条中很大程度上依赖材料、资金和相关信息的流动（Zhu *et al.*, 2018）。Morgan 等人（2015）进一步将运营供应链透明度定义为“组织主动与利益相关者进行沟通，以创建上游和下游供应链运营的可见性和可追溯性的能力”（Zhu *et al.*, 2018: 48）。简单地说，我们认为运营供应链透明度有助于供应链中的供应链合作伙伴跟踪整个供应链中产品的当前和历史活动记录。因此，我们认为供应链的透明度有助于通过提高上下游供应链运营的可见性，降低供应链流程的复杂性（Brandon-Jones *et al.*, 2014）。Dolgui 等人（2019）认为，区块链技术由于其分布式账本技术和网络验证过程而具备了抵御黑客、防篡改和不可变的特性。基于这些特性，区块链技术又具备了可追溯性，只有存储先前交易记录的分布式数据库才能在整个合作伙伴网络中共享，并且历史记录将被永远保留（Min, 2019; Martinez *et al.*, 2019; Roeck *et al.*, 2019）。因此，可以认为区块链技术可以成功地用于提高运营供应链透明度。所以，可以假设：区块链技术可以提高运营供应链的透明度（假设 1）。

4.2.2 区块链技术与快速信任

Altay 和 Labonte（2014）认为，人道主义行动者之间不可靠的信息和信息库常常被视为人道主义行动者之间协调的关键障碍。在大数据时代，信息共享在有效和高效的灾难响应中发挥着至关重要的作用（Dubey *et al*., 2018, 2019b）。Casey 和 Wong（2017）进一步认为，区块链技术可以通过为所有用户提供可公开访问的信息，同时保证信息安全性来帮助克服阻碍数据共享的障碍。这可能有助于进一步降低成本并提高人道主义行为数据的透明度（Solaiman and Verity, 2019）。借助区块链的分布式账本技术，参与救灾行动的不同人道主义行动者可以在同一网络上收集和共享数据。可以认为，区块链技术提供了一个永久的、可搜索的、不可撤销的公共记录存储库。因此，托管在可访问账本上的带有时间戳和数字验证信息的组合可能有助于参与救灾行动的各方建立快速信任。所以，可以假设：区块链技术有助于建立快速信任（假设 2）。

4.2.3 运营供应链透明度和快速信任

Akkermans 等人（2004）认为，供应链的透明度对信任有积极影响。尽管组织学者对此进行了深入研究（Anderson and Narus, 1990），但实证研究有限。Anderson 和 Narus（1990）发现，两家公司间以往的信息交流在建立彼此信任方面起着重要作用。Korsgaard 等人（1995）发现，那些在规则和程序正义（procedural justice）方面具有更高透明度的组织具备更高的信任度和承诺度。Kwon 和 Suh（2004）进一步指出，存在行为不确定性通常是由于供应链中的合作伙伴之间缺乏充分的信息共享或透明度，这对供应链治理有很大影响。任何供应链合作伙伴的行为不确定性都会降低其他合作伙伴对其的信任。Dubey 等人（2019b）进一步研究了参与救灾行动的行动者间的信息共享如何进一步减少行为不确定性并建立信任。因此，基于前面的讨论，可以认为，基于区块链技术的运营供应链透明度可以进一步帮助人道主义行动者之间建立信任。所以，我们假设：运营供应链透明度可以帮助建立快速信任（假设 3）。

4.2.4 快速信任与协调

组织间协作是指两个或多个独立组织共享资源（如信息、专业知识和基础设施）建立伙伴关系的过程（Moshtari, 2016）。Gulati 等人（2012）进一步认为，协作作为一个概念具有两个方面：合作和协调。合作涉及设定合作目标，谈判并决定为实现这些目标而分配的资源量。协调指的是协调组织的任务或行动以实现特定目标（Gulati *et al.*, 2012）。在这里，我们主要关注协作的第二个方面，即协调。人道主义环境下的协调已引起运营管理学者的极大关注（Moshtari, 2016; Prasanna and Haavisto, 2018; Dubey *et al.*, 2018, 2019b）。供应链管理文献中的供应链协作分为两类（Cao and Zhang, 2011）：基于关系的协调（Bowersox *et al.*, 2003）和基于流程驱动的协调（Mentzer *et al.*, 2001）。基于关系的协调通常被视为一种长期的合作伙伴关系，在这种关系中，一方面，合作伙伴积极共享信息和战略资源以实现共同目标。另一方面，当两个或多个组织参与实现共同目标时，就会出现流程驱动的协调（Prasanna and Haavisto, 2018; Dubey *et al.*, 2019b）。基于 Morgan 和 Hunt（1994）在信任与承诺之间建立的正相关关系理论，我们提出信任和承诺都可以促成协调的假设。Morgan 和 Hunt（1994）争论的一个方面是合伙人之间的信任程度。根据 Morgan 和 Hunt（1994：23）的说法，信任被定义为“对交易合作伙伴的可靠性和完整性的信心”。Moshtari（2016：1545）认为，在人道主义背景下，“人道主义组织对其合作伙伴信任与否可以通过合作伙伴之间的开放性或对合作伙伴为建立合作关系所作贡献的评价得知”。由于各组织在人道主义背景下对有限资源的激烈竞争，相互信任有助于最大限度地减少机会主义行为，并鼓励合作伙伴间共享信息、知识和其他资源（Moshtari, 2016; Dubey *et al.*, 2019b; Salem *et al.*, 2019）。Dubey 等人（2019b）发现，参与救灾行动的人道主义行动者之间的信任与协调水平之间存在正相关关系。所以，根据先前研究结果，我们假设：快速信任可以促进协调（假设 4）。

4.3 研究设计

4.3.1 计量工具的开发

为了检验研究假设，我们已经使用预先测试的仪器收集了横截面数据（Dubey *et al.*, 2020）。为进一步评估基础调查工具中所用项目的清晰度，及其应用于人道主义环境时做出的适当调整，我们邀请了 7 名人道主义或救灾行动从业人员在出席第四届法国全国人道主义会议（巴黎，2018 年 3 月 22 日）的研究人员面前填写了调查表，并提出一些内部人员会注意到的重点事项。例如，我们询问了这些专家对旨在探测框架中计量方式的清晰性和适当性的看法。我们采用李克特七点量表（seven-point Likert scale），以"强烈不同意"和"强烈同意"为极值来衡量所有可能是潜在变量的项目，并捕捉所有项目的反应。在此基础上，我们检验了结构及其相关计量项目的内容有效性（见表 4.5）。

表4.5 结构操作及其相关计量项目

结构组成	类型	相关文献	调查项目
区块链技术	典型的	Hughes等人（2019）	1. 我们使用分布式账本技术在救灾行动中共享信息（BT1）。 2. 我们使用分布式账本技术，因为它有助于维护数据的机密性、完整性和可用性（BT2）。 3. 我们使用分布式账本技术来提高救灾供应链的透明度（BT3）。 4. 我们经常使用分布式账本技术作为数据平台，追踪人道主义物资的来源、用途和目的地（BT4）。 5. 我们经常使用分布式账本技术来避免获得不可靠的信息,从而避免混淆参与救灾行动的合作伙伴(BT5)
运营供应链透明度	典型的	Zhu等人（2018）	1. 我们定期共享我们的运营计划（即分销和储存计划）(OSCT1)。 2. 我们的合作伙伴定期收集与灾区相关的战略信息（OSCT2）。 3. 我们的合作伙伴定期共享战略信息（OSCT3）。 4. 我们的当地合作伙伴定期分享与当地文化、政府法规和其他有用信息相关的战略信息（OSCT4）

续表

结构组成	类型	相关文献	调查项目
快速信任	典型的	Robert等人（2009）；Dubey等人（2019a, 2019b）	1. 我们的合作伙伴值得信赖（ST1）。 2. 我们没有理由怀疑彼此的能力和对任务的准备是否充分（ST2）。 3. 在共同完成一项特定的任务时，我相信我可以依靠他们，以免因粗心的工作而造成麻烦（ST3）
协调	典型的	Dubey等人（2019b）	1. 我们经常在合作伙伴之间共享我们的资源（即信息、专业知识和基础设备）（CO1）。 2. 我们紧密合作，设计和实施应对灾害的行动（CO2）。 3. 我们分担风险和收益（CO3）
相互依存	典型的	Moshtari（2016）	1. 对于我们的组织来说，失去与合作伙伴的合作需要付出高昂代价（I1）。 2. 该合作伙伴会发现失去与我们组织的合作需要付出高昂代价（I2）
长期定位	典型的	Moshtari（2016）	1. 关系中的长期目标（LTO1）。 2. 合作伙伴希望能够长期合作（LTO2）。 3. 参与组织将注意力集中在影响下一个目标的问题上（LTO3）

4.3.2 抽样设计

本研究以亚洲、欧洲、非洲、北美洲及南美洲各国参与救灾行动的国际非政府组织为实证背景。我们利用联合国人道主义事务协调厅（Office for the Coordination of Humanitarian Affairs，OCHA）的数据库确定了关键的信息提供者。所有这些国际非政府组织的联系信息都是在OCHA领导小组的帮助下收集的。在OCHA团队的帮助下，我们确保受访者了解了新兴技术在救灾行动中的应用。我们非常感激OCHA团队在这方面的指导，因为他们提供了关于在救灾行动中使用区块链技术、大数据分析和人工智能或计划采用这些技术的非政府组织的数据库。

4.3.3 数据收集

这项研究是我们大型项目的一部分（Dubey *et al.*, 2020）。我们根据 Dillman（2011）的定制设计方法，通过电子邮件开始收集数据。近年来，学者们采用了 Dillman 的总体设计测试方法来提高调查函回复率（Rothaermel and Alexandre, 2009; Cao and Zhang, 2011; Eckstein *et al.*, 2015; Moshtari, 2016; Dubey *et al.*, 2019a, 2019b）。在发出三封提醒回复的电子邮件后，我们收到了 172 份（目标受访者共 1713 人）可用回复，有效回复率 10.04%。这一回复率很低，因为我们的受访者都是非政府组织成员，其中大多数受访者还不了解区块链技术在其行业内的应用。此外需要提及的是，我们此次研究的回复率与其他类似研究一致，整体偏低，如 Moshtari（2016）的研究为 13%，Salem 等人的研究（2019）为 23%。我们研究的参与者都是他们组织中的高级管理人员（物流、供应链、采购主管或总监或首席执行官）。研究参与者概况见表 4.6。根据 Armstrong 和 Overtonl（1977）的观点，我们进一步测试了响应偏差（response bias）。我们比较了早期响应（前 30%）与晚期响应（后 30%）中每个计量项目的响应。在这项测试中，假设较晚回复邮件的受访者等同于未受访者（Armstrong and Overtonl, 1977），可以发现早期和晚期受访者对所有计量项目的回答没有统计学上的显著差异（对于我们观察到的每个计量项目，$P > 0.25$）。因此，可以认为无响应偏差并不是我们研究中的一个主要问题。

表4.6 研究参与者概况

组织的主要服务	频率/次	百分比/%
健康	37	21.51
后勤	62	36.05
食品安全	32	18.60
水、环境卫生和个人卫生	28	16.28
营地协调	13	7.56

续表

国家	频率/次	百分比/%
亚洲		
中国	8	4.65
韩国	3	1.74
印度	11	6.40
印度尼西亚	3	1.74
日本	10	5.81
泰国	3	1.74
欧洲		
比利时	3	1.74
丹麦	2	1.16
法国	11	6.40
芬兰	7	4.07
爱尔兰	5	2.91
荷兰	6	3.49
英国	7	4.07
非洲		
喀麦隆	12	6.98
埃及	5	2.91
尼日尔	4	2.33
尼日利亚	4	2.33
索马里	2	1.16
南非	11	6.40
北美洲		
加拿大	13	7.56

续表

国家	频率/次	百分比/%
美国	17	9.88
墨西哥	3	1.74
南美洲		
阿根廷	6	3.49
巴西	11	6.40
智利	4	2.33
秘鲁	1	0.58

4.4 数据分析

我们测试了此计量项目的假设恒定方差，以及是否存在离群值和正态性。此外，为了确保多重共线性不是我们研究中的一个主要问题，我们计算了方差膨胀因子（Variance Inflation Factor, VIF）。在我们的案例中，所有 VIF 均小于或等于 3.0，远低于建议的 10.0 阈值（Hair *et al.*, 2006）。所以，可以认为多重共线性不是我们研究中的主要问题。

4.4.1 结构的计量属性

表 4.1 列出了此研究的一阶多项结构的系数（α）、规模综合可信度（Scale Composite Reliability，SCR）和平均方差提取值（Average Variance Extracted，AVE），得出的值表示各个构造的可靠和有效的计量。在单独检查构造的有效性后，我们借助 AMOS22.0（Liang and Yang, 2018）和最大似然法（maximum likelihood method）（Hair *et al.*, 2006）进行了验证性因子分析。

表4.1　主要结构的计量量表

项目	Lambda	方差	误差	系数（α）	规模综合可信度	平均方差提取值
BT1	0.88	0.77	0.23	0.93	0.95	0.78
BT2	0.89	0.78	0.22	—	—	—
BT3	0.91	0.83	0.17	—	—	—
BT4	0.85	0.73	0.27	—	—	—
BT5	0.87	0.76	0.24	—	—	—
OSCT1	0.88	0.77	0.23	0.90	0.93	0.76
OSCT2	0.89	0.79	0.21	—	—	—
OSCT3	0.84	0.70	0.30	—	—	—
OSCT4	0.89	0.80	0.20	—	—	—
ST1	0.90	0.81	0.19	0.87	0.93	0.81
ST2	0.91	0.83	0.17	—	—	—
ST3	0.89	0.78	0.22	—	—	—
CO1	0.88	0.77	0.23	0.87	0.90	0.75
CO2	0.86	0.74	0.26	—	—	—
CO3	0.85	0.73	0.27	—	—	—
I1	0.93	0.86	0.14	0.80	0.93	0.86
I2	0.93	0.86	0.14	—	—	—
LTO1	0.91	0.83	0.17	0.90	0.94	0.83
LTO2	0.93	0.86	0.14	—	—	—
LTO3	0.90	0.81	0.19	—	—	—

注：BT(Blockchain Technology)：区块链技术；OSCT(Operational Supply Chain Transparency)：运营供应链透明度；ST(Swift Trust)：快速信任；CO(Coordination)：协调；I(Interdependence)：相互依存；LTO(Long-Term Orientation)：长期定位。

接下来，我们检验了此研究中使用结构的判别效度（表4.2）。根据Fornell和Larcker（1981）的论点，我们将每个结构平均方差的平方根和该因子的测度与模型中其他因子所有测度相关性的绝对值进行了比较，如表4.2所示。

表4.2　主要结构的描述性统计和判别效度

项目	标度范围	平均值	标准差	BT	OSCT	ST	CO	I	LTO
BT	1—7	5.7	1.28	0.88	—	—	—	—	—
OSCT	1—7	5.74	1.22	0.31	0.87	—	—	—	—
ST	1—7	5.74	1.21	−0.09	−0.19	0.90	—	—	—
CO	1—7	5.66	1.20	−0.11	−0.13	0.39	0.87	—	—
I	1—7	5.69	1.25	0.32	0.13	−0.23	−0.10	0.93	—
LTO	1—7	5.79	1.19	−0.04	−0.11	0.21	0.07	−0.22	0.97

注：BT(Blockchain Technology）：区块链技术；OSCT(Operational Supply Chain Transparency）：运营供应链透明度；ST(Swift Trust）：快速信任；CO(Coordination）：协调；I(Interdependence）：相互依存；LTO(Long-Term Orientation）：长期定位。

4.4.2　共同方法偏差

在组织研究中，利用关键合作者的方法是很常见的（Schilke, 2014; Moshtari, 2016; Srinivasan and Swink, 2018; Fosso *et al.*, 2019）。在某些研究中，产生共同方法偏差可能会造成问题（Podsakoff *et al.*, 2003; Ketokivi and Schroeder, 2004）。因此，我们采取了几个步骤来避免这种问题的发生。首先，也是最重要的一点，我们在另一项调查中收集了协调响应。这种技术被称为分离调查法（Split Survey Method，SSM）。Eckstein等人（2015）认为，分离调查法降低了共同方法偏差的可能性。其次，我们通过将此研究的所有测量项目加载到探索性因素分析（Exploratory Factor Analysis，EFA）中进行Harman的单因素检验。单因素检验的最大方差为 38.78%，这表明共同方法偏差不太可能影响此次研究。最后，我们应用了标记变量测试（Marker Variable Test，MVT）（Lindell and Whitney, 2001），该测试试图通过在测量模型中加入一个理论上与我们模型中使用的主要结构无关的变量来控制同源方差。通过执行这个测试，我们注意到没有任何表明显著量的同源方差的潜在影响。总的来说，这些发现表明，在此次研究中共同方法偏差不是一个严重的问题。

4.4.3 假设检验

根据最近在领先的 O&SCM 期刊上发表的研究成果，我们通过层次回归分析检验了此次研究假设（Brandon-Jones *et al.*, 2014; Eckstein *et al.*, 2015; Srinivasan and Swink, 2018），并对快速信任（M1）和协调（M2）两个模型进行了测试。在 M1 中，我们测试了区块链技术和运营供应链透明度对快速信任的直接影响；在 M2 中，我们测试了快速信任对协调的直接影响。我们还分析了此次研究中控制变量的作用，表 4.3 分别总结了 M1 和 M2 的回归分析结果。

在 4.4 节开头就提到本研究中的最高 VIF=3.0。这清晰地表明了多重共线性在此次研究中并不是一个问题（Hair *et al.*, 2006）。在 M1 中，我们发现了对假设 1 的支持（BT → OSCT）（$\beta = 0.31$，$P = 0.00$）。可以说，区块链技术可以提高运营供应链的透明度。假设 2（BT → ST）（$\beta = 0.99$，$P = 0.00$）则表明了通过回顾学术文献和从业者报告得出的初步假设得到了支持。基于此次研究的回归分析结果，认为区块链技术可以增加快速信任——尽管现有文献和报告早已经明确支持这一观点。然而，据我们了解，根据文献回顾，目前尚不清楚使用区块链技术如何有助于在参与救灾行动的行动者之间建立信任，而假设 3（OSCT → ST）（$\beta = 0.24$，$P < 0.05$）让我们找到了依据。因此，可以认为运营供应链透明度可以增加快速信任。总的来说，区块链技术和运营供应链透明度的预测解释了快速信任中的总方差接近 68%（R^2=0.68），这表明区块链技术和运营供应链透明度是快速信任的有力预测指标。

表4.3　快速信任模型和协调模型的回归分析结果

变量	模型1（DV=快速信任）	模型2（DV=协调）
控制	—	—
I	—	- 0.018(P = 0.67)
LTO	—	- 0.066(P = 0.88)
Paths	—	—
BT→OSCT	0.31(P = 0.00)	—
OSCT→ST	0.24(P<0.05)	—
BT→ST	0.99(P = 0.00)	—
ST→CO	—	0.82(P = 0.00)
R^2	0.68	0.73

注：BT(Blockchain Technology)：区块链技术；OSCT(Operational Supply Chain Transparency)：运营供应链透明度；ST(Swift Trust)：快速信任；CO(Coordination)：协调；I(Interdependence)：相互依存；LTO(Long-Term Orientation)：长期定位；DV(Dependent Variables)：因变量。

同样，在M2中，我们发现了对假设4（ST→CO）的支持（$\beta = 0.82, P = 0.00$），结果清楚地表明，人道主义行动者之间建立的快速信任对协调具有积极且重大的影响。总的来说，快速信任解释了协调总方差接近73%（R^2=0.73）。因此，可以认为，通过区块链技术在人道主义行动者之间建立的快速信任对参与灾后救援工作的行动者之间的协调具有重大的影响。

4.5　研究结果及其对理论和实践的影响

运营管理文献广泛地将分布式账本技术概念化为一种技术支持能力，使任何人转移资产（包括无形资产）时，不会存在遭受黑客攻击的风险，也不会存在限制贸易伙伴交易的孤岛（Silos）风险。除了安全优势之外，分布式账本技术还进一步降低了交易成本，提高了整个供应链的可视性，并进一步加强了合作伙伴之间的协调（Min, 2019; Roeck *et al.*, 2019; Dolgui *et al.*, 2019），从而使组织获得竞争优势（Hughes *et al.*, 2019）。

我们进一步扩展了分布式账本技术的定义，使其包括组织间和流程要素，基于组织信息处理理论和关系视图理论对其进行定位，确保整个供应链的安全交易，这既是挑战，也是机遇。在人道主义背景下，数据共享、捐助者融资、现金方案和众筹给人道主义非政府组织带来了严峻的挑战（Mejia *et al.*, 2019）。很少有人道主义非政府组织通过规则、等级、目标或目的等机械方法做出决定（Dubey *et al.*, 2019a）；相反，人道主义非政府组织需要处理存储在数据库中大量高质量的信息数据，以便快速作出决策（Altay and Labonte, 2014; Altay and Pal, 2014）。

为了减少信息失真并在整个人道主义供应链中提高透明度，需要在参与救灾行动的所有关键合作伙伴之间不失真地交换信息的基础设施和程序。因此，在保证信息不失真的情况下，通过提高信息处理能力交换信息可以减少行为的不确定性，尤其是在急需组建救灾团队以及所组建的团队高度不稳定且行动任务非常复杂的情况（即高度相互依赖）下。考虑到人道主义行动者多有不同文化背景并拥有不同的信仰，救灾行动中的这些基本特征又重新具有现实意义。因此，通过文献和报告可以了解到，区块链技术作为一种分布式账本，属于信息处理能力的具体案例，这是由嵌入组织流程中的技术的最新增长所促成的。因此，在本研究中，我们研究了区块链技术和运营供应链透明度之间的关联，以及它们对在参与救灾行动的人道主义行动者之间建立信任的影响。

为了解决这个问题，我们提出了第一个研究问题。我们研究的实证结果证实了关于信任和透明度现有理论的有效性（Akkermans *et al.*, 2004），这本身可能被视为对文献的重大贡献，为先前研究工作提供了通过分布式账本技术建立信任的实证验证（Min, 2019; Roeck *et al.*, 2019; Dolgui *et al.*, 2019）。此外，我们的研究结果进一步证实了救灾行动参与者之间需要通过技术实现信任（Dubey *et al.*, 2019a），并进一步提高了救灾供应链中资金的透明度和可追溯性（Mejia *et al.*, 2019）。

接下来，我们进一步研究了作为参与救灾行动的人道主义行动者之间非正式治理的关系导向（技术支持的信任和协作）。为了解决这个问题，我们提出了第二个研究问题，通过数据分析得到的结果证实了信任与协调之间存在着显著的关联。这些发现进一步支持了 Moshtari（2016）的发现。此外，我们的研究进一步验证了先前研究的观点（Roeck *et al.*, 2019; Dolgui *et al.*, 2019; Hughes *et al.*, 2019）。我们的研究结果与先前的信任承诺理论研究成果是一致的（Morgan and Hunt, 1994）。表 4.4 总结了此次采集的数据是否支持此次研究假设。总的来说，这些发现对这一新兴领域的理论和实践都具有启示意义。

表4.4　假设检验总结

假设	预期关系	是否支持
假设1	区块链技术可以提高运营供应链的透明度	是
假设2	区块链技术有助于建立快速信任	是
假设3	运营供应链透明度可以帮助建立快速信任	是
假设4	快速信任可以促进协调	是

4.5.1　对理论的贡献

根据我们的研究结果，可以说此次研究为相关研究理论做出了一些有用的贡献。已有文献中已经达成共识，快速信任是协调的形成要素之一；迄今为止，人们对参与救灾工作的人道主义行动者如何快速建立信任知之甚少。Tatham 和 Kovács（2010）认为，在人道主义后勤背景下组建的临时小组在有限的运营期限内必须制定明确的目标和一系列任务，而且也必然需要构建快速信任。Dubey 等人（2019a）发现大数据分析能力与快速信任之间存在着密切且积极的联系。因此，本研究进一步探讨了分布式账本技术在构建快速信任中的作用。Altay 和 Labonte（2014）认为，人道主义供应链极为活跃。因此，供应链可见性和数据跟踪通常是一个挑战（Altay and Pal, 2014; Meja *et al.*, 2019），提高透明度可以大大加强参与救灾行动的人道主义行动者之间的信任。我们的实证结果清楚地表明，区块链技术为提高人道主义供应链的透明度和进一步建立快速信任提供了一种途径。这些发现明确地支持组织信息处理理论，本研究的结果进一步证实了 Wang 等人（2013）关于信息处理视图和关系视图集成的论点。

4.5.2 对实践的贡献

我们的研究结果为参与救灾行动的决策者或管理者提供了一些有趣的方向。据我们了解，后勤工作占救灾行动工作近 80% 的比例（Jahre *et al.*, 2007; Dubey *et al.*, 2020）；可见性、问责制和可追溯性仍然是这些救灾供应链的主要关注点。此外，人道主义组织正在越来越多地处理与其捐助者有关的大量敏感信息。利益相关者并不了解新技术可以在多大程度上有助于保存信息。因此，我们的实证结果提供了有力的指导，即对区块链技术的投资不仅为信息交换提供了安全保障，而且进一步促进了参与救灾行动的人道主义行动者之间的快速信任和协调。此外，分布式账本技术可能有助于提高捐助者的融资和众筹能力。因此，可以认为，区块链技术可以通过降低交易成本和公开监控救灾物资、信息和资金的流动，使人道主义行动者更好地控制援助资源的分配，确保资金在正确的时间送达正确的受灾者手中。这样，人道主义供应链的效果就能得到改善。

4.5.3 研究的局限性及未来研究方向

根据 Barratt 和 Oke（2007）的观点，我们认为竞争优势来源于技术的使用方式，而不是技术本身。因此，与任何已有研究一样，我们的研究结果应根据其局限性进行谨慎评估。我们本想采集足够多的数据，特别是关于组织文化在区块链技术和运营供应链透明度对快速信任的影响中的作用；但受样本中各组织的法律结构以及有关其合作伙伴和捐赠者信息的相关保密要求的限制，我们无法收集足够的数据。当然，此研究的局限性为之后的研究者进一步扩展我们的理论提供了机会。因此，在未来，研究者可以在连接区块链技术、运营供应链透明度和快速信任的同时研究组织文化的互动效应。此外，我们还收集了基于个人看法的数据。以往研究表明，基于主观感知的研究和实际的研究之间有很强的联系（Dess and Robinson Jr, 1984）；而在未来，客观的方式可以得到更准确的结论。此外，主观测量往往会受到共同方法偏差的影响。我们采取了多种措施来尽可能地减少共同方法偏差的影响，因此我们认为通过多个受访者收集的数据仍是可用的（Ketokivi and Schroeder, 2004），进一步的研究可以检验区块链技术对运营供应链透明度和快速信任的非线性影响。由于我们的研究是基于之前的假设进行的，因此线性假设在动态环境中可能并不适用（Fosso *et al.*, 2019）。值得注意的是，使用单一方法可能无法得到完整的结论（Craighead and Meredith, 2008）。因此，我们认为有必要采用混合方法研究（Boyer and Swink, 2008）或使用替代方法（例如，横截面或纵向研究，结构良好的单一或多个案例研究，实地研究或实验室实验），以便进一步探索区块链技术与救灾组织之间的运营供应链透明度、快速信任和协调之间的联系。

4.6 结论

简而言之，基于我们的研究结果，可以认为区块链技术的潜在可追溯性和自动化有利于参与救灾工作的人道主义行动者之间建立快速信任和协调，这通常被认为是人道主义供应链的最关键要素。我们相信，此次研究为区块链技术及其在人道主义背景下的应用提供了基本的理解。尽管我们明白，仅靠区块链技术无法解决复杂的人道主义供应链网络中的根本问题，但它可能有助于促进有不同背景的各人道主义行动者之间迅速建立信任，并进一步促进救灾工作中的协调。希望我们的研究成果可以鼓励有关研究人员做进一步的研究，探索区块链技术在什么情况下可以提供更好的结果，以及如何尽可能减少在人道主义背景下应用区块链技术的障碍。

4.7 致谢

首先，我们感谢第四届法国全国人道主义会议（巴黎，2018 年 3 月 22 日）的与会者为完善调查问卷做出的宝贵贡献。其次，我们感谢编辑人员在整个过程中的指导，以及两位审稿员提出的建设性意见。最后，我们感谢马尼沙·蒂瓦里（Manisha Tiwari）女士和西里尔·福罗蓬（Cyril Foropon）博士在稿件方面的不断支持。

第5章

网络安全挑战

詹姆斯·肯奇
(James Kench)

供应链 4.0 预示着自动化、去中心化和自动决策化的时代，人工智能的普及和以新的、强有力的方式使用大数据分析。在这个新时代，商业和工业领域的潜力是巨大的，所有部门都在以自己的方式迅速采取行动，确保掌握供应链 4.0 并加以应用，以争取超越竞争对手。除了创新的与迄今为止难以想象的产品和服务外，还包括通过更快、更便宜和更灵活的方式高效完成人类以前所承担的任务。一方面，这场革命对人类学产生了一定影响，另一方面，随着人工智能在驾驶、编程、运行生产流水线和医疗诊断等领域逐渐取代传统人工，人类的技能和角色无疑将发生巨大变化。

在这个新时代，相互关联性既是利益的关键，也是不断演变的潜在威胁（即赛博网络攻击）的风险来源。信息互联通常需要使用互联网，这就会使得系统更容易受到攻击。根据美国战略与国际问题研究中心（Center for Strategic and International Studies，CSIS）的数据，网络犯罪导致的经济损失占全球生产总值的 1%，并且呈上升趋势。[①] 这种现象已经很严重，并将继续恶化。网络世界中许多造成威胁者的动机各不相同，但他们的技术是相似的。任何与互联网的连接和对互联网的使用都会产生漏洞。网络及其安全体系结构日益复杂，这意味着即使是进行常规操作的 IT 专业人员，也会在不经意间为网络

① https://www.csis.org/analysis/economic-impact-cybercrime (archived at https://perma.cc/YLF8-J8ZN).

攻击打开组织的大门。即使是封闭内联网系统，即那些没有使用互联网络或其他外部连接的系统，仍然容易受到网络攻击，而不仅仅是受到来自内部的威胁。研究人员正在不断努力评估新的恶意软件的风险，也包括本章后面将要讨论的——利用计算机系统相对鲜为人知的功能，如扬声器（使用超低频）和风扇转速调节器（改变风扇噪声的变桨和频率），从封闭的 IT 网络中提取数据的恶意软件。

物联网的普及则进一步增加了漏洞和风险。物联网，可以被定义为“可以在不同的限制环境中进行通信和共享数据的网络连接的网络物理设备”[①]，并且可以包括任何东西，如从你使用手机上的应用程序打开的灯到车辆自动驾驶，以及介于两者之间的一切。正如我们将在后面讨论的那样，物联网设备的预期增长肯定会给业务带来好处并提高效率，但也会带来很大的新风险，需要多加考虑和积极管理。

本章旨在整合各种来源的信息和研究，使供应链从业者了解新兴工业 4.0 技术和当前文化背景下的网络威胁。本章结合了作者的经验与相关当代出版物和研究，以帮助供应链从业者识别和分析网络安全威胁，并在适当的情况下实施缓解措施。

5.1 文献综述

为了准备本章的研究，我们进行了文献综述。表 5.1 介绍了本次研究审查的摘要，并说明了所引用的具体著作对本章的观点做出了哪些贡献。

① Radanliev, P., De Roure, D., Nurse, J., Nicolescu, R., Huth, M., Cannady, S. and Mantilla Montalvo, R., 2019. *Cyber Security Framework for the Internet-of-Things in Industry 4.0*, MPRA Paper 92565, University Library of Munich, Germany.

表5.1　本章研究所引用的文献及其贡献

作者	文献标题	对主题的贡献
James Lewis, Senior VP, Technology Policy, Center for Strategic & International Studies	Economic Impact of Cybercrime—No Slowing Down①	导言——本报告从全球角度确定了网络犯罪的影响范围，并就金融影响提供了一些有用的数据
Peter Radanliev, Post-Doctoral Research Associate at the University of Oxford	Cyber Security Framework for the Internet-of-Things in Industry 4.0②	导言——在建立某些网络术语的背景时，本文提供了有关物联网的有用的定义
Patrick Bell, Research Scientist at the US Army Cyber Institute	Cyber Threat Report 04 March 2019③	不断变化的技术格局——为了说明问题的严重性，本报告提供了一些有关美国和英国报告的网络漏洞的统计数据
Deloitte	The Deloitte Global Outsourcing Survey④	不断变化的技术格局——本调查有助于确定外包趋势，特别是那些包含网络成分的外包趋势
James Vincent, *The Independent* newspaper article	Scientists Create Computer Virus That Transfers Stolen Data Using Inaudible Sounds⑤	不断变化的技术格局——本文介绍了一些有关从气隙系统中提取数据的技术发现

① Lewis, J., 2018. *Economic Impact of Cybercrime—No Slowing Down*. https://www.csis.org/analysis/economic-impact-cybercrime (archived at https://perma.cc/YLF8-J8ZN).

② Radanliev, P., De Roure, D., Nurse, J., Nicolescu, R., Huth, M., Cannady, S. and Mantilla Montalvo, R., 2019. *Cyber Security Framework for the Internet-of-Things in Industry 4.0*, MPRA Paper 92565, University Library of Munich, Germany.

③ Bell, P., 2019. Cyber Threat Report 04 March 2019, *ACI Technical Reports*, 38. https://digital-commons.usmalibrary.org/aci_rp/38 (archived at https://perma.cc/EX8M-EPJ7).

④ Deloitte., 2018. *The Deloitte Global Outsourcing Survey*. https://www2.deloitte.com/bd/en/pages/operations/articles/gx-global-outsourcing-survey1.html.

⑤ Vincent, J., 2013. *Scientists Create Computer Virus That Transfers Stolen Data Using Inaudible Sounds*. https://www.independent.co.uk/life-style/gadgets-and-tech/scientists-create-computer-virus-that-transfers-stolen-data-using-inaudible-sounds-8980674.html (archived at https://perma.cc/KR68-Z9ST).

续表

作者	文献标题	对主题的贡献
Kim Zetter, Wired magazine	Clever Attack Uses the Sound of a Computer's Fan to Steal Data①	不断变化的技术格局——本文展示了一些有关从气隙系统中导出数据的技术发现
Jerome Buvat, Priyank Nandan	Cloud Computing—The Telco Opportunity②	不断变化的技术格局——为了支持有关技术发展的观点，本报告包含一些关于电信公司使用“云”的有趣想法
Jack Corrigan, Staff Correspondent, Nextgov	Supply Chain Attacks Spiked 78% in 2018, Cyber Researchers Found③	不断变化的技术格局——本文就供应链网络攻击的趋势提出了一些发现
Nicole Perlroth, David E. Sanger and Scott Shane, New York Times	How Chinese Spies Got the N.S.A.'s Hacking Tools, and Used Them for Attacks④	虚拟 vs 现实——这篇文章展示了军事黑客工具和恶意软件如何最终落在坏人手中
Naveen Goud, Cyber-security Insiders website	Top 5 Cloud Security Related Data Breaches!⑤	可以做些什么（文化和技术方面）——这篇文章提供了一些重大云数据泄露的概要细节，为将云平台作为一个解决方案增加了警示

① Zetter, K., 2016. *Clever Attack Uses the Sound of a Computer's Fan to Steal Data*. https://www.wired.com/2016/06/clever-attack-uses-sound-computers-fan-steal-data/?mbid=email_onsiteshare .

② Buvat, J and Nandan, P ., 2010, *Cloud Computing-The Telco Opportunity*. https://www.capgemini.com/fr-fr/wp-content/uploads/sites/2/2017/07/Cloud_Computing_____The_Telco_Opportunity.pdf.

③ Corrigan, J., 2019. *Supply Chain Attacks Spiked 78% in 2018, cyber researchers found*. https://www.nextgov.com/cybersecurity/2019/02/supply-chain-attacks-spiked-78-percent-2018-cyber-researchers-found/154996/ (archived at https://perma.cc/E62Z-NX3L).

④ Perlroth, N., Sanger, D.E. and Shane S., 2019. *How Chinese Spies Got the N.S.A.'s Hacking Tools, and Used Them for Attacks*. https://www.nytimes.com/2019/05/06/us/politics/china-hacking-cyber.html (archived at https://perma.cc/9SAL-RWPN).

⑤ Goud, N., 2017. *Top 5 Cloud Security Related Data Breaches!* https://www.cybersecurity-insiders.com/top-5-cloud-security-related-data-breaches/ (archived at https://perma.cc/8YMY-JWQG).

续表

作者	文献标题	对主题的贡献
Georgia Institute of Technology	Hackers Could Use Connected Cars to Gridlock Whole Cities ①	可以做些什么(文化和技术方面)——本文提供了有关研究自动驾驶汽车数据泄露影响的信息
Troels Oerting, Chairman of World Economic Forums for Cybersecurity	Back to Basics ②	可以做些什么(文化和技术方面)——本文提出一种观点，即大部分网络安全风险可以通过相对基本的做法和文化变革来减轻
UK National Cyber Security Centre (NCSC)	10 Steps to Cyber Security ③	可以做些什么(文化和技术方面)——提供了一种覆盖组织内网络风险的有用方法
Sandor Boyson	Cyber Supply Chain Risk Management: Revolutionizing the Strategic Control of Critical IT Systems ④	可以做些什么(文化和技术方面)——Boyson 博士的文章和工作成果为网络风险问题提出了一个有趣且系统的解决方法
Richard A. Clark, Robert K. Knake	Cyber War: The Next Threat to National Security and What to Do About It ⑤	总主题——涵盖政府对当前及新兴国家网络威胁的广泛观点

① Georgia Institute of Technology, 2019. Hackers Could Use Connected Cars to Gridlock Whole Cities, *ScienceDaily*. www.sciencedaily.com/releases/2019/07/190729111337.htm (archived at https://perma.cc/5NNN-Y5M2).

② Oerting, T., 2019. *Back to Basics*. https://www.linkedin.com/pulse/back-basics-troels-oerting (archived at https://perma.cc/3BGF-LEPU).

③ UK National Cyber Security Centre, 2018 *10 Steps to Cyber Security*. https://www.ncsc.gov.uk/collection/10-steps-to-cyber-security (archived at https://perma. cc/45ZS-J5MQ).

④ Boyson, S., 2014 *Cyber Supply Chain Risk Management: Revolutionizing the Strategic Control of Critical IT Systems*. https://pdfs.semanticscholar.org/aa9e/4f1a0700ce5a7ebe926f7c47e8a5e9ca8bdc.pdf (archived at https://perma. cc/42SM-PFUB).

⑤ Clark, R.A. and Knake, R.K., 2010 *Cyber War: The Next Threat to National Security and What to Do About It,* HarperCollins Publishers, New York .

本研究采用的方法包括文献和案例研究回顾，并引用了作者作为专业采购人士在整个职业生涯中遇到的案例，当然也把网络安全专业人士在互联网论坛（包括 LinkedIn 和 NextGov）上发表的文章用作有关网络安全主题的当代论述来源（表 5.1）。由于网络安全主题的当代性，研究所涉及的方法还包括对新闻媒体的评论。其他研究涉及对网络安全各个方面的学术研究的回顾，包括一般性的和专门针对供应链的。

5.2 不断变化的技术格局

接触组织之外的第三方业务通常会带来一些应识别和管理的风险。供应链专家在追求纪律的同时已经用其传统形式应对了许多此类风险，并已开发出工具和技术手段来将此类风险降低到可接受的水平，使得企业能够作出明智的、值得信赖的决策。许多企业的惯常做法是或多或少地依赖公司与公司之间的互动，而在工业 4.0 的环境中，必须从一开始就确定这种基本交互的新风险，并在整个参与期间进行管理。

美国陆军网络研究所（US Army Cyber Institute）在 2019 年 3 月的报告中称，[①] 通过可靠的信息来源了解到，88% 的英国企业在过去 12 个月遭受了网络入侵，这明确表明网络风险是真实存在的，所有企业都应做好应对的准备。同一份报告引述了美国科技公司 Symantec 的说法，指出“恶意行为者正日益趋向通过网站和软件供应链进行更隐蔽的入侵”，鉴于此，这种风险不仅存在并随着技术的发展而不断演变，而且在不断增加。与传统的犯罪分子一样，不道德的黑客倾向于寻找最易受攻击的目标。因此，通过保持良好的网络卫生和纪律可以降低风险，使供应链网络从外部看上去不那么易受攻击。然而，在供应链中，这是一项复杂得多的工作，因为这通常意味着不仅要考虑自身组织内部的风险，

① Bell, P., 2019, Cyber Threat Report 04 March 2019, *ACI Technical Reports*, 38. https://digitalcommons.usmalibrary.org/aci_rp/38 (archived at https://perma.cc/EX8M-EPJ7).

而且要考虑整个公司和组织链的风险。正如我们在后文中将讨论的，降低、限制和分担网络风险可通过结合合同协议及各方之间其他形式的正式和非正式风险管理技术来完成。

风险管理是供应链管理领域的传统学科，通常通过特许采购与供应学会（CIPS）及其他类似专业机构设计和认可的各种技术来实施。稳健的风险管理方法将变得越来越重要，因为在整个工业 4.0 期间引入的大量新技术中有相当一部分不一定完全在它们的业务使用的控制范围内运行；这些技术将通过供应链进行调试和管理。德勤（Deloitte）公司[①] 在2018年进行的一项外包调查中指出，93% 的受访组织正在采用或考虑采用外包云解决方案，72% 的组织正在采用或考虑采用外包机器人流程自动化解决方案（RPA）。这清楚地表明了新技术应用的发展方向，也表明了企业已了解到新技术能为他们带来的好处，他们已经（或即将）准备充分利用这一好处。与上几代企业一样，谨慎应对风险的企业很可能会将与其核心业务直接相关的技术纳入企业内部管理，从而保持对这些技术的全面控制，特别是在这些工艺拥有相关知识产权或专利的情况下。然而，与核心业务关联不大的其他技术将由第三方采购、配置和管理。

随着公司通过创新的商业模式进行变革并提高效率，这种“核心”活动规模变得越来越小。例如，耐克、戴森（Dyson）、亚马逊（Amazon）等公司目前专注于其核心业务，如服务 / 产品设计和营销，并将大部分制造和运输业务外包。正如我们将在本章稍后讨论的，这种方法虽然从业务角度（尤其是在全球市场的背景下）值得称赞，但同时也带来了日益增长和日益复杂的网络安全风险。

这里给出一个假设性案例，假设一家零售企业使用基于云的预测分析系统管理其供应，即通过使用基于云的数据分析服务收集和存储大量需求数据，再根据这些数据的详细分析来进行管理。以这种方式使用数据可能会导致公司依赖这些工具和方法，并很可能在将来扩展到包括依赖该核心能力成功运作的系统和设备的集成。这就产生了一个巨大的业务风险，不仅涉及核心系统本身的

---

① Deloitte., 2018. *The Deloitte Global Outsourcing Survey*. https://www2.deloitte.com/bd/en/pages/operations/articles/gx-global-outsourcing-survey1.html.

漏洞，而且涉及整个外围系统和设备的漏洞，而这些漏洞在配置、测试和支持方面可能没有受到同等程度的严格限制。同样，即使是已经把“气隙（air-gap，IT 资源的物理隔离技术）”技术作为预防措施应用到核心自动化制造流程（即未将其连接到外部世界）的企业，也可能不会意识到来自看似无害的物联网设备（如 CCTV 系统）的网络威胁，并且可能不会了解专为从“气隙”中提取数据而设计的最新恶意软件系统的危害。

在 2013 年，包括《独立报》（*The Independent*）[①] 在内的报纸广泛报道，恶意软件系统已具备通过计算机内置扬声器，使用超低频率声音从“气隙”系统中窃取数据的能力。这些低频不太可能传输大量数据，但非常适合提取相对较小的数据包，如密码、密钥和配置数据，从而使黑客能够通过其他方式渗透系统。由于黑客和研究人员认为这是一个特别值得解决的问题，不断地有入侵“气隙”系统的巧妙方法出现。《连线》（*Wired*）杂志在 2016 年报道[②]，本·古里安大学（Ben-Gurion University）研究人员设计的攻击手段包括使用“无线电波”“计算机发出的热量”，甚至是使用“计算机内部散热风扇发出的声音”来提取数据。黑客技术在不停地创新和发展，因此，组织必须采取网络安全措施，以保持对这一不断演变的威胁的控制。

简单的经济学原理让我们知道，企业会继续采用基于软件的技术，并努力在其市场中获得竞争优势。这些技术的所有者或提供者明智地认识到将其收费模式年金化能获得长期利益，因此，基于创新的合同模式和许可安排［如软件即服务（SaaS）］提供的此类功能越来越多。此类安排允许服务提供商在订阅的基础上提供非常强大的云功能（比如人工智能和大数据分析）。就技术本身带来的效率，以及降低采购或开发强大、先进的软件应用程序所需支付的高昂初始成本而言，这样的决策可为行业带来巨大的利益。正如凯捷咨询公司（Cap

① Vincent, J., 2013. *Scientists Create Computer Virus That Transfers Stolen Data Using Inaudible Sounds.* https://www.independent.co.uk/life-style/gadgets-and-tech/scientists-create-computer-virus-that-transfers-stolen-data-using-inaudible-sounds-8980674.html.

② Zetter, K., 2016. *Clever Attack Uses the Sound of a Computer's Fan to Steal Data*. https://www.wired.com/2016/06/clever-attack-uses-sound-computers-fan-steal-data/?mbid=email_onsiteshare

Gemini）在 2010 年的报告[①]中指出那样，这种情况已经存在了至少十年。典型的服务模式本质上是一种按需付费或按月付费的订阅，通常基于多个核心处理器或多个用户，并存在一定的商业风险和问题。这种模式的最基本风险是，企业在其业务实践中没有进行足够的变更以充分利用新技术的优势。利用这种技术复杂性的现代销售技术使情况恶化更为严重，当一家企业真正需要的只是基础版本的解决方案时，其最终可能会得到不必要的代价昂贵的解决方案。最重要的是，企业还需要将业务本身进行变更以充分利用新功能。通常，在引入新技术时需要审查的实践方式可以贯穿并深入整个组织。这些变更包括基本的文化变化、业务流程和程序的变化，以及技术支持模式的变化，所有的这些变化都会直接影响组织的网络风险态势。效率低的和培训效果不佳的员工增加了从安全范围内引发网络事件的风险，而不充分或管理不善的支持模型可能暴露网络犯罪分子可利用的技术漏洞。

多年来，企业一直将制造和支持服务进行外包。在 20 世纪 70 年代和 80 年代，跨国公司开始充分利用全球商品和资源市场，并首次在地理上形成差异化的全球供应链，从而使这种外包呈现出新的特征。从零售服装连锁店开始，这种全球外包模式已经遍及各个领域，这意味着外包业务（包括制造设施）有时位于距离中央组织总部数千英里的地方。随着电子系统的进步，新技术应运而生，这些技术大大提高了这种商业模式的效率，从而促进了经济全球化。由于更快的数据传输速度和更大的带宽，基于互联网的视频和语音（VOIP）应用程序、即时消息传递和基于云的文件共享应用程序激增，但与任何新的业务技术一样，这些应用程序也面临着需要适当承认、评估和管理的风险和问题。

此外，为提供这些新功能而创建、传输（streamed）和分析的数据对业务的运营越来越重要，必须进行稳健的应急安排。这些数据通常传输和（或）存储在管理数据中心（“云”），从而方便该数据被公开到开放式互联网中。该数据的安全性是显而易见的业务优先事项，并且需要仔细考虑。在基于系统

---

① Buvat, J and Nandan, P., 2010. *Cloud Computing—The Telco Opportunity*. https://www.capgemini.com/fr-fr/wp-content/uploads/sites/2/2017/07/Cloud_Computing_____The_Telco_Opportunity.pdf.

的恶意软件激增的背景下，仅使用强大的加密技术是不够的。事实上，有人可能会说，企业的关键系统遭受网络攻击的风险具有越来越高的可能性和越来越大的影响，这二者都需要一个全面、可持续的缓解策略。这一点可以通过 nextgov.com 网站（存档于 https://perma.cc/MS27-QTVZ）[①] 发布的报告进行说明，该报告指出，供应链攻击事件在 2018 年增加了 78%，同时报告中也表明这些攻击的性质发生了转变。威胁者正从不太复杂的“网络钓鱼”和“勒索软件”攻击转向对漏洞进行更复杂的攻击。例如，商业软件和操作系统，以及针对“互联网连接设备”和“在线错误信息服务（online misinformation services）”的更多目标。这些发现以及其他各种技术和学术媒体上的类似发现都支持了一项预测，即网络威胁将随着技术和工作实践的变化而继续演变。威胁者也正在权衡并对成本与收益的计算做出反应，以达成其多样化的目标。

5.3 虚拟 vs 现实

对于那些希望了解网络威胁的人士而言，需要牢记的一个重点是，在网络空间之外，人们越来越多地受到了各种形式的网络破坏造成的影响。我们很容易假设网络攻击可能会致使系统速度变慢，或一些相对轻微或不重要的数据被盗。当这种思维方式在整个董事会和组织管理层中扩散时，可能会导致那些本应走在网络安全宣传最前沿的人将网络安全排在次要位置。任何组织的管理团队都应该明白，网络攻击的影响可以并确实经常通过其对现实世界的影响来体现。有证据表明，包括最近在《纽约时报》（*The New York Times*）[②] 上发表的一篇文章也指出，攻击性网络技术不断加深的专业知识（通常有军事支持）正

---

① Corrigan, J., 2019. *Supply Chain Attacks Spiked 78% in 2018, cyber researchers found*. https://www.nextgov.com/cybersecurity/2019/02/supply-chain-attacks-spiked-78-percent-2018-cyber-researchers-found/154996/.

② https://www.nytimes.com/2019/05/06/us/politics/china-hacking-cyber.html (archived at https://perma.cc/6VZT-FW3Q).

逐渐被犯罪分子或其他不法分子掌握。毕竟，一旦部署了恶意代码，它就会永远存在。而恶意代码一旦被人获得，就可以被重用、部分使用、进一步开发，并以相对较低的价格在网上被出售给那些希望将其用于达到自己目的的人。军事攻击性网络攻击，包括 Stuxnet 和 Not Petya（据称分别由美国和俄罗斯军方开发），是专门为产生真实效果而设计的。Richard A. Clark 在其著作《网络战争：对国家安全的下一个威胁及应对措施》（*Cyber War: The Next Threat to National Security and What to Do About It*）中鼓励每个人都要清楚一点，即“软件可以使机器自行死亡（software can make a machine kill itself）”。最初以网络为起点的威胁可能很快导致现实威胁，这就是许多（美国的）州都在为其“网络战争”能力提供大量投资的部分原因。如果我们考虑到（例如）自动驾驶汽车、核电站或远程制造系统的安全性，这类能力显然会产生重大的潜在影响，我们最好做好非常明智的防范措施。

5.4 威胁

保护自己免受威胁的一个重要举措是建立对威胁者的认知并了解其动机。通过潜在攻击者的视角审视你的系统将能够准确识别风险和漏洞，从而提供必要的保护。我们之前已经确定了新的以网络为中心的业务环境中一些风险和漏洞的潜在影响，现在我们应该将注意力放在威胁者身上。网络空间中谁有能力对商业系统造成损害？他们的动机是什么？对威胁者的定义往往存在细微差别，威胁者的常见类别如下：

（1）激进分子（activists）——具有政治背景的个人或有组织的团体。他们通常致力于获得支持其事业的助力或获得瓦解其目标组织或个人活动的机会。

（2）脚本小子（业余黑客）和业余爱好者（script kiddies and hobbyists）——主要出于自娱自乐的目的或想尝试展示他们新获得的技能。

（3）有组织的和临时起意的犯罪（criminal, both organized and opportunistic）——如该类别所示，这些团体和个人通常追求物质利益，并能运用多种策略支持这一目标。这些行为者可以是极端民族主义国家，也可以是出于其邪恶目的而寻求资助的代理组织。

（4）民族国家（nation states）——一般有充足的资金开发最强大和影响最深远的攻击性网络工具和技术，这类国家倾向于从事间谍活动（包括工业和政治活动）及其影响的活动（破坏支持安全、经济或政治动机的活动）。

（5）心怀不满的雇员（disaffected employees）——通常旨在对特定个人或整个组织造成损害，这类威胁往往很容易实现，而且很难反击。可能需要考虑采取文化和程序措施来应对这种威胁。

那么，这些威胁者为什么要针对供应链呢？原因很可能是供应链被视为一个更容易攻击和达成的目标。供应链在网络安全实践中通常会被忽略，因此可以提供一个更廉价、更容易的替代方案来破坏目标组织的内部系统，特别是当目标组织已认识到数据泄漏的风险并采取措施加强防御时。有很多针对供应链攻击的例子，包括 2018 年黑客攻击英国航空公司网站和入侵希尔顿环球酒店集团（Hilton worldwide hotel group）系统，导致大量客户付款数据被盗。即使是俄罗斯情报机构联邦安全局（Federalnaya Sluzba Bezopasnosti，FSB）也无法幸免于供应链攻击。2019 年，一家名为 SyTech 的 FSB 供应商被入侵系统，导致 7.5TB 的数据被盗，包括若干外包项目的细节[①]。这些细节被一个名为 0v1ru$ 的激进分子组织获得，该组织将细节传递给其他方，而其他方则通过策略性地发布细节以获得最大限度的宣传，从而登上网络头条。他们披露了 FSB 正在追踪的关注领域，包括一个研究对 TOR 流量进行去匿名化处理的可行性的项目。

5.5 网络安全在文化和技术方面可以做什么

曾任美国联邦调查局局长的罗伯特·斯旺·穆勒三世（Robert S. Mueller Ⅲ）曾有一句著名的评论："这个世界上有两类公司：已经被黑客入侵的公司和将

① https://www.infosecurity-magazine.com/news/russian-fsb-contractor-breach/ (archived at https://perma.cc/BBM9-LAUF).cc/6VZT-FW3Q).

会被黑客入侵的公司。”[①] 随着网络攻击事件激增，其复杂程度和影响加大，供应链 4.0 专业人员需要发展减少这些风险的技能和技术。可以用合同激励供应商关注与其产品 / 服务相关，并涵盖其可持有任何客户数据的风险；一旦有管理安全漏洞的风险和影响，就需要担责和赔偿；客户与供应商之间的沟通（包括通过云端共享数据）应该是安全的，以避免商业敏感信息落入不法分子之手，而且与对待组织的所有领域一样，员工应意识到进行互联网操作时存在的危险和缺陷。

供应链 4.0 人员是公司安全壁垒前的最后一道防线，他们将负责指导和支持组织内的其他部门。可以将面向外包开发合同的需求获取测试纳入网络安全中（通过设计确保安全），以确保这些方面被涵盖在合同验收测试里。毫无疑问，这些合同在生产时间表、质量和缺陷分析方面的要求将更加严格，从业人员应不断调整这些界限，以便从供应商处获得最大收益。从理论上讲，工业 4.0 提供的更智能的制造基础设施应能在合同安排方面提供前所未有的柔性。当我们从更严格、固定价格、固定产出的安排中解脱出来时，就可以利用这种柔性及其提供的所有好处来构建交易。

值得一提的是，随着企业越来越多地将核心业务运营暴露在云计算（即开放式互联网）下，基于云计算的数据安全性将变得至关重要。一个在云服务供应中供应链网络安全丧失的著名事件就是 Verizon 2017 漏洞事件，该事件得到了国际媒体的广泛报道，网络安全内部人士公司（Cyber Security Insiders）[②] 简略地解释：“Nice Systems（为 Verizon 工作的第三方供应商）在一个 AWS S3 bucket（存储桶）上犯了一个配置错误，该 bucket 公开了名称、地址、账户详情以及数百万位于美国的 Verizon 客户的密码。”这类违规行为可能会对公司造成损害——不仅当局可能会对其征收巨额罚款（欧盟规定，罚款最高金额可达该公司全球年度营业额的 4%），消费者也会降低对被破坏组织品牌的信任度。

---

① https://archives.fbi.gov/archives/news/speeches/combating-threats-in-the-cyber-world-outsmarting-terrorists-hackers-and-spies (archived at https://perma.cc/N83M-ZHW3).

② https://www.cybersecurity-insiders.com/top-5-cloud-security-related-data-breaches/ (archived at https://perma.cc/Y75M-Q63X).

在理解和管理风险方面，不要忘记“云”本质上是由服务提供商拥有和管理的数据中心或一组互连的计算机和存储库。通常，服务的用户不知道数据中心在哪里，甚至不知道服务提供商的身份。在最高级别上，这会带来两种风险，即传输中的数据（将数据传送到数据中心并从数据中心提取数据）风险和静态数据（存储在数据中心的数据）风险。只有采取措施解决这两类风险，并与合格的专业人员合作，供应链从业者才可能将总体风险降低至可控水平。有一些切实可行的措施，如确保对传输中数据进行适当加密、确保开放端口得到保护以及采用安全监控和管理技术等；还可与程序性措施和实际措施相结合，例如，确保了解合同责任和义务，让所有员工了解并采用安全“卫生”做法，这些都有助于将网络安全风险降低到可控水平。

据报道，5G 的数据传输速度是 4G 的 20 倍，5G 的推出和普及必将提高数据传输速度，对业务产生影响，以及提高效率，但同时也将带来巨大的风险。5G 的带宽和数据速度的提高将使得一些新技术得到广泛应用，包括自动驾驶汽车等。这些新技术也将为威胁者提供前所未有的新机会，其得以破坏和利用网络。佐治亚理工学院（Georgia Institute of Technology，GIT）研究人员进行的一项最新研究发现[①]，在曼哈顿停摆 20% 的交通信号灯足以使整个岛屿陷入交通大堵塞。未来我们日常驾驶的汽车，不再仅仅是自动驾驶汽车，而是会越来越多地与互联网相连，这就为非法利用提供了机会。某些地理管辖区已经把某种形式的网络互联作为强制性指标，这也将风险嵌入立法中。例如，欧盟于 2018 年 3 月裁定，所有新车必须都安装联网系统，允许汽车发生事故时通知警察。该系统使用 GPS 数据将汽车的位置提供给紧急服务部门，这对想要扰乱特定区域的威胁者同样有用。如今，部署突破性新技术所花费的费用在几年前是不可想象的，所以我们更应当谨慎行事。

世界经济论坛（World Economic Forum，WEF）的网络安全负责人 Trols

---

① https://www.sciencedaily.com/releases/2019/07/190729111337.htm (archived at https://perma.cc/VH3M-K5DM).

Oerting 在其文章《返璞归真》(*Back to Basics*)[①] 中指出，网络安全实践必须成为一种“卫生”常规，这与我们通过定期洗手和刷牙来降低在感染病毒的风险的方式大致相同，他表示:“网络安全的规模不大，成本不高，技术含量也不高;只需首先专注于基础知识，把事情做对了，把它植入你的 DNA 中。”同时，我们应鼓励对不良网络行为发表负面看法，其方式与过去几十年来公众对酒后驾驶的态度类似，这使得致命的交通事故数量大幅减少。这种结合的方式很有意义，它表明打击网络威胁的方式需要进行深刻的文化和多方面的变革，而不是如 Oerting 先生辩称可以简单地部署技术“银弹（silver bullets）”那样。普华永道公司（PwC）在其《2018 年全球信息安全状况调查》[②] 中指出，“以员工为目标攻击一家组织是最常见的攻击起因”，这倒支持了 Oerting 先生的建议，即我们应注重基础知识。具有讽刺意味的是，人是网络世界安全管理中最大的弱点，而通过对这些人的有效管理，可以减少大多数网络风险。

当然，所有组织都应执行一套健全且公开的程序，作为实现更好网络安全的标准措施，并应在整个供应链中加强通过总包合同向下延伸的条款。在这些基本措施中，许多措施要求供应链合作伙伴遵守任何一项国家认可标准，如英国国家网络安全中心（National Cyber Security Centre，NCSC）赞助的网络要素（Cyber Essentials，CE）标准、网络要素标准的增强版（CE+）和 ISO 17001。然而，不应把实现标准认证视为解决问题的唯一方法。取得标准认证仅是某一特定时刻存在一套标准的反映，其覆盖范围可通过滥用漏洞而被缩小，例如，仅对公司的某一业务部门进行认证并要求获得认证。当然，这并不是说这些认证没有用；相反，它们是网络安全的关键部分，但漏洞管理的真正关键是通过网络安全实践持续实践且形成根深蒂固的文化。连同应用及持续管理适用于特定组织的最新及最合适技术，将有助于确保网络风险保持在可管理水平内。现阶段值

① Oerting, T., 2019. *Back to Basics*. https://www.linkedin.com/pulse/back-basics-troels-oerting (archived at https://perma.cc/E3JG-99B5).

② https://www.pwc.co.uk/issues/cyber-security-data-privacy/insights/global-state-of-information-security-survey.html (archived at https://perma.cc/DWC3-WKGU).

得重申的是NCSC的“网络安全的十步骤”[①]，因为它们形成了一个英国认可（UK-recognized）[②]，并被公认为任何组织有效网络战略的主干。这个十步骤以第十个步骤“建立风险管理制度”为基础，分别为：

（1）网络安全；

（2）用户教育与意识；

（3）恶意软件防范；

（4）可移动媒体控制；

（5）安全配置；

（6）管理用户权限；

（7）事故管理；

（8）监测；

（9）家庭和移动工作；

（10）建立风险管理制度。

NCSC对其中的每一个步骤都进行了扩展，并提供了广泛的支持建议。该建议将随着网络安全威胁的发展而更新和扩展，因此，作为一个供应链职能部门，有必要确保对可信机构的建议进行定期审查，并酌情部署建议的步骤。这些步骤可作为战略方针的一部分加以参考，并可由整个供应链的供应链经理通过合同或附加协议予以执行。

更具体地说，有许多研究人员和学者正在开发相关模型和技术，以协助供应链从业者在工业4.0的背景下从事其职业。马里兰大学的Sandor Boyson博士是该领域的一位杰出学者，他创立了网络供应链风险管理（CSCRM）[③]学科。该学科将网络安全学科的要素与经验证的企业风险管理和供应链实践结合，形成一种以“结构整合(structural integration)”为中心主题的混合方法。Boyson认为，

① https://www.ncsc.gov.uk/collection/10-steps-to-cyber-security (archived at https://perma.cc/9FLP-6PK4).

② 源于英国，但正不断被其他国家的网络当局所采用。

③ Boyson, S., 2014. *Cyber Supply Chain Risk Management: Revolutionising the Strategic Control of Critical IT Systems*. https://pdfs.semanticscholar.org/aa9e/4f 1a0700ce5a7ebe926f7c47e8a5e9ca8bdc.pdf (archived at https://perma.cc/C8ER-HKC5).

在 IT 供应链不断变化和地域分散的情况下，需要部署 CSCRM 的准则来管理这种情况带来的新风险。CSCRM 能力成熟度模型是众多可供组织评估其是否准备好成功管理供应链运送关键系统（supply chains delivering critical systems）的延伸供应链的模型之一。这是一门新兴学科，但处于第四次工业革命边缘的组织应该注意这一学科。供应链 4.0 中强大的网络安全方法很可能是决定在这个空前创新时代生存下来的组织与蓬勃发展的组织之间差异的重要因素。

5.6 结论、建议及未来研究

5.6.1 结论

这项研究及其后的叙述主要基于各种报告、统计数据和模式，以展示在工业 4.0（更具体地说，供应链 4.0）领域网络威胁的严重程度。该研究包括访谈、在线研究和对已发表作品的分析。受访者包括英国政府部门①、私营部门②和专业机构③。在线研究的目的是验证访谈的结果，并找到轶事证据，收集统计数据，以为这些主题和结论的确认做出经验性的贡献；专业机构是特定行业研究和意见的良好来源，有助于确保服务于对现有从业者最有用的领域。

到目前为止，这项研究在网络安全方面进展缓慢，着实令人担忧。在与供应链互动时，很少进行足够深入的尽职调查；而在进行尽职调查时，往往侧重于达到预定标准，而忽略了与特定情况相关的数据公平性；对威胁的本质和威胁的普遍性的无知也是一个问题，因为企业不愿意承认自己的缺点。诚实回答问题对于揭露网络漏洞更是至关重要，但人们在验证真实存在的立场上总是有顾虑的。

① 英国外交和联邦事务部（FCO）、国防部（MoD）和国际开发部（DFID）。

② 泰雷兹集团（Thales）、米提（Mitie）、毕马威（KPMG）。

③ 英国皇家采购与供应学会（CIPS）和英国皇家特许测量师学会（RICS）。

网络攻击通常会触及企业的底线。随着企业进入新的领域，对风险的有效管控会使员工充满信心。本章讨论的结果可直接应用于所有领域和级别企业的运作中，从而降低网络风险的可能性和影响。从知识的角度开展业务将使企业更有信心利用这场技术革命的好处，并在竞争中脱颖而出。

5.6.2 建议

关于供应链中的网络安全问题的讨论都具有较高水准，但对供应链从业者有何建议？如何善用过去的经验教训为未来铺平低风险的道路？正如我们看到的，所有企业都是独一无二的，都存在不同的威胁和风险，需要采取一系列特定的缓解措施。然而，无论具体情况如何，供应链从业者都可以采用一些做法，以最大限度地降低风险。为此，我确定了供应链从业者可以采取的五项优先行动，以帮助将供应链网络安全风险降至可控水平：

第一，上述大多数例子中的最关键问题是企业之间在网络安全方法上缺乏协调。我相信英国航空（British Airway，BA）的核心业务系统得到了很好的保护，但是在这一领域，显然任何战略方针都无法完全延伸到整个供应链。供应链从业者应从一开始就参与设计和部署企业范围内的网络安全战略方针。

第二，如系统设计、内部威胁、用户错误和事件响应等多方面漏洞所示，企业的网络安全策略应针对问题提出多层次的解决方法。解决方案绝不仅仅是一个技术性的解决方案，而应涵盖业务运营的所有方面，包括培训、IT 支持流程、技术和通信。这种方案应包含在合同协议中，并进行定期评估，以确保其在整个供应链中遵循最低标准。可以要求整个供应链的所有企业都遵循一个或多个国家和国际网络安全方面的标准（如英国 NCSC 的网络要素计划）。

第三，已验证的各类网络攻击的不同性质表明，企业具有独特的风险特征。应制订措施和解决方案，以控制或减少与特定企业及其环境相关的风险，而不是采用“千篇一律（one size fits all）”的方法。供应链从业者应致力确保其供应商了解威胁的独特性质，并针对其自身特定情况进行充分的威胁建模和准备。

第四，众所周知，现在许多企业的内在价值在于其所持有的数据，而违规行为可能会对企业造成重大损失。供应链从业者应确保风险的所有权属于最有能力管控该风险的一方，且保证和赔偿是适当的，并有足够的保险支持。

第五，在现代企业运作中数据的关键性质与无处不在的网络攻击相结合，意味着供应链从业者应在整个供应链中专注于防范漏洞。处理违规行为的效率越高，违规行为产生的影响可能就越小。供应链从业者应在整个供应链中寻找风险存在的证据，以确保定期对事故响应程序进行演练，定期备份数据，并制订受灾恢复和业务连续性安排，以最大限度地减少违规行为产生的影响。

5.6.3　未来研究

潜在的研究项目可能集中于如何将供应链风险提升至企业内的最高优先等级。研究表明，计划和准备不足的影响是巨大的，并且沿着整个供应链的蔓延会放大这类影响。确保将网络安全纳入组织董事会层面的战略规划，可将风险降至可控水平，以身作则可作为必要文化变革的起点。其他潜在的研究领域可集中于审查供应链网络风险管理的法律方面以及政策和程序变更的影响。对供应链网络风险的强大威胁进行建模也将是未来研究的一个热门领域。

第6章

面向仓库操作中视觉拣选技术的系统参数定义与测试

阿纳斯塔西奥斯 · 贾洛斯（Anastasios Gialos）、
瓦西里厄斯 · 泽姆佩基斯（Vasileios Zeimpekis）

近年来，由于电子商务销售的增长和国际竞争加剧、客户对频繁和低批量订单以及对更快响应时间的需求增长等一系列因素，仓储的复杂性和对其的要求都有所提高（Lu *et al.*, 2016; Marchet *et al.*, 2015）。对于仓库管理人员而言，优化仓库运营和降低成本是一项艰巨的任务，因为大多数仓库都是手工操作，以为客户提供劳动密集型服务（van Gils *et al.*, 2018）。所有仓库流程都会影响物流成本，但拣货过程对物流成本和客户服务的影响更大（Marchet *et al.*, 2015）。

本章以拣选系统（pickers-to-goods system）为重点，该系统是欧洲企业普遍使用的订单拣选系统（van Gils *et al.*, 2018）。值得一提的是，近几十年里信息技术的发展带来了大量以信息和通信技术（ICT）为基础的应用和技术，为该系统提供了支持。与此同时，越来越多的公司开始关注通过采用新技术和智能应用程序来优化订单拣选流程，以应对来自成本、效率、柔性、适应性、稳定性、客户服务、可持续性等方面不断增长的挑战（Wang *et al.*, 2016）。自动化技术这一新兴趋势以及先进信息技术系统和智能应用的使用都为物流行业提供了广泛的机遇和好处，这也指明了新的物流 4.0（logistics 4.0）技术的适用领域（Hofmann and Rüsch, 2017; Olivares *et al.*, 2015）。特别是在拣选订单的过程中，使用智能眼镜进行视觉拣选可以同时保证时间效率和拣选准确性（Hanson *et al.*, 2017）。尽管视觉拣选是一种很有发展前景的订单拣选技术，但其应用仍处于早期阶段。

为此，本章的目的是通过实验室测试评估拟建的视觉拣选（VP）系统。通过系统的文献综述（SLR）确定 20 个参数，并通过层次分析法（AHP）选择其中 4 个参数，采用实验设计（DoE）方法进行一系列实验室测试，以作进一步研究。拟建的视觉拣选系统根据拣选订单的完成时间和准确性进行评估，而视觉拣选系统的预期工作量则通过美国国家航空航天局任务负荷指数（NASA-TLX）调查进行评估。

本章的结构安排如下：首先，对当前的订单拣选技术进行文献综述，着重于手动订单拣选系统；其次，采用层次分析法选择 4 个参数，并将其用于在采用实验设计方法的实验室测试中拟建的视觉拣选系统的评估；再次，测试结果之后是预期工作量的结果；最后，总结测试得出的有用见解以及未来的研究步骤。

6.1 订单拣选技术和视觉拣选系统的比较评估

6.1.1 订单拣选技术评估

在仓库中，拣货是最耗时和花费最多的过程（Richard, 2014）。事实上，对于采用手动订单拣选系统的仓库[①]，拣货是最耗费人力的操作，其成本基本不低于仓库总操作成本的 55%~65%（Theys *et al.*, 2010），而对于采用自动化订单拣选系统的仓库[②]，由于投资成本高昂，订单拣选是一项资本密集的操作（Chen *et al.*, 2016; Tompkins *et al.*, 2011）。如着眼于手动订单拣选系统并参考图 6.1，可以得出结论，手动订单拣选系统的拣选速度为每小时 400~500 条订单行（order）。

对于这一数值范围内的订单行，有多种订单拣选技术可供使用。更具体地说，相当多的公司选择继续使用纸质拣选系统，但其流程的复杂性和错误率保

① 手动订单拣选系统基于纸质拣货清单和 / 或条形码读取（Marchet *et al.*, 2015）。

② 自动订单拣选系统处理 AR/AS 系统、机器人移动履行系统（Azadeh *et al.*, 2017；Calzavara *et al.*,2019）和自动导引车（Roodbergen and Vis, 2009）。

持在较高水平（Gialos and Zeimpekis, 2018）。对人类而言，纸质清单是非常直观的，但处理起来却很费力（Reif, 2009; Schwerdtfeger *et al.*, 2009）。与传统拣选系统相比，现代拣选系统不涉及任何文书工作。实际上，如射频扫描仪（RF scanner）拣选、灯光拣选、语音拣选等无纸化技术已经在仓库中应用，以提高柔性、效率和有效性，并减少用纸的浪费和降低错误率（Reif and Günthner, 2009）。这些现代拣选系统包括移动数据输入设备，这类设备虽然仍然需要大量的处理工作，但通常会实时连接处理数据的仓库管理系统（WMS）（Reif and Günthner, 2009）。

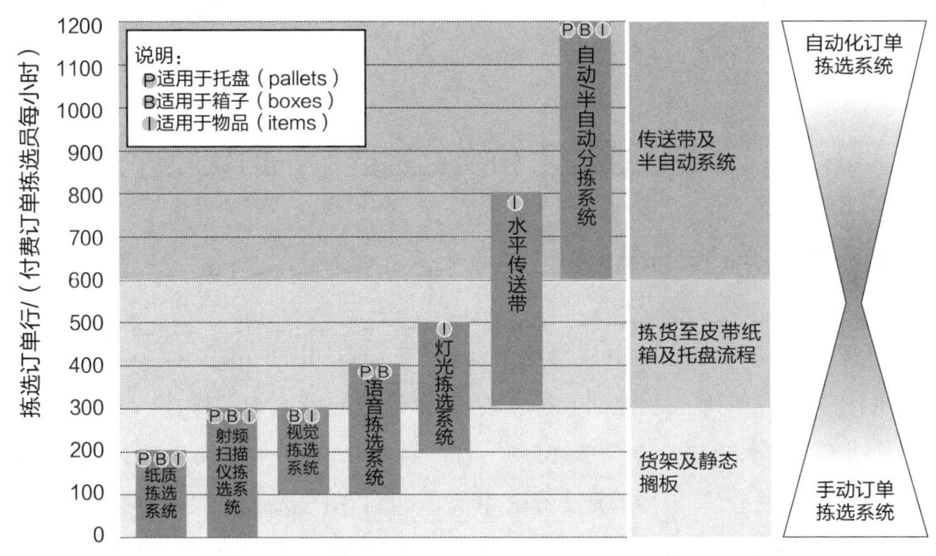

图6.1　每种设备和技术的订单拣选效率

射频扫描仪拣选是应用最广泛的订单拣选技术之一，可用于改进传统的纸质拣选系统（Battini *et al.*, 2015）。与纸质拣选系统相比，射频扫描仪拣选技术可缩短订单拣选时间并减少错误数量，但不提供手动操作。而语音拣选系统是一种语音导向设备，其使用语音识别允许拣选者与WMS通信并执行拣选订单过程（Battini *et al.*, 2015）。语音拣选技术的主要优势在于拣选员无须手工操作，与传统拣选系统相比，语音拣选系统可将生产力提高 10%~15%（Marchet *et al.*, 2015）。然而，语音拣选的训练能力较低，并且难以在嘈杂工业环境中使用，同时也会在实操时引起工人的抱怨，因为工人称他们在上岗时必须听一种单一的声音（Reif and Günthner, 2009）。与语音拣选系统使用语言识别引导操作相比，使用灯光拣选系统的拣选人员由安装在每个储物箱上的灯光引导（Battini *et al.*, 2015）。灯光拣选减少了拣选失误，提高了效率，且具有较平缓的学习曲线（Marchet *et al.*, 2015; Richards, 2014），因此，分拣员很快就可以熟悉该系统；但是，与其他方法相比，灯光拣选系统是一种成本高昂的解决方案，因为需要在货架结构中安装显示器（Reif and Günthner, 2009）。

当前订单拣选技术有着大量优点，而信息系统的开发和优化是改进订单拣选流程的关键因素（Brynzér and Johansson ,1995）。为此，第四次工业革命（工业 4.0）带来了物联网，这促使相当多的工业企业采用智能技术和新应用进行数字化并整合其业务流程（Gialos and Zeimpekis ,2018）。在订单拣选流程方面，视觉拣选（或视觉拣货）技术是一项创新解决方案，与当前的订单拣选技术相比，它具备更好的性能并能完成可感知的工作量（Kim *et al.*, 2019）。

6.1.2 视觉拣选系统评估

由于创新订单拣选技术的重要性和潜在优势，大量研究人员对其进行测试，以比较传统订单拣选技术与视觉拣选技术在订单拣选时间、准确性和工作量方面的差异。最有说服力的例子是 Reif 和 Günthner（2009）的研究，他们评估了一个在真实存储环境中的视觉拣选系统。结果表明，视觉拣选系统比纸质拣选系统快 4%，而后者的错误率比前者高 7 倍。此外，Schwerdtfeger 等人（2009）提到，视觉拣选系统可以改善分拣人员在时间和错误率方面的表现，但不适感调查表（discomfort questionnaire）显示，该系统需要改进显示设备以减少引发分拣人员头痛的可能性。此外，该研究表明，约有 20% 的受试者在使用头戴式显示器（head-mounted display）时出现严重问题，这在早期研究中也曾出现过。Wu 等人（2015）比较了灯光分拣和抬头显示（HUD）分拣，比较结果显示，使用抬头显示进行拣选的速度比使用灯光进行拣选要快得多，且更准确；除时间和错误率较低外，抬头显示分拣的工作量也较少。因此，参与者倾向于选择抬头显示分拣。

综上所述，视觉拣选技术似乎是一项新兴技术，具有改进订单拣选流程的潜力，错误率低，拣选速度快。然而，根据目前对这些系统的研究和评估，似乎显示器的类型以及用户界面（UI）设计会影响可感知的工作量、可用性、视觉不适和工作绩效（Kim *et al.*, 2019），而这些通常也会引起视觉不适、眼疲劳、头痛、头晕、恶心等问题（Patterson *et al.*, 2006）。

为此，在改进和优化此创新技术中，至关重要的是从订单拣选时间、准确性、工作量等方面确定影响视觉拣选系统性能的最重要因子和作用因子。本研究结果可供研究人员或其他利益相关者在视觉拣选系统设计及开发阶段参考。此外，由于视觉拣选技术领域的现有文献数量相当有限，本研究也将对现有文献作出积极贡献（Stoltz *et al.*, 2017）。

6.2 研究方法

6.2.1 三相三角研究法

基于 Näslund（2002）原则——“如果有人想发展和推进物流研究，则至少需要使用两种不同的研究方法”，本研究采用三种不同研究方法相结合的研究方式。三角研究法的第一阶段包括两种方法：识别和审查系统设计参数的系统文献综述，用于实验室和现场测试的参数排序和选择的层次分析法。第二阶段涉及系统测试和评估的实验室测试，而第三阶段则侧重于美国国家航空航天局任务负荷指数调查，以评估视觉拣选技术的预期工作量。

这些方法的结合可以避免使用单一方法带来的潜在偏差和内容匮乏，因此被称为三角测量（Collis and Hussey, 2003）。如 Denzin（1978）建议，三阶段方法学上的三角研究如表 6.1 所示。

表6.1　三阶段三角测量研究法

阶段	方法	输出
1	用于系统参数化、操作性能、比较评估的参数的系统性文献回顾以及用于对所回顾参数进行排序的层次分析法	参数识别、排序和选择
2	实验室测试：实验设计	使用选定的阶段参数对系统进行测试、评估和优化
3	实验室测试：美国国家航空航天局任务负荷指数调查	视觉拣选技术预期工作量的评估

6.2.2　系统文献综述和层次分析法

第一阶段选择系统文献综述作为研究方法，在结合一系列研究问题（RQ）的基础上，旨在识别当前科学文献中的参数并将其分类。SLR 方法可以发现研究空白，并为未来的研究议程提供特定且具体的建议（Lagorio *et al.*, 2016; Saenz and Koufteros, 2015; Denyer and Tranfield, 2009; Crowther and Cook, 2007; Tranfield *et al.*, 2003）。事实上，SLR 方法的优点已经广为人知，因此该方法已经被应用于一系列领域，如物流（Gligor and Holcomb, 2012）、城市和城市物流（Björklund and Johansson, 2018; Lagorio *et al.*, 2016）、制造业（Lightfoot *et al.*, 2013）和可持续发展（Gimenez and Tachizawa, 2012）等。根据 Khan 等人（2003）的研究，基于明确表述问题的系统性审查可以通过遵循可靠的方法来识别和评估类似研究，并总结审查结果。

此外，还可以采用层次分析法对识别出的参数进行评估和排序。层次分析法是一种成熟的方法论，由 Saatty 于 20 世纪 70 年代开发，用于支持决策者处理具有多个相互矛盾和主观标准的复杂问题（Baswaraj *et al.*, 2018）。层次分析法是现代多准则决策分析（MCDA）工具之一，用于评估、优先处理、排序和评估决策选择，该方法的构建依赖于专家的知识（Baswaraj *et al.*, 2018）。层次分析法在成对模式（pairwise mode）下参照标准来比较替代解决方案，并且可以使可用的优先级对替代方案进行比较和排名。值得一提的是，层次分析法使用相关（一致性）指数检查一致性（Kumar *et al.*, 2015）。在现实场景中实施层次分析法并不需要数学或决策分析方面的高级知识（Baswaraj *et al.*, 2018），层次分析法的简单性和多功能性是其受欢迎的原因（Promentilla *et al.*, 2018）。

6.2.3 实验室测试：实验设计

第二阶段，本研究在实验室环境中设计并执行一系列测试。具体地说，采用实验设计方法设计实验室测试，以评估视觉拣选系统的性能；更具体地说，将完全因子设计用于所执行的测试，该设计在两个级别上合并了 4 个因子（2^4 个完全因子设计）；在设计中就使用了所有这些因子在其水平上的可能组合（Montgomery, 2012）。该阶段的主要输出是对系统的订单拣选时间和准确性进行测试和评估。

6.2.4 实验室测试：美国国家航空航天局任务负荷指数调查

第三阶段是采用一项美国国家航空航天局任务负荷指数调查（NASA-TLX）来评估拟建的系统的预期工作负荷。NASA-TLX 是一种被广泛使用的主观多维评估工具，用以评估任务、系统或过程的可感知工作量（NASA, 1986）。建议在系统设计和开发阶段使用此工具。NASA-TLX 是基于六个分项评分的加权平均值（Farmer and Brownson, 2003; NASA, 1986），其与施加于主体要求的三个维度（心理需求、体力需求和时间需求）有关，并与主体和任务互动的三个维度（努力、挫折感水平和绩效）有关。

6.3 待测参数识别及排序

6.3.1 拟建系统的设计、开发及测试的检验参数

视觉拣选技术的设计、开发和测试的检验参数主要基于系统性文献综述。

SLR 方法包括三个步骤的检验阶段，并考虑了一系列纳入标准以创建一个研究文献库。表 6.2 列出了我们选择文章的所有纳入标准。

表6.2　选择文章的纳入标准

纳入标准	描述
搜索词/关键词	视觉拣选、视觉分拣、可穿戴技术、可穿戴计算机、订单拣选、增强现实、头戴式显示器、智能眼镜、用户界面
文件类型	文章
来源类型	①同行评审期刊；②国际会议
语言	英语

在审查过程中，有一些文章超出了研究范围而被排除在外，因为其研究重心是其他类型问题，如资源规模、存储分配、分批处理、选择途径（routing）等，以及不同的关注领域（如用于制造业的视觉分拣、用于医疗业的视觉分拣等）；此外，值得一提的是，与本领域相关的已发表的论文数量有限，从研究角度来看，这可能是该领域相当有发展前景的一个代表性现象。具体而言，基于已审阅的论文（Kim *et al.*, 2019; Bräuer and Mazarakis, 2018; Renner and Pfeiffer, 2017; Hanson *et al.*, 2017; Wu *et al.*, 2015; Guo *et al.*, 2015; Krajcovic *et al.*, 2014; Baumann *et al.*, 2012; Baumann *et al.*, 2011; Schwerdtfeger *et al.*, 2011; Grubert *et al.*, 2010; Weaver *et al.*, 2010; Reif *et al.*, 2010; Iben *et al.*, 2009; Schwerdtfeger *et al.*, 2009; Reif and Günthner, 2009; Schwerdtfeger and Klinker, 2008; Tümler *et al.*, 2008; Reif and Walch, 2008; Schwerdtfeger *et al.*, 2006），我们确定了 20 个参数（图 6.2），并将这些参数分为三类：①设备参数化的参数；②运营绩效的参数；③对比评估的参数。

第一类包括 14 个已检验参数，涉及设备的设计和开发。第二类包括 3 个参数，涉及在工业环境中测试视觉拣选技术的性能。第三类包括 3 个参数，用于比较工业环境中视觉拣选技术与其他拣选技术。

由于第一类（设备参数化的参数）中的参数数量较多，因此将这 14 个参数进一步分为三个不同的子类。第一个子类别涉及人体工程学方面，包括 4 个参数；第二个子类别侧重于可视化方面，包括 6 个参数；而第三个子类别涉及技术方面，包括 4 个参数。

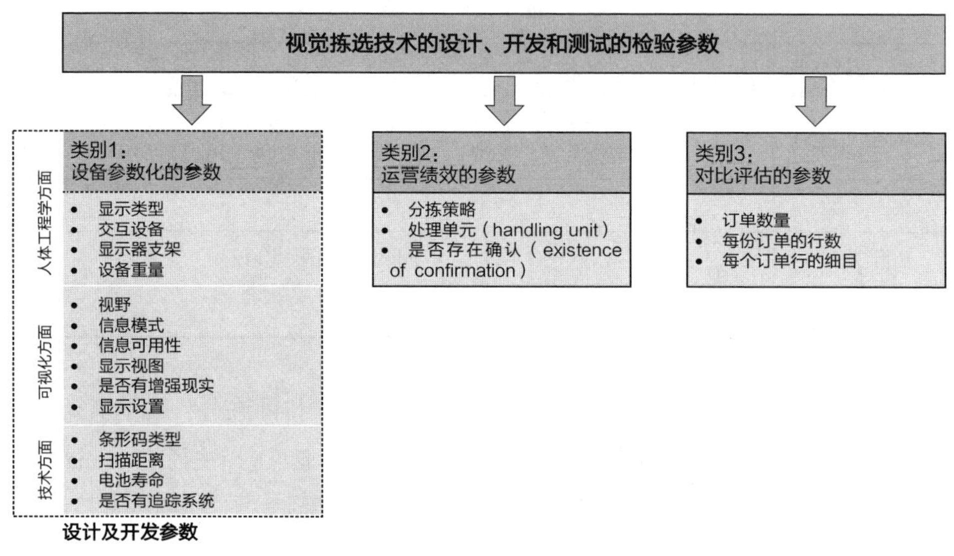

图6.2　视觉拣选技术的设计、开发和测试的检验参数

6.3.2　设计及开发参数排名

为了确定影响视觉拣选系统的最重要参数，我们采用了层次分析法。层次分析法是一种决策支持工具，它以成对比较模式参照指定的标准对标准或替代方法进行比较。为了进行比较，有必要使用已在实践中证明并验证的基本数量表（Saaty, 2008）。层次分析法包括以下三个步骤（Saaty, 2008）：

（1）建立层次结构；

（2）构建成对比较矩阵；

（3）计算一致性。

根据 Saaty（2008）推荐的方法，在第一步中，构建了决策层级。具体地说，用于评估视觉拣选参数的层次分析法的框架分为三个层次（图 6.3）。第一级为目标（确定视觉拣选设计和开发关键参数的优先级），第二级侧重于参数的维度（人体工程学方面、可视化方面、技术方面），而第三级则处理维度的构造（14 个设计和开发参数）。

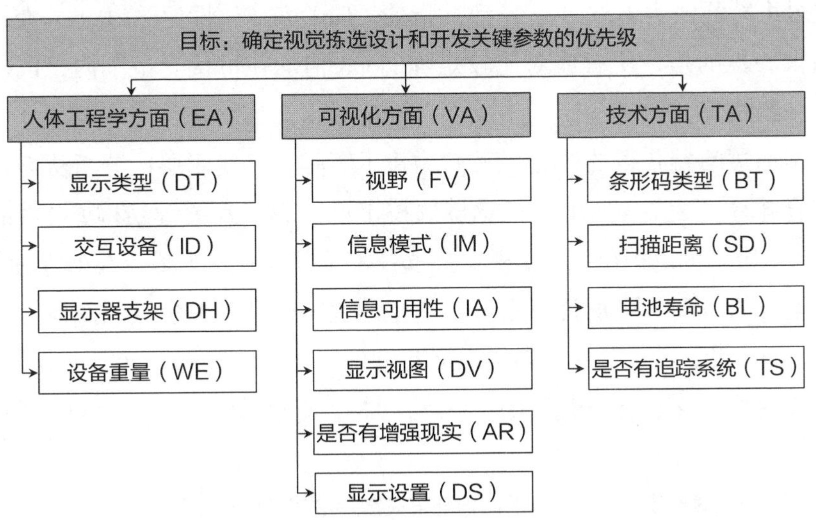

图6.3　基于层次分析法的视觉拣选设计及开发关键参数的层级评估模型

注：EA: Ergonomic Aspects; DT: Display Type; ID: Interaction Device; DH: Display Holder; WE: Weight of Equipment; VA: Visualization Aspects; FV: Field of View; IM: Information Mode; IA: Information Availability; DV: Display View; AR: Existence of AR; DS: Display Settings; TA: Technical Aspects; BT: Barcode Type; SD: Scanning Distance; BL: Battery Life; TS: Existence of Tracking System。

在推荐方法的第二步中，构建了使用成对比较矩阵的问卷。在设计问卷时，考虑了基于 AHP 层次模型的所有维度和构造，同时使用了 Saaty（2008）建议的比较量表。

在完成必要的问卷调查后，由专家对所选参数进行排序。在这一阶段，我们与物流和仓库经理、专家和高管等进行了一系列的交流。问卷由在希腊的物流服务供应商以及商业和制造公司（具有内部物流业务）工作的 15 名专家完成。我们将此评估限于国内层面，因为：①我们无法直接接触海外物流经理；②共同开发这一新视觉分拣原型的 ICT 公司建议，由于这项工作是保密的，因此最好访问该 ICT 公司已通知并与之持续合作的希腊专家。

在第三步中，在完成访谈和数据收集（专家的输入）后，我们根据Saaty（2008）的建议方法完成了数据分析以及一致性计算。通过考虑层次结构模型和问卷调查得出的评分，基于层次分析法计算了优先级。此外，对于每一成对比较矩阵，计算出最大特征值（λmax）、一致性指数（CI）和一致性比（CR）。在这一点上，值得一提的是，所有成对比较矩阵的CR值均在可接受范围内，以确保决策者的一致性。

根据通过问卷获得的评分，我们构建了矩阵，并使用层次分析法对优先级进行综合排序。表6.3列出了视觉拣选技术设计和开发关键结构/参数的完整排名。基于排名可以得出结论，视觉拣选技术设计和开发中最重要的方面是“人体工程学方面”和“可视化方面”。具体地说，通过考虑参数的总体权重，可以得出以下结果：三大关键参数是“交互设备”“显示器支架”和“显示类型”；基于参数的总体权重值，最后两个参数是“是否有追踪系统”和“信息可用性”。

表6.3 视觉拣选设计与开发关键参数的总体权重及排名

维度级别	维度描述	维度权重	排名	参数编号	参数描述	参数局部权重	参数总体权重	参数总体排名
1	人体工程学方面	0.54	1st	1.1	DT	0.22	0.116	3rd
				1.2	ID	0.44	0.236	1st
				1.3	DH	0.25	0.137	2nd
				1.4	WE	0.09	0.050	9th
2	可视化方面	0.3	2nd	2.1	FV	0.23	0.069	5th
				2.2	IM	0.31	0.093	4th
				2.3	IA	0.07	0.021	14th
				2.4	DV	0.12	0.037	10th
				2.5	AR	0.18	0.054	7th
				2.6	DS	0.08	0.024	12th

续表

维度级别	维度描述	维度权重	排名	参数编号	参数描述	参数局部权重	参数总体权重	参数总体排名
3	技术方面	0.16	3rd	3.1	BT	0.37	0.061	6th
				3.2	SD	0.32	0.053	8th
				3.3	BL	0.16	0.027	11th
				3.4	TS	0.14	0.022	13th

6.4 实验设计

6.4.1 理论背景及实施步骤

为了调查特定的过程或系统，研究人员通常会进行实验（Montgomery, 2012）。实验设计是研究过程或系统中一系列因素影响的有力技术。在工程学中，在开发或评估一个过程或系统时，重要的是采用一个具有稳健性的过程，其中包括规划和进行实验、数据收集和分析的具体步骤，以使其可靠、有效和客观（NIST/SEMATECH, 2012）。根据 DoE 方法论的原则，下面介绍了计划和执行实验、数据收集和分析的必要步骤（Montgomery，2012）。

（1）识别并陈述问题；

（2）选择因子、水平和范围；

（3）选择实验设计；

（4）进行实验；

（5）数据的统计分析；

（6）结论和建议。

6.4.2 问题陈述及因子和水平的选择

本研究旨在通过实验室实验，评估视觉拣选技术在提高拣选订单效率及准确度方面的作用。为此进行了一系列实验，并通过改变若干被确定为影响视觉拣选系统性能的最重要因子和影响因子来进行评估。

因子的选择主要基于系统文献综述和层次分析法。当然，研究参数的最终选择还是要考虑我们在实验室中遇到的一系列技术限制，如可用的技术设备、进行测试（即产品挑选）的空间限制、没有一次可开发多个图形用户界面（GUI）的可用预算，以及执行测试的时间限制。为此，我们选择的 3 个（共 14 个）因子为：显示器支架（第二优先级）、视野（安装选项，第五优先级）及条形码类型（第六优先级）。

值得一提的是，除这些因子外，我们还决定在实验中加入另一个因子，该因子涉及视觉拣选过程的操作性能和拣货过程中是否存在确认，检索文献综述，发现其影响拣货时间以及视觉拣选过程的准确性。物流专家（在填写视觉拣选系统设计与开发参数的排名问卷时）也建议将此因子纳入实验室测试，因为此因子除对操作性能有重大影响外，还可能影响最终用户对系统的接受程度。然而，该因子并未通过层次分析法进行排名。

根据图 6.4，实验输入包括 4 个因子，而输出为：①订单拣选效率（即订单拣选时间）；②拣选过程的准确性（即出错率 / 准确度）。在文献中，类似的研究（Kim *et al.*, 2019; Bräuer and Mazarakis, 2018; Renner and Pfeiffer, 2017; Hanson *et al.*, 2017; Wu *et al.*, 2015; Guo *et al.*, 2015; Krajcovic *et al.*, 2014; Baumann *et al.*, 2012; Baumann *et al.*, 2011; Schwerdtfeger *et al.*, 2011; Grubert *et al.*, 2010; Weaver *et al.*, 2010; Reif *et al.*, 2010; Iben *et al.*, 2009; Schwerdtfeger *et al.*, 2009; Reif and Günthner, 2009; Schwerdtfeger and Klinker, 2008; Tümler *et al.*, 2008; Reif and Walch, 2008; Schwerdtfeger *et al.*, 2006）在实验室和现场测试执行期间，都依据这两个输出评估视觉拣选系统的性能，这也是我们选择这两个输出的原因。

此外，实验也应考虑干扰（噪声）因子，如内部物流噪声、房间照明等，但由于实验过程是在实验室环境中进行的，因此未考虑干扰因子的影响。

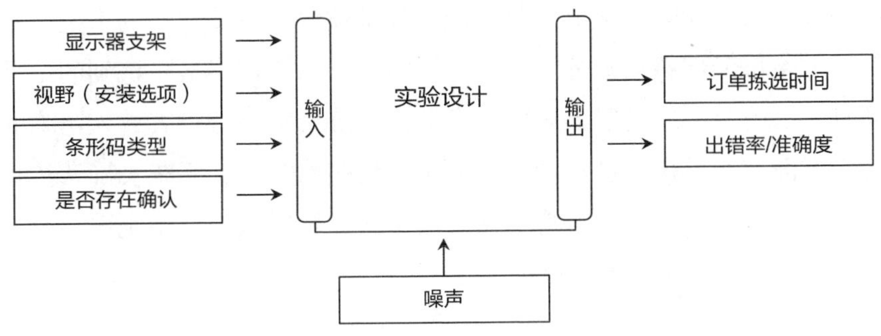

图6.4　订单拣选时间及准确度预测模型

表 6.4 列出了用于实验的所选因子及其相应类别。

表6.4　用于实验的所选因子及其相应类别

因子	类别 1	类别 2
显示器支架	眼镜	头带
视野（安装选项）	视线以上	视线以下
条形码类型	一维	二维
是否存在确认	是	否

第一个因子是显示器支架。对于该因子，眼镜（类别 1）和头带（类别 2）均在实验室测试中进行评估。第二个因子是视野，并且可能会受到显示器安装选项的影响（视线以上或视线以下）。在实验室测试中，视线以上（类别 1）及视线以下（类别 2）安装选项均被考虑。第三个因子是条形码类型，对于该因子，在实验室测试中评估了一维条形码类型（类别 1）和二维条形码类型（类别 2）。最后一个因子是在订单拣选过程中是否存在确认。一些测试通过确认步骤（类别 1）完成，而另一些测试则在没有确认步骤（类别 2）的情况下执行。在实验室测试期间，根据 Hanson 等人（2017）的建议，本研究采用射频识别技术进行拣选确认。

在经过确认步骤的情况下，射频识别标签被放置在拣货员的手上以及推车的塑料箱上（每个塑料箱被分配到一个订单）。每次拣货员将拣到的物品放入塑料箱时，系统会（通过射频识别技术）检查拣货员是否将其放入正确的塑料箱中。一方面，如果拣货员将物品放入正确的塑料箱中，系统会确认拣货员的行为；另一方面，如果拣货员将物品放入错误的塑料箱中，系统则会通过头戴式显示器向拣货员发出错误提醒。

6.4.3 实验设计的选择

Antony（1999）的研究表明，工业过程和系统中最理想的实验设计是经典实验设计(全因子或部分因子设计),特别是当实验者希望通过更改输入变量(因子水平）来评估系统的性能时。选择合适的实验设计是进行任何实验的关键步骤。事实上，实验设计的合理选择是任何实验成功的最关键因素之一，该选择基于实验目标和所要研究的因子数量（Antony, 1999）。根据《统计方法电子手册》，基于以下目标，主要有三种实验设计（NIST/SEMATECH, 2012）。

第 1 类：比较目标。当实验的目的是得出关于一个先验重要因子（a priori important factor）的结论时，可以使用这种设计。当关注的问题是一个或多个因子是否具有“统计显著性(statistically significant)”时，可采用这种类型的设计。

第 2 类：筛选目标。当实验人员想要从众多次要的影响因子中选择或筛选出一些重要的主要影响因子时，便会使用这种类型的设计。因此，建议使用这种类型的设计来确定哪些因子 / 影响因子很重要。

第 3 类：响应曲面目标。当实验人员想要估计相互作用甚至二次效应时，可以使用这种设计，从而对正在研究的响应曲面形状有所了解。这种类型的设计可以通过定位一个过程更易于管理、可实现最大化或最小化响应的区域来减少变化，避免产品或流程受到外部影响及其他不可控的影响。

考虑到上述三种实验设计类型以及调查因子的数量，表 6.5 提供了可用的实验设计方法。根据建议的指导原则，并考虑到本研究的目标（目标：确定影响视觉拣选系统在拣选订单时间和准确性方面性能的最重要因子和影响因子），可以得出结论：筛选是最合适的实验设计类型。因此，我们选择了经典实验设计——析因设计（factorial design）进行实验。

析因设计可以是全因子或部分因子设计。考虑到所选因子的数量（本研究中为 4 个因子）和 Antony（2014）“当因子数量少于或等于 4 个时，全因子设计是最合适的选择”的观点，因此选择全因子设计。一个全因子设计实验包括所有因子的所有可能水平组合，研究两个层级 k 个因子的实验总数为 2^k（Antony, 2014; Montgomery, 2012）。

根据上述分析，我们的实验采用了全因子设计，包括两个层级的4个因子（2^4 个全因子设计）。这些因子在其层级上的所有可能组合已在设计中使用，如表 6.5 所示。通过考虑这 4 个因子及其相应的层级，16（2^4）个不同的配置之间有 15 个自由度。此外，实验设计为每次运行重复 5 次，因此样本总数为 $n = 80$，值得一提的是，这 80 次试验是随机进行的。在本研究中，通过 DoE 和 Minitab 软件工具中的数据统计处理确保了随机性。

表6.5　实验设计选择指南

因子数	比较目标	筛选目标	响应曲面目标
—	完全随机设计	—	—
2~4 个	随机区组设计	全因子或部分因子	中心复合或 Box–Behnken
5 个或 5 个以上	随机区组设计	部分因子或 Plackett–Burman 筛选出因子	先筛选以减少因子数

6.4.4　实验实现：研究假设公式

如前文所述，为评估视觉拣选技术，我们测量了影响效率、性能以及客户服务水平的两个参数。第一个参数是订单拣选时间，第二个参数是订单拣选过程的出错率、准确度。拣选时间是用普通秒表测量的，而准确度则通过错误率计算。出错率是在订单拣选过程完成后通过人工计算得出的。对于这些参数以及评估视觉拣选技术所考虑的 4 个因子，引入了某些零假设。如下文所示，订单拣选时间有四个零假设，订单拣选过程的准确度有四个零假设。

第一个零假设（$H_{0,1}$）指出，当使用眼镜或头带时，拣选时间相同：

$$H_{0,1} : t_{glasses} = t_{headbands} \quad (6.1)$$

第二个零假设（$H_{0,2}$）指出，当显示器高于或低于视线时，拣选时间相同：

$$H_{0,2} : t_{above\_of\_LS} = t_{below\_of\_LS} \quad (6.2)$$

第三个零假设（$H_{0,3}$）指出，当条形码类型为一维或二维时，拣选时间相同：

$$H_{0,3} : t_{barcode\_1D} = t_{barcode\_2D} \quad (6.3)$$

第四个零假设（$H_{0,4}$）指出，在拣选过程中是否存在确认时，拣选时间相同：

$$H_{0,4} : t_{confirmation\_yes} = t_{confirmation\_no} \quad (6.4)$$

第五个零假设（$H_{0,5}$）指出，使用眼镜时与使用头带时的准确度相同：

$$H_{0,5} : f_{glasses} = f_{headbands} \quad (6.5)$$

第六个零假设（$H_{0,6}$）指出，当显示器在视线以上时的准确度与当显示器在视线以下时的准确度相同：

$$H_{0,6} : f_{above\_of\_LS} = f_{below\_of\_LS} \quad (6.6)$$

第七个零假设（$H_{0,7}$）指出，条形码类型为一维时的准确度等于条形码类型为二维时的准确度：

$$H_{0,7} : f_{barcode\_1D} = f_{barcode\_2D} \quad (6.7)$$

第八个零假设（$H_{0,8}$）指出，在拣选过程中是否存在确认时，准确度是相同的：

$$H_{0,8} : f_{confirmation\_yes} = f_{confirmation\_no} \quad (6.8)$$

6.4.5 实验实现：受试者特点

如图 6.5 所示，共有 16 名受试者（9 名男性和 7 名女性）参加了实验室测试，参与者的年龄为 23~58 岁，平均年龄为 35.83 岁（标准差 10.35）。15 名受试者以右眼为主视眼，1 名受试者以左眼为主视眼，其中 4 人佩戴眼镜。

为避免先验结果导致我们的实验结果产生偏差，我们选择了之前没有拣选经验的受试者。为弥补经验不足并最大限度地降低学习效应，受试者参加了一个培训课程，每名受试者都在实验室中执行了一系列的订单拣选，使自己熟悉视觉拣选技术。

所有受试者均以希腊语为母语，因此，在本研究中，所有指示和调查工具均以希腊语标记以提供给受试者。所有数据均以个人调查问卷方式收集。

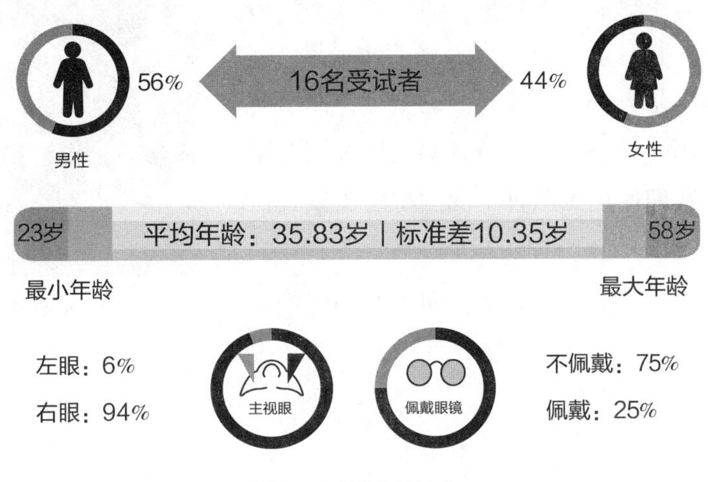

图6.5 受试者特点

6.4.6 实验实现：实验装置及设备

视觉拣选技术的测试和评估在一个密闭的拣选实验室环境中进行，该实验室位于雅典的 Mantis Informatics SA 公司总部（图 6.6）。实验室环境由 24 个拣选箱组成，分为两个货架单元（轻型货架系统）A 和 B。每个货架单元有 4 行 3 列，每个拣选箱包含 10~15 件物品。在多个订单拣选过程中使用的推车有 4 个存储层，每个存储层可存放两个塑料箱（提袋）。每名受试者

图6.6 密闭拣选实验室（Mantis Informatics SA公司总部）

可同时接收最多 6 个订单（每个塑料箱都分配一个订单）。

受试者必须使用视觉拣选技术完成 5 份拣货单。每个拣货单包含 7 个订单，而每个订单平均包含 7 个订单行。每个订单行的平均物品数为 2 个。这些物品是大小、重量不同的箱子，而所有物品都可以用一只手处理。所有实验均采用专用设备完成。我们使用了两种不同类型的头戴式显示器。第一种 HMD 为 VUZIX M300（视野：20 度，重量：380 克），第二种 HMD 为 RealWear HMT-1（视野：16.7 度，重量：127 克）。

图6.7　受试者进行拣选

6.5　实验室测试结果

6.5.1　结果统计分析

在完成测试并收集必要数据后，使用方差分析（Montgomery, 2012）对拣货时间和准确度进行了定量分析。为了评估四种主要影响因子及其相互作用，我们采用了 P 值法。值得一提的是，用于此分析的 alpha 值（重要性水平）被设置为 5%（$\alpha = 0.05$）；此外，为确保测试结果符合正态分布，有必要了解订单拣选时间和订单拣选准确度的概率分布。通过采用 Kolmogorov-Smirnov 测试，我们检查了正态性假设并确认数据集（实验室测试结果）以正态分布建模良好。

6.5.2　拣货时间结果

就拣货时间而言，结果表明，仅在“存在确认”参数的情况下，方差分析的结果才显示存在统计学上的显著差异（$P \leqslant 0.05$）。而所有其他案例的方差分析结果显示不存在统计学上的显著差异（$P > 0.05$）。因此，证明了对于 $H_{0,1}$、$H_{0,2}$ 和 $H_{0,3}$ 的情况，零假设没有被拒绝，而对于 $H_{0,4}$ 的情况，零假设被拒绝（即替代假设被接受）。这意味着与使用没有确认步骤的视觉拣选技术相比，带有确认步骤的视觉拣选技术在作业完成时间方面对订单拣选的效率有显著影响。

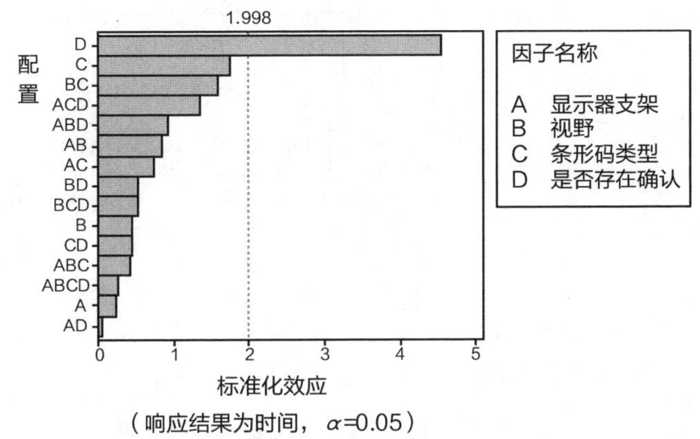

图6.8 根据拣货时间排列的帕累托图

方差分析的结果可在帕累托图中确认（图6.8）。帕累托图使用与正态图相同的显著性水平来确定影响因子的显著性，因此就拣货时间而言，即“是否存在确认”是唯一具有统计显著性的情况。根据统计分析的结果，第四个因子的水平，即“是否存在确认”，显著影响视觉拣选工作的完成时间。事实上，根据图 6.9，与具有确认步骤的视觉拣选流程相比，未经确认的视觉拣选流程平均可以将订单拣选时间减少 19.5%（减少 60.42 秒）。

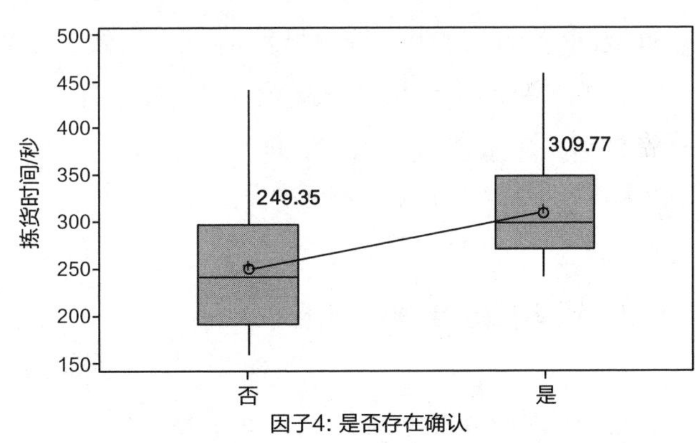

图6.9 “是否存在确认”因子的拣货时间的箱线图

图 6.10 显示了所有配置在订单拣选时间方面的交互作用。根据实验室测试

的结果,可以发现上述配置中的差异(就订单拣选时间而言)在统计上并不显著。

图 6.10 显示了显示器支架(眼镜与头带)、视野(视线以上与视线以下)、条形码类型(一维与二维)和是否存在确认(是与否)对订单拣选时间的交互影响。

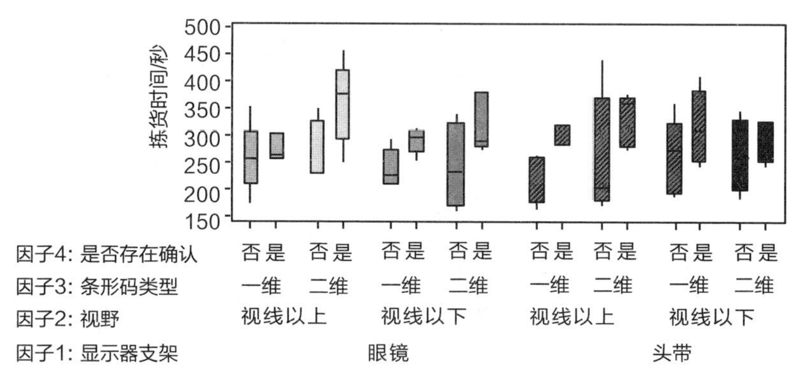

图6.10 所有配置对订单拣选时间的交互影响

然而,与其他配置相比,有些配置可以缩短订单拣选的时间。事实上,就拣货时间而言的最佳系统配置(设置)(考虑所调查因子及其水平之间的所有可能配置),包括头带、显示器位于视线以上、一维条形码及无确认步骤(Q1=173.5 秒、中位数 =188 秒、Q3=256.5 秒),而订单拣选时间最长的配置包含眼镜、显示器位于视线以上、二维条形码及存在确认步骤(Q1=292 秒,中位数 =375 秒,Q3=418.5 秒)。

6.5.3 订单拣选准确度结果

在订单拣选准确度方面,结果表明,只有双向互动的“视野 * 存在确认”才具有统计学显著性差异($P \leqslant 0.05$)。在主效应方面,证明了在 $H_{0,5}$、$H_{0,6}$、$H_{0,7}$ 和 $H_{0,8}$ 这几种情况下,零假设未被拒绝。由此可以得出结论,视觉拣选技术的准确度仅受配置“视野 * 存在确认”的影响;所有其他配置在订单拣选准确度方面均没有表现出统计学上的显著差异(基于方差分析结果)。

方差分析的结果可以在帕累托图中得到证实（图 6.11）。帕累托图使用与正态图相同的显著性水平来确定影响因子的显著性，因此“视野 * 存在确认”配置是唯一在订单拣选准确度方面具有统计学上的显著差异的情况。

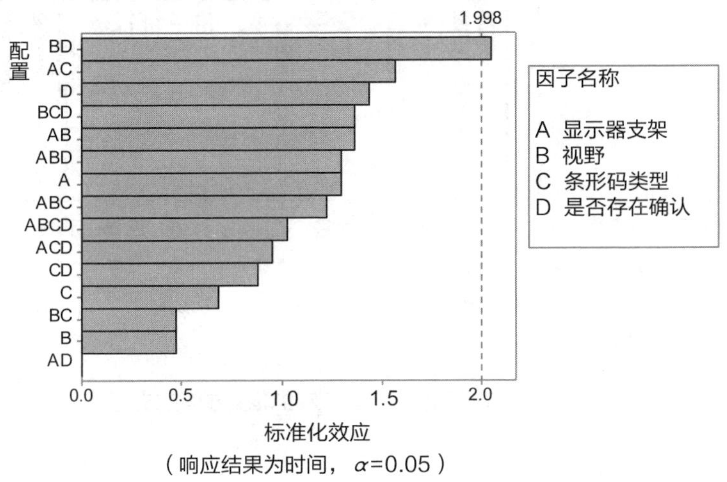

图6.11　订单拣选准确度的帕累托图

在准确性方面，订单拣选流程的性能会受到“视野 * 存在确认”配置的显著影响。事实上，“视野”和“存在确认”之间的相互作用表明，当“是否存在确认”为“是”且视野（安装选项）为“视线以下”时，与图 6.12 所示的其他配置相比，视觉拣选过程可以被更准确地完成。

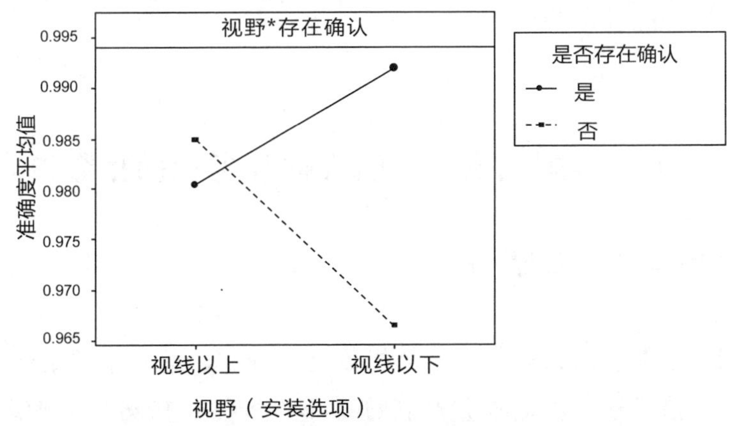

图6.12　准确度拟和平均值的交互作用

图 6.13 展示了显示器支架（眼镜与头带）、视野（视线以上与视线以下）、条形码类型（一维与二维）以及是否存在确认（是与否）对订单拣选准确度的交互影响。

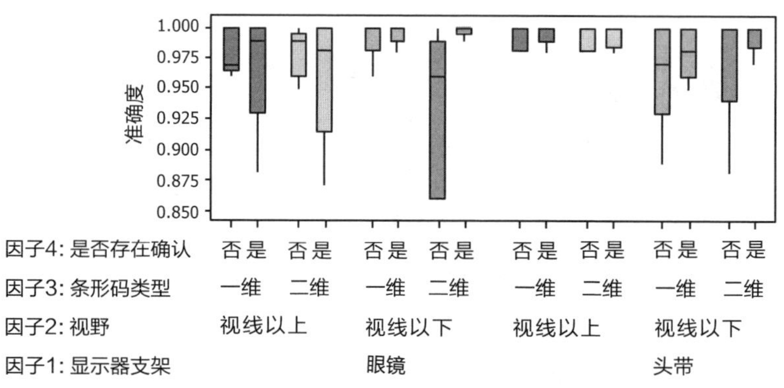

图6.13　所有配置在订单拣选准确度方面的交互作用

根据实验室测试的结果，配置的差异（在订单拣选准确度方面）是微不足道的。所有配置的订单拣选准确度都很高，接近 100%。然而，与其他配置相比，有些配置提供了更好的订单拣选准确度。事实上，具有最高准确度的最佳配置（考虑了所调查因子及其水平中的所有可能配置）包括眼镜、视线以下、二维条形码和存在确认步骤（Q1= 0.995，中位数 =1，Q3=1），而具有最低准确度水平的配置包括眼镜、视线以上、二维条形码，且无确认步骤（Q1= 0.96，中位数 = 0.99，Q3= 0.995）。

6.6　美国国家航空航天局任务负荷指数调查

6.6.1　理论背景及实施步骤

美国国家航空航天局任务负荷指数是一种被广泛使用的主观多维评估工具，用于评估任务、系统或过程的感知负荷（NASA, 1986），建议在系统设计和开发阶段使用该工具。NASA–TLX 是基于 6 个分量表的加权平均评分（Farmer and Brownson, 2003; NASA，1986），其中三个维度与被试者的需求（心理需求、体力需求和时间需求）有关，三个维度与被试者与任务的互动（努力、挫败感水平和绩效）有关。在这一点上，值得一提的是，许多类似研究使用了 NASA–TLX 来评估视觉拣选技术的可感知工作量（Kim *et al.*, 2019; Renner and Pfeiffer, 2017; Guo *et al.*, 2015; Wu *et al.*, 2015; Baumann *et al.*, 2011; Weaver *et al.*, 2010; Schwerdtfeger *et al.*, 2009）。为此，本研究采用 NASA–TLX 方法来评估视觉拣选技术的可感知工作量。根据 NASA（1986）的报告，NASA–TLX 的实施包括两个步骤：第一步涉及负荷的来源（比重），第二步涉及荷载的大小（额定值）。

6.6.2 NASA–TLX 结果和行业基准

完成测试后，每位受试者必须完成 NASA–TLX 问卷调查。共有 16 名受试者完成了问卷调查，其中考虑了实施步骤以及调查人员给出的一系列重要指示。图 6.14 显示了 NASA–TLX 调查的结果。

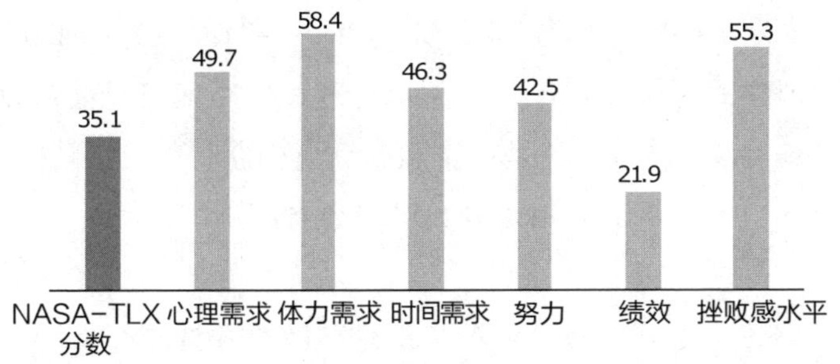

图6.14 视觉拣选技术的NASA–TLX结果（得分）

根据图 6.14 中的结果，视觉拣选技术的 NASA–TLX 得分为：M（平均分）= 35.1[SD(标准差)=12.4]。在 NASA–TLX 得分的各个分量表中，体力需求(M=58.4)和挫败感水平(M=55.3)得分最高，其次是心理需求(M=49.7)、时间需求(M=46.3)和努力（M=42.5）。而绩效是得分最低的子量表（M=21.9）。在这一点上，值得一提的是，较高的工作量分数与较低的受试者可接受性相关，而较低的工作量分数与较高的受试者可接受性相关。

根据 NASA–TLX 评分结果，我们发现体力需求和挫败感水平的得分较高。事实上，相当多的受试者提到，蹲下来从较低的架子上拣东西很累，他们认为这项任务对他们来说有点费力。

此外，还有一些人表示，很难用眼镜或头带扫描低层货架的条形码。而且，有些受试者在开始的几分钟里感到有压力和烦恼；但他们也提到，随着时间的推移，他们对设备的使用和任务的执行感觉变得更好。在心理需求方面，受试者表明指令和所有必要的信息都可以在展示板中获得，因此需要进行中等程度的心理和知觉活动。就时间需求而言，受试者认为他们完成任务的速度很快，并且大多数受试者认为如果他们更熟悉设备，他们可以更快地完成任务。在努力和绩效方面，研究结果表明：①受试者不需要努力工作即可达到他们的绩效水平；②他们对自己的绩效感到很满意。所有受试者普遍认为，拟议的技术并不难使用，但需要花费大量的时间才能熟练使用。

表 6.6 描述了文献中类似研究的 NASA–TLX 分数。考虑到我们评估程序的 NASA–TLX 得分（M=35.1，SD=12.4），可以看出，与类似研究相比，本研究的可感知工作量是足够的。因此，本研究的 NASA–TLX 调查结果是令人信服的，并且已经表明拟建的系统在订单拣选的执行过程中可能有显著的好处。然而，当前的得分（M=35.1，SD=12.4）是在实验室环境中获得的。如果在真实场景（工业环境）中进行相同的测试，则该分数可能会有所不同。

表6.6　类似研究的NASA–TLX得分（视觉拣选技术测试）

来源	NASA–TLX 得分
Schwerdtfeger *et al.*, 2009	平均值：28
Weaver *et al.*, 2010	平均值：12.3
Baumann *et al.*, 2011	平均值：46.1
Wu *et al.*, 2015	平均值：45.7
Renner and Pfeiffer, 2017	范围值：20~56（这些值是针对不同类型的显示器进行测试获得的）

6.7 结论

在本章中，我们通过实验室测试在项目级收集产品的系统对拟建视觉拣选系统进行了评估。在系统文献综述的基础上，采用层次分析法对三个参数（显示器支架、视野、条形码类型）进行排序和选择，而另一个参数（是否存在确认）的选择则是基于物流主管和专家的建议，因其会影响视觉拣选过程的操作性能。

实验室测试按照实验设计方法进行。采用全因子实验设计，包括两个层次的 4 个因子（16 个全析因设计）。

该实验室是与一家希腊 IT 公司（Mantis Informatics SA）合作开发的，由两个货架单元之间的 24 个拣选箱组成。每个货架单元有 4 行 3 列，每个拣选箱包含 10~15 件物品。在多个订单拣选过程中可使用的订单推车有 4 个存储层，每个存储层有两个塑料箱（提袋）。测试使用了两种不同类型的头戴式显示器。第一种 HMD 是 VUZIX M300，第二种 HMD 是 RealWear HMT-1。共计进行了 80 次测试，以从订单拣选时间和准确度两方面确定拟建的视觉拣选系统的最佳设置。此外，通过 NASA-TLX 调查评估了视觉拣选系统的感知负荷。

就订单拣选时间而言，结果表明唯一具有统计学意义的参数（基于方差分析结果）是“存在确认”。实际上，与带有确认步骤的视觉拣选流程相比，没有确认步骤的视觉拣选流程的订单拣选时间更短。在订单拣选准确度方面，结果显示存在双向互动（即“视野 * 存在确认”）。在这种情况下，当显示器设置为“视线以下”且存在确认步骤时，可实现高精度的最佳配置。在可感知工作量方面，NASA-TLX 评分表明，与类似的研究相比，本实验的工作量是足够的。在 NASA-TLX 评分中，体力需求和挫败感水平得分最高，其次是心理需求、时间需求、努力和绩效。

企业通过在订单拣选过程中采用视觉拣选技术进行数字化转型是一项复杂的任务并应考虑各种问题，例如：企业文化、流程再造，以及员工对变革的抵制。下面将更详细地讨论这些问题。

（1）企业文化：数字化转型可能包括开发自动化工具，如物流运营的视觉拣选技术，但真正的数字化转型不仅仅意味着更新技术或重新设计产品，它还需要企业付出努力，展开全面协作来改变其文化，从而使员工理解、接受和推进新技术。

（2）流程再造：企业必须明白，利用技术改造其物流运作至关重要，但成功的关键在于找出使业务陷入困境的症结。这意味着在引入新技术之前的第一步是识别并确定不合格或效率低下的物流流程，并尝试对其进行优化。

（3）员工对变革的抵制：通常员工抵制技术变革，是因为技术变革对员工的安全感、稳定性和目标感造成了重大威胁，这同样可用于解释引入并执行订单拣选的新方法时员工抵制的情况。鼓励员工迅速采用此类技术的策略包括开展持续的员工培训、开发简单易用的系统以及采用与人们需求相关的技术。

下一步研究将着重于在实际环境中测试拟建系统（实地测试），以评估系统的运行性能，同时与其他订单拣选系统（如射频扫描仪和语音拣选系统）进行比较评估。

最后，我们非常感谢 Mantis Informatics SA 公司在拟建系统的设计和测试过程中提供的宝贵支持和做出的贡献。我们也要借此机会感谢所有参与实验的人，他们为优化系统提供了重要的反馈。

第 7 章

协作机器人：

仓储物流转型

马库斯·沃斯

(Markus Voss)

数字物流的主要驱动力和供应链 4.0 的核心组成部分之一，是高度重复的、劳动密集型的（有时是体力密集型的）任务。数字物流对欧洲和北美洲等地区具有较强的吸引力。在那些地方，劳动力短缺有时很常见，招聘也很困难，这主要受人口总数影响，也受人们工作和生活变化的影响。当然，劳动力短缺在结构和长期层面上日渐受到像 DHL 供应链这样致力于提供全球供应链解决方案的公司的关注。在一些地方，尤其是在节假日前的季节性用工需求高峰期，已经很难找到并培训足够的工人来满足用工需求。由于消费者尽快收到货物的需求的增加、全渠道物流和社交媒体的流行，供应链的速度也在随之加快，从而创造本地化的物流高峰。例如，一位名人在音乐会上展示某个特定品牌的袜子，可能会导致在某个特定城市该品牌袜子的购买量激增，次日送达成为消费者的需求，当然这也是袜子零售商的期望。这让资源分配的管理更加复杂，并对招聘和培训工作人员提出了新的挑战。此外，越来越多的定制产品要求物流人员在产品的拣货、包装和运输方面付出更多的精力。最终，客户的购物体验越个性化，供应链上的服务提供商就越需要向合适的客户提供合适的产品。

电子商务需求的全球性加速增长（在未来十年这一趋势肯定会继续保持）也促进了各企业对新供应链解决方案的需求，尤其是仓库和配送中心（Distribution Centre，DC）。我们相信它将成为供应链 4.0 中越来越重要的节点。从本质上讲，随着越来越多货物的运输模式由从企业到企业转移到从企业到消费者，电子商务将供应链的负担从零售商身上转移到仓库、配送中心和运营商身上，通常用第三方物流（3PL）。资源分配更加复杂的原因是，消费者往往集中在周末下订单，但订单在每周开始的时候才被分发，这必然对仓库和配送中心的分拣造成压力，也会扩大仓库中可以并且应该完成的任务范围。虽然仓库和配送中心最大限度地提高了供应链效率，但也加剧了空间、劳动力和时间资源方面的压力。这便是仓库和配送中心的现状。因此，DHL 供应链公司认为，自动化，尤其是最新的机器人技术，将在物流行业如何满足不断增长的供应链需求方面带来极大的变革。然而，虽然协作机器人技术将有助于解决某些地区的劳动力稀缺问题，但这不会削弱人在物流中的作用。我们相信自动化将通过协作技术的部署，推动在全新的物流领域中创造新的就业机会，尤其鉴于其最近在人机交互和协作领域取得的快速进展；我们也相信，这是使协作机器人成为未来物流运作不可或缺的一部分和供应链 4.0 基石的关键。

7.1 协作机器人：解决方案的机遇和挑战

物流行业已经迎来使用协作机器人技术的第一波自动化浪潮。在快速的技术进步和更高可负担成本能力的推动下，机器人已经进入物流劳动力队伍，以期支持零缺陷流程并提高生产力。机器人在供应链中扮演着协作的角色，协助工人进行仓储、运输，甚至最后一英里的送货活动。

电子商务的兴起要求物流供应商更快地处理小额订单，以满足客户的期望，同时，物流行业正面临日渐严重的劳动力短缺问题。机器人技术在这种新的动态环境中的运作至关重要。目前，80% 的仓库都是手工操作的，具有巨大的自动化潜力。德勤公司（Deloitte）和物料搬运协会（Material Handling Institute, MHI）的一项研究预测，2017—2022 年，关键机械仓储技术的采用率将迅速上升[①]，其中机器人技术是所有技术中采用率增长最快的；该研究称，协作机器人技术将迎来最快速的发展期，预计到 2022 年，其市场价值将达到 44 亿美元。

---

① https://digitalandmore.pl/wp-content/uploads/2017/10/pl_MHI_Industry_Report_2017.pdf.

DHL 供应链公司预计，随着抓取技术、传感器技术以及其他技术的迅速发展，协作机器人解决方案将变得更准确、更灵活、更实惠。随着性价比的提高，在未来几年会有越来越多的人采用机器人解决方案。更多在技术和可负担成本能力方面的进步将使关键物流任务最终实现自动化，并在物流业中创造新的角色。

因此，机器人技术是供应链 4.0 成功的关键，DHL 供应链公司作为德国邮政敦豪集团（Deutsche Post DHL Group）的合作物流部门，意识到了这一点并与世界领先的技术公司合作开发和部署最新的协作机器人技术。本章详细介绍了 DHL 供应链公司在全球范围内如何以及在何处部署尖端协作机器人解决方案，并将重点放在欧洲和美国，因为基于其人口数量和运营成本，这些地区更适合机器人技术的应用。

适用于供应链 4.0 的机器人多种多样。例如，灵活的自动化仓储可以根据需要部署一组智能机器人以扩大或缩小规模。固定式拣货机器人和自动导引车（AGV）可以智能地感知周围的环境，帮助工人完成诸如拣选、包装、分拣等任务。另一类是针对托盘、拖车和集装箱卸货的机器人。这些技术尚处于初期的半成熟阶段，但体力劳动和重复性任务的自动化，将对物流产生重大影响。低成本的图像识别技术和计算能力的进步使得一类装卸机器人能够使用配备有强大传感器和抓手的机器人手臂定位单个包裹，分析其大小和形状，并确定最佳装卸顺序。用于本地送货的辅助机器人还可以跟随送货人员在送货车内运输重件和预分拣货物，并自动将货物运送到专门的收货点。协作机器人可用于夜间的补货、周期盘点（cycle counting）和清洁活动，而移动式拣货机器人将在未来的仓库作业中发挥重要作用。

机器人解决方案的主要机遇包括：

（1）提高物流基础设施的柔性和弹性，以经济有效地应对市场波动；

（2）提高资产利用率和整体生产力；

（3）保证人的健康和安全；

（4）将重复性和体力劳动任务自动化，将稀缺的劳动力资源分配到更复杂的任务中。

机器人解决方案的主要挑战包括：

（1）对在工作人员附近使用机器人的法律限制以及操作速度；

（2）新的监管、问责、道德和法律问题，例如，适当的自动化水平与人员的工作安全。

7.2 研究方法

DHL 供应链公司持续关注着机器人等新技术，应用适用性和操作的通用原则，如考量该技术在技术上是否可行、在商业上是否符合用户或客户的期望，以及部署后将产生的额外收入或利润。有时，试验和创新的动力往往是由总部集中产生的，但在如此庞大的跨国集团中，它同样可以由不同国家或地区办事处产生，例如，产生于为特定客户寻找解决方案时，或者产生在技术展览会上与解决方案提供商的一次偶然会晤中。

DHL 供应链公司拥有一支庞大的工程师团队来为他们的客户提供仓库解决方案。例如，如果有招标，那么工程师团队就会详细研究客户的需求，并制订出满足其需求的仓库解决方案。工程师团队还会详细说明各个仓库的流程——记录机器人完成特定任务、挑选产品、将手推车推到下一个挑选位置所需的时间等，并最终计算特定操作所需的资源。

对过程改善或生产率提高的探索自然会伴随着新技术（如机器人技术）的出现。机器人技术的首次研究可以追溯到大约 15 年前，最初是研制包裹部门内集装箱卸货机器人，但最近 DHL 供应链公司的注意力转向了提高仓库和配送中心的容量和配送速度上，特别是在本地仓每周或季节性需求高峰期。

DHL 供应链公司使用适用于所有新技术或创新的标准模板来生成概念验证报告。就流程而言，公司首先会假定某项新技术能够节省的时间，甚至精确到秒，再考虑这项新技术可能带来的投资回报。然后通过仓库中的实际试验来测试这些假设，这通常也会带来很多新的问题和机会。很多时候，使用新技术的结果比最初预期的更加有益和富有成效。

DHL 供应链公司使用一系列关键绩效指标（KPI）来测试每个解决方案，包括安全性、成本、投资回报率和生产率收益。如果新技术符合这些标准，公司将进行用户验收测试，然后进行产品准备测试。在此基础上，这项新技术才得以实施。集团每个部门的实施过程看起来各不相同，但基本上所有新技术实施的最终结果都包括商业模式的改进、运营效率的提高和客户体验的升级。最后是将这一解决方案部署到每个适用的操作中。

7.3 研究发现：机器人技术在仓库中的实用性——DHL 供应链经验

到目前为止，DHL 供应链公司将大部分精力都集中在理解、试验和部署协作机器人解决方案上，以应对挑战并抓住机遇。本节将介绍经过试验的协作机器人解决方案以及这些试验的主要发现。

7.3.1 辅助拣货机器人

由仓库管理系统集成的辅助拣货机器人（assisted pick-to-bin robots）会停在一个拣货位置，并显示要拣选的货物、下一个要拣选的物品及其各自的位置信息。一旦操作员将物品放入货箱，机器人就会自动驾驶到下一个目标位置。

辅助拣货机器人运行和试验中的主要发现如下：

可以根据不同的仓库设计和实施范围缩短拣货周期，从而将生产率提高 40% 左右。可以提高拣选效率和准确性，同时减少协作操作员的总行程。

7.3.2 自动化仓位的点对点机器人

自动化仓位的点对点机器人（automated bin point-to-point robot）可以点对点地运输物品或手推车。在操作员将物品放入货箱后，机器人会自动导航到卸货目的地，并且可以安装用于自动装货和卸货的附加组件（如挂钩）。

自动化仓位的点对点机器人运行和试验中的主要发现如下：

与点对点机器人协作时，操作员的总行程缩短，并根据先前形成的距离相应地提高生产率；其与 WMS 的集成是实现高生产力收益的关键。

7.3.3 自主式货对人机器人

自主式货对人机器人(autonomous goods-to-person robot)是一种自主机器人，可以将载有货物的货架移动到工作站，再由操作员拣选。通过其与 WMS 全面集成的机器学习软件确保稳定地改进任务分配和执行。

自主式货对人机器人运行和试验中的主要发现如下：

好处包括使拣选过程更高效、减少操作员的总行程以及提高存储密度。该机器人可以显著提高拣选和（或）收货的生产率，但这在很大程度上取决于现场的具体情况和利用率。

7.3.4 自主托盘点对点机器人

自主托盘点对点机器人（autonomous pallet point-to-point robot）可以自主地拿起和放下托盘。WMS 集成可以进一步自动化该过程，但也不是必须的。

自主托盘点对点机器人运行和试验中的主要发现如下：

减少操作员的总行程可以提高上架效率（put-away productivity）和减少循环时间，后者平均可以减少 30%。自主托盘点对点机器人适用于绝大多数仓库作业。

7.3.5 辅助拣货托盘机器人

操作员可以远程控制辅助拣货托盘机器人（assisted pick-to-pallet robot）。辅助拣货托盘机器人被手动引导到拣货通道后，由操作员远程控制，跟随他们通过通道。

辅助拣货托盘机器人运行和试验中的主要发现如下：

得益于机器人的跟随模式，高效、免提的拣选成为可能。通过障碍物检测以及与语音拾取等新交互设备的组合可以提高安全性。此外，该机器的使用可以避免操作员反复上下车拣选货物，提高生产率并降低作业安全风险。

7.3.6 半自动超窄通道叉车

半自动超窄通道叉车（semi-automated very-narrow-aisle forklift）是专为在非常狭窄的通道中的操作而设计的，这种设计可以最大限度地利用仓库的存储区域进行操作。使用该装置前，要将装置半自动地驱动到正确的位置，同时调整好所需的高度。该解决方案可以支持操作员进行完整托盘的放置和拣选。定位辅助设备和导航装置是 WMS 集成所必需的。

半自动超窄通道叉车运行和试验中的主要发现如下：

精度和效率都得到提高，同时可以优化驱动、提升路线导航效率。在一些仓库里，收纳和拣选的生产率可以提高 20% 以上。

7.3.7 协作机械臂

协作机械臂（collaborative robotic arm），可支持仓库操作员的增值作业。另一个好处是，这是一个“即插即用（plug and play）”系统，并不需要 WMS 集成。机器人在操作员旁边进行安全操作的同时，接管了重复性和可能令人筋疲力尽的任务。

协作机械臂运行和试验中的主要发现如下：

根据协作机械臂的生产流程和可能的应用，例如，在联合包装方面，部署后的协作机械臂可以将相关生产率提高 20%。

7.4 DHL 供应链公司部署的注意事项

DHL 供应链公司目前正与众多机器人技术供应商合作，向全球客户提供上述许多解决方案。美国 Locus Robotics 公司的 LocusBots™ 机器人作为拣货助手在仓库中完成拣货订单方面展现出巨大的潜力。LocusBots™ 机器人可以协助仓库工作人员一起安全地协同工作，帮助快速定位和运输物品，这样仓库工作人员就不必推车或搬运箱子。机器人通过自主学习以最有效的行进路线穿过仓库，互相交流其观察到的各种建筑物、障碍物、人和事件。DHL 供应链公司开展的相关试验和运行证实，与传统的推车拣货相比，机器人技术可以显著提高仓库工作人员的工作效率和生产率。

仓库机器人领域的另一位先驱是 Rethink Robotics 公司，其以研发的协作机器人 Baxter 和 Sawyer 而闻名。2018 年，Rethink Robotics 的机器人技术被全球领先的先进自动化和机器人技术提供商 HAHN 集团收购。Baxter 和 Sawyer 的简单性使它们的操作程序非常容易编写。用户在使用机器人时，只需举起它们的手臂并向它们展示该做什么，而后机器人就会重复这个动作。这些机器人能够完成一些典型的仓库任务，如在传送带上移动箱子、堆放箱子、将两件物品放在一起等——尽管速度不一定满足正常操作所需的吞吐量要求。

同样针对物流行业市场的还有自主移动机器人，例如，来自 MiR（Mobile Industrial Robots）公司、6 Rivers Robotics 公司或 Fetch Robotics 公司的机器人。这些机器人能与人类安全协同工作，可以携带推车、箱子或货架在仓库内运输货物和材料。当仓库工作人员挑选产品并将其放置在装载平台上后，机器人可以替仓库工作人员进行繁重的体力劳动并将货物运送到卸货点，然后卸下货物，再返回到订单选择器（order picker）。

在按地域部署方面，对于 DHL 等供应链公司来说，性能是至关重要的。在美国、欧洲、日本和澳大利亚等较为成熟的市场，随着其电子商务的加速发展，特别是在本地仓每周和季节性需求高峰期以及劳动力短缺的情况下，自动化（或机器人技术）具有许多优势。DHL 供应链公司在许多方面的业绩增长和以 KPI 衡量的业绩提升（详见 7.2）始终是技术试验和部署的主要驱动力。

在这种情况下，需要注意的是，仓库和配送中心的“状态”是关键。首先，在一个已经实施了新技术的站点，引入新的协作机器人解决方案（详见7.3）或其他自动化技术而获得的性能收益可能会低于目前更侧重人工管理的仓库的收益；其次，硬件解决方案和软件优化之间的联系紧密程度会影响最高回报。因此，仅仅投资机器人并不能带来全部的好处。那么，结论是什么呢？当涉及部署技术以满足供应链4.0的需求时，“千篇一律（one size fits all）”的解决方案不太可能起到作用。

7.5 案例研究：深入了解DHL供应链公司对协作式“辅助拣货机器人”的部署

7.5.1 主要发现

DHL供应链公司率先与LocusBots™机器人的设计者美国Locus Robotics公司合作使用协作机器人（图7.1和表7.1）。LocusBots™机器人与DHL仓库工作人员的协同工作取得了以下的成果：

（1）生产率峰值提高约180%，具体取决于整体仓库布局；

（2）培训时间减少80%；

（3）出错率降低；

（4）员工满意度提高；

（5）拣货员的疲劳度降低。

图7.1 DHL供应链公司部署的LocusBots™机器人

表7.1 LocusBots™机器人相关参数

项目	参数
重量	100 磅（45 千克）（空载）
有效载荷	40~100 磅（18 千克 ~45 千克）
行驶速度	1.4 米 / 秒
充电	110 伏或 220 伏
运行时间	每次充电可运行 14 小时
充电时间	小于 60 分钟

劳动力短缺、成本上升和电子商务对生产率提升的需要都驱动着供应链提高速度和容量，而短期需求激增更是督促 DHL 供应链公司探索多种潜在的仓库机器人解决方案；其他因素则包括机器人技术的成本降低和性能提高。协作式“辅助拣货机器人”成为可以满足当前需求的高价值方案。从本质上说，这些都是最新一代的自动移动机器人（AMR）。AMR 本身就是多年来部署在仓库中的 AGV 的升级版。因为在使用后者时，仓库工作人员每天还是需要在 AGV 运送货物时走很长的距离。相比之下，AMR 比 AGV 更具自主性，越来越复杂的车载智能系统使其能够“了解”其操作环境——通常是通过上传软件，但也可以通过机载程序来“绘制”设施周围的地图。

一些最新的 AMR 能够在工作人员工作时跟随他们并帮助工作人员更快、更准确地拣货。其他的功能还有引导工作人员到达正确的地点，使他们能够“免提（hands-free）”工作；向工作人员提供更高效的选项，以及提出他们应该拣选哪些产品的建议。所有 AMR 的理念是简化工作人员的操作步骤，提高拣货速度和准确度，帮助弥补劳动力短缺。

经过详细研究和严格地应用成本效益法来衡量市场上各种辅助拣货机器人（AMR）的潜在性能收益后，Locus Robotics 公司成为 DHL 仓库和客户最合适的供应商。关于由 Locus Robotics 公司创建的 LocusBots™ 机器人解决方案如何与为何成为首选解决方案，以及后续成功试验带来的好处，下文将进行更详细的描述。

7.5.2 解决方案的识别和试验

2016 年，DHL 供应链公司的一个紧迫优先事项是提高其某客户在美国的供应链容量和速度，该客户是一家销量不断增长的领先医疗设备公司。随着预期的进一步快速扩张，DHL 供应链公司探索了提升现有仓库容量和速度的最有效方法。他们的核心目标是通过提高工作人员的生产率改善工作流程。

DHL 供应链公司于 2016 年通过其北美办事处首次与美国 Locus Robotics 公司进行了洽谈，很快就发现美国 Locus Robotics 公司的解决方案具有巨大的潜力和前景。在初步的会谈和研究证明卓有成效之后，DHL 供应链公司成立了一个项目团队来协调部署时间表，并与 Locus Robotics 公司和客户充分合作进行了一系列试验。部署试验于 2017 年 1 月开始，LocusBots™ 机器人于 2017 年 9 月 25 日正式上线。

2017 年 1 月—9 月，随着整合的进展，进行了多次试验。这是 DHL 供应链公司首次尝试协作机器人解决方案，并很快发现这与仓库中工业自动化解决方案集成截然不同。如果要实现工作人员和机器人的完美协同作业，就必须具备无可挑剔的安全级别，但其存在着更多隐患；不过必须看到，通过工作人员与机器人协同作业获得的收益也是巨大的。

LocusBots™ 机器人在 AMR 中是领先的，图 7.2 展示了 LocusBots™ 机器人的工作原理。机器人到达拣货地点，告诉工作人员需要拣选什么货物，然后穿过仓库将订单上的货品送到包装区；机器人节省了工作人员的时间和精力，并在不增加劳动力成本的情况下显著提高了整体吞吐量和效率。每个机器人单元都有一个集成的扫描仪，即使是多拣选配置，工作人员也能够以近乎完美的准确度提高拣选率。因此与完全手工拣选方法相比，AMR 可以实现各种预期目标，如每小时拣选次数和每次拣选成本的预期目标。

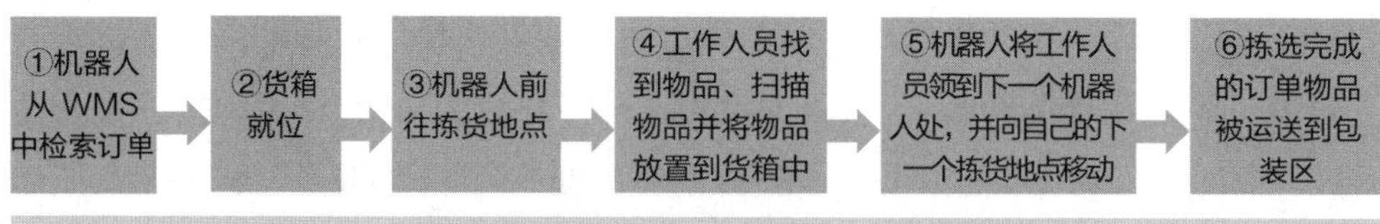

图7.2 LocusBots™机器人的工作原理

该解决方案的关键是使 LocusBots™ 机器人的操作系统（LocusEmpower）与仓库管理系统保持同步。DHL 供应链公司发现，协作机器人系统的编程是一个高度敏感的过程，必须确保准确的信息在 LocusBots™ 机器人的操作系统与仓库管理系统之间来回流动。由于需要考虑系统与人之间交互的同步，整体较为复杂。这样，Locus 服务器与 DHL 供应链公司的 WMS 集成将是一个漫长的过程，但也的确是项目最终成功的关键因素。一旦完成这个连接，两个系统可以互相通信，Locus 服务器就可以立即与一个或数百个 LocusBots™ 机器人通信。

下一步是绘制设施图。这通常需要一个机器人在整个设施中巡航，以此创建一个存储在本地服务器中的地图。然后，通过将任意数量的机器人连接到服务器，该设施的地图自动下载到多个单位。

利用 DHL 供应链公司的仓库管理系统，LocusBots™ 机器人可以自主学习通过每个仓库的最有效的行驶路线。因为与每个机器人的通信方式是相同的，与 Locus 服务器通信的机器人数量变得无关紧要，服务器可根据所需的机器人数量和分拣量进行聚合。

Locus 服务器一旦接收订单，就会实时返回确认信息，同时向管理层提供运作性能数据，如每小时单位数（UPH）、每小时拣货量（PPH）、机器人生产率和状态，以及工作人员生产率。

而后 LocusBots™ 机器人系统的操作就变得简单。从本质上讲，操作系统颠覆了通常的仓库拣货系统：拣货员收到一个拣货清单，或者被指定去下一个拣货位置。相反，Locus 使用区域选择方法或技术，工作人员在仓库单元中负责特定的通道或区域。工作人员需要确保他们的区域是整洁的，使得机器人可以自由地在其中移动。机器人可以识别出哪个拣货员离订单中下一个拣货作业最近，并完全自主地在过道上移动，根据产品所在的位置与不同的工作人员协作。

Locus 优化拣选路线，最大限度地减少订单拣选花费的时间。机器人移动到一个拣货区并显示要拣货的物品信息，一旦拣货员将物品放入机器人的货箱中，机器人就会自动行驶到下一个拣货位置。

试验很快发现 LocusBots™ 机器人与工作人员一起安全协作，有助于快速定位和运输拣选物品，并提高吞吐量和增加准确度。机器人可以自动移动到工作人员所在的位置，最大限度地减少工人行走距离，消除繁重的工作并缓解工作人员的疲劳。

工作人员需要通过培训学会使用 LocusBots™ 机器人中用于简单拣选、触摸和运行等的友好用户界面系统。机器人可以自动检测各种工作人员的语言，以加快工作流程并最大限度地减少错误，还可以在与每个工作人员交互时切换系统语音。从操作的角度来看，这种快速设置意味着一个初始项目只需要使用 20 个 LocusBots™ 机器人，但在旺季时可以通过引入更多的机器人迅速扩张仓库容量。机器人也可以在站点之间移动以满足管理需求。

7.5.3 结论

（1）生产力大大提高，最高提高了约 180%。

（2）工作人员的培训时间缩短了 80%，并从未超过半天。

（3）WMS 和 LocusEmpower 的集成意味着只需添加额外的机器人，就可以逐步或快速扩展容量，这种可扩展性可以更好地应对季节性交易量的增加。

（4）如果 DHL 供应链公司的客户具有不同的季节性产品。例如，商业街零售店会在圣诞节前达到交易高峰，而家庭园艺设备供应商会在春季和夏季达到交易高峰。这意味着可以提供更高的生产率优势，因为机器人可以共享资产并重新部署以应对季节性交易高峰。

（5）LocusEmpower 还具有供应链可见性和透明度方面的显著优势。

（6）客户反应非常积极。

（7）工作人员的反应也很积极——疲劳减少，协作和谐。

（8）自 2017 年以来，无论是在测试期间还是在运营期间，均未发生任何负面安全事件。

7.5.4 未来部署

目前，我们在美国进行了两次 LocusBots™ 机器人部署，总计近 100 台，我们也正在考虑不久的将来在美国和欧洲进行更多部署。具体来说，我们正在为英国的主要服装客户进行部署准备，并确定了总计 37 个渠道机会以供未来实施。

未来，DHL 供应链公司期望 LocusBots™ 机器人能够具备更多功能，包括 LocusBots™ 1.2 的存放产品的能力—而不仅仅是拣选能力。DHL 供应链公司也正在设计一种更大的机器人（图 7.3），这种机器人将能够举起 200 磅（约 90.72 千克）的东西，而目前研发的机器人仅能支撑 100 磅（约 45.36 千克）的东西，更大的有效载荷总是有用的。

图7.3　新开发的 LocusBots™机器人金属框架，用于承载更大的货箱

7.6　协作机器人与供应链 4.0——来自 DHL 供应链公司的观点

传统仓库和配送中心正在快速转型。首先，配送和分销的性质发生了转变，这种转变通常是受客户期望、订单特征和服务要求等变化的影响导致的。在物流术语中，这一转变因素通常被概括为电子商务，但也包括社交媒体、全渠道零售等其他因素。这一趋势催生了一种新型仓库，这种仓库具有高度的柔性、可扩展性、响应性，并在新的合作关系中优化了人和机器的能力。其次，仓储业正在引领技术创新的浪潮，尤其是在物理和机械领域。机器人技术、增强现实技术、自动驾驶汽车技术、传感器技术和物联网正在融合并催生出新的东西：智能仓库。协作机器人技术本质上是这两种趋势交汇的顶点。

从各种调查和研究中可以清楚地看出这些趋势。美国斑马技术公司（Zebra Technologies）进行了一项跨行业调查，以期了解管理人员是否制订了为员工配备智能仓库技术的计划。73% 的受访者计划在 2020 年前增加他们为仓库员工配备的技术装备的数量，而 53% 的受访者计划提高其设施的机械化水平以实现自动化或简化流程。[①] 大多数受访者选择的物理数字化技术是机器人技术。DHL 供应链公司的一项全球供应链调查也得出了类似的结果[②]，39% 的受访者将机器人技术列为未来 3 年对其供应链最重要的机械技术（图 7.4）。

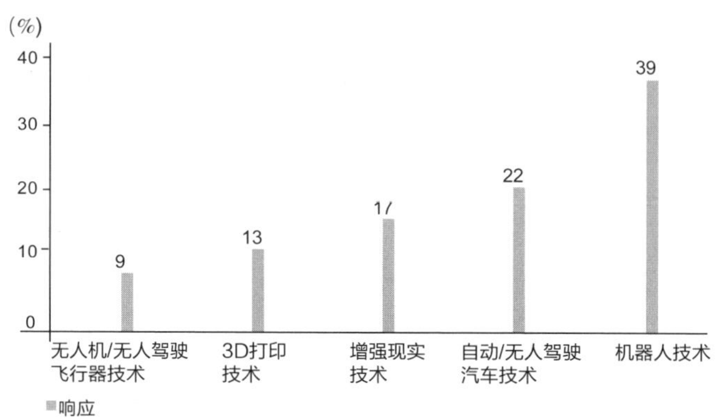

来源：DHL供应链（2017）[③]

图7.4　未来3年唯一最重要的新物理仓储技术

而德勤公司和物料搬运协会[④] 的一项研究预测（图 7.5），未来，关键性机械仓储技术的采用率将迅速上升，其中，机器人与自动化、可穿戴和移动技术的采用率增长最快，分别为 52% 和 43%。仓库机器人技术将迎来高速发展阶段，预计到 2022 年，其市场价值将达到 44 亿美元。电子商务是全球这一增长的关键驱动力。

---

① https://www.zebra.com/content/dam/zebra_new_ia/en-us/campaigns/warehousevisibility-campaign/research/warehouse-survey-2020-apac-en-gb.pdf (archived at https://perma.cc/H5JV-7TJT).

② http://dhl.lookbookhq.com/ao_product_warehousing/whitepaper_warehousing-the-age-of-the-smart-dc?xs=28366 (archived at https://perma.cc/GAD9-UBKS).

③ https://www.google.com/url?sa=t&rct=j&q=&esrc=s&source=web&cd=1&ved=2ahUKEwj3mlLHu_foAhUUTcAKHRAaC9wQFjAAegQIARAB&url=http%3A%2F%2Fdhl.lookbookhq.com%2Fapi%2Fpdfproxy%3Fid%3D28366&usg=AOvVaw23NuzCH7BeKfWbo9wciowX (archived at https://perma.cc/6JWME9A6).

④ https://www.dhl.com/content/dam/downloads/g0/about_us/logistics_insights/dhl_trendreport_robotics.pdf (archived at https://perma.cc/BTP6-HJEJ).

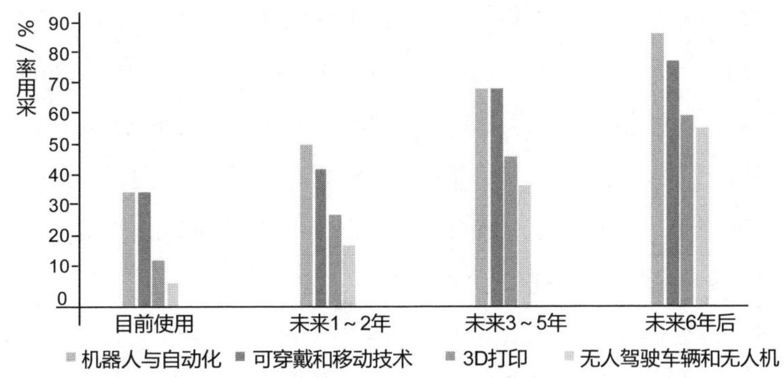

来源：德勤，物料搬运协会（2017）[①]

图7.5 仓储技术的计划采用率

DHL 供应链公司将协作机器人技术视为一场仓储业革命。正如一些研究预测的那样，随着当前解决方案的成熟和改进、技术成本的下降、劳动力短缺加剧，协作机器人完全有可能实现 20%~40% 的复合年增长率。计算能力的巨大进步也提高了机器人在各种环境中工作的能力，加快了将指令转化为行动的速度。例如，20 世纪 70 年代，斯坦福大学推出了首批自动驾驶机器人。该机器人拍了一张其所处环境的照片，经过一个半小时的计算和理解后，才能够安全地向前行驶一米；然后又拍一张照片，并不断重复这个过程。现在，整个过程仅需要几毫秒的时间，期间还包括完成更复杂的任务，例如拣选货物。机器人从 A 点移动到 B 点的过程更为流畅，这主要基于计算能力的提高，使得在几毫秒内完成大量计算成为可能。目前，我们仍处于这一过程的初始阶段，但随着成本的进一步降低，计算机能力和技术的进步以及相应成本的降低，供应链 4.0 将从中受益。当然，随着传感器和摄像技术的进步以及编程要求的简化，本章详细介绍的大多数机器人解决方案都在逐年升级。随着操作技术的改进，增加了协作机器人的部署选项，并缩短了仓库中工作人员的培训时间。

因此，与今天的配送中心相比，未来的机器人仓库的几乎所有生产和运营

① https://digitalandmore.pl/wp-content/uploads/2017/10/pl_MHI_Industry_Report_2017.pdf.

指标都可能有所改进。这些高度可扩展的设施将可以被更灵活、更快速地调动起来。与当前的基础设施相比，它们可以达到更高的生产率和更高的产品质量。新的操作将包括不同类型的机器人，每个机器人都有特定的任务要执行，例如，卸货卡车、共同包装、拣选订单、检查库存或装运货物。这些机器人中的大多数都是移动式和独立式的，它们通过先进的仓库管理系统进行协调，并配备规划软件，以高准确度跟踪库存变动和订单执行进度。

因为每个配送中心的“单点故障”都将减少，总体可靠性也将会提高。由于每个机器人都是一个独立的单元，如果它发生故障，我们能够快速将其推到一边，并用机器人车队中的另一个单元替换它。根据故障情况，我们能够选择在现场修复损坏的机器人，或将其送往中央维修设施。新的机器人将连接到云端，自动下载接管损坏机器人工作所需的知识。

除了与协作机器人一起安全高效地工作之外，仓库工作人员将被赋予更多的责任和更高级别的任务，如管理操作、协调流程、修理机器人、处理异常或对机器人而言困难的命令。他们可能会穿戴上外骨骼（机器人）以帮助举起重物，从而减少压力、疲劳和降低受伤的概率；工作人员将通过简洁的界面安排机器人完成简单重复的任务，工作人员自身则将承担更具挑战性的工作。仓库可根据需要增加已在支持现有劳动力方面取得成功的机器人的数量，这样，小型和大型仓库都将实现生产率的提升。

工作人员只需在高峰时期增加适当的机器人即可，之后其将自动从仓库中移除，并被重新安排到下一个需要的地方，以便根据需求重新平衡配送网络，根据不断变化的需求灵活调整，提升运营能力。未来也会出现机器人租赁和二手交易市场，企业能够减少资本投资，同时进一步提高运营柔性。

未来，许多分拣中心可能会全天 24 小时不间断运行，以便更好地与同样全天候运行的配送中心保持同步。机器人支持的仓库和分拣中心在最后一个班次和第一个班次一样有效，工作人员可以安全地管理机器人并与机器人并肩工作。新的供应链将更加繁忙，每天需要将多批货物运送给最终客户。通过跨班次充分利用设备，能够降低物流成本，并通过处理多个日常交付波次，更快地为最终客户提供服务。

未来，随着技术的成熟和新法规的出台，货物可能会由自动驾驶卡车运到分拣中心，并可以在特定的预定时间段送达目的地。我们将能够使用 GPS 和车场管理系统(Yard Management System, YMS)有效地控制卡车在车场内外的移动。当卡车到达码头门口时，机器人将卸货，并根据包裹的最终目的地对其进行分类。所有这些任务都将受在机器人控制中心工作的工作人员监督，这些人将解决任何机器人处理不了的问题，管理工作流程并作出关键的运营决策。工作人员还将处理任何异常包裹，如需要重新包装、重新贴标签或海关检查的物品。

对机器人的接受使得上述愿景成为近乎可能的现实。机器人技术的发展史上有很多炒作和令人失望的故事，但如果换一个角度，你会看到它正在稳步地向前发展。20 世纪 60 年代的机器人和今天的机器人有着令人难以置信的差异。机器人技术进步的速度越来越快，每天都有新的进展和突破。我们正处在一个机器人将变得更加重要，并且更直接地影响我们生活的时间节点。随着机器人技术的进步和人们对机器人接受度的提高，它们也将以比现在快的速度进入物流领域。

这一趋势被越来越多的人接受，当然，他们对机器人领域的兴趣也因此而增加。政府、大公司和风险投资家向机器人发展注入的资金比以往任何时候都多；零售商们正引领潮流，通过大量投资来拥抱机器人技术；随着技术成本的下降和能力的提高，设备供应商看到了这一趋势并正在将机器人用于他们的物流系统中；低成本的传感器和速度更快的计算机使得以前不可能成功的挑战变得容易达成；工程专业的学生现在看到了真正的发展潜力，并被机器人领域令人兴奋的工作吸引而进入这一领域。

研究表明，在未来 20 年，许多发达国家将出现劳动力短缺。这对电子商务来说是个问题，正如本章阐述的，电子商务增加了仓库对劳动力的需求，并大大增加了流向消费者的包裹数量。物流行业想要寻找足够的劳动力可能会极其困难。对此，物流行业已经看到了用协作机器人替代人工的优势，有效地让工作人员完成更复杂、更有价值的任务，同时提高整体生产率。在仓库部署的带动下，这一进程将加快。

最后，我们看到了两个核心趋势，我们相信这两个趋势将在未来加速发展。

首先，电子商务等供应链需求趋势是更多地依赖于仓库和配送中心，而不是在供应链的其他节点去满足供应链 4.0 的需求。这就增加了对容量的需求，特别是在交易高峰期，带来了巨大的招聘和培训压力，尤其是在劳动力短缺已经很明显的成熟市场中。其次，技术，特别是协作机器人技术，已经提供了解决方案并显著提升了生产力，有助于满足仓库和配送中心对容量日益增长的需求。这项技术和其他类似技术将得到进一步发展，毫无疑问，将以超出本章内容范围的方式发展。我们相信，在未来几年，随着供应链 4.0 的发展，解决方案将使物流行业能够满足仓库和配送中心日益增长的需求。

第8章

利用物联网和大数据改善冷冻食品质量控制：

一个经验案例

亚历山大·路易斯·普里姆（Alexandre Luis Prim）、
蒂亚戈·佩德罗·尼切拉蒂（Tiago Pedro Nicchellatti）、
罗伯托·古拉斯·门德斯（Roberto Goularth Mendes）

供应链中温度变化对冷冻食品的质量有何影响？这是一个关于在供应链过程中可能会产生浪费的问题，同时食品变质也会对公司的声誉产生负面影响。管理人员必须控制冷冻仓（chamber）的温度，使其保持稳定的温度（Kitinoja, 2013）。此外，通过电子表格和在表格中以时间单位管理这些信息是困难的、不安全的、容易出错且不透明的。从这个问题来看，一个基于物联网和大数据的实时解决方案可以帮助管理人员保证食品质量，并持续存储关于产品的众多信息以防意外发生（Shih and Wang, 2016）。

然而，很少有研究分析在运营和供应链管理领域采用物联网（Kamble *et al.*, 2019）和大数据（Fosso *et al.*, 2015）的驱动因素、障碍和产出。因此，本章旨在通过分析一家大型冷冻食品出货（outbound）物流供应商在物流过程中影响物联网和大数据实施的要素，为这一领域的研究贡献一分力量，并通过行动研究（又称动作研究，Action Research）技术对单个案例进行了分析。我们采取了一系列方法对观察、访谈，以及公司文件和报告的数据进行三角测量。

物联网和大数据已成为 O&SCM 主题的重要工具（Frank *et al.*, 2019）。物联网将物理对象连接到互联网，允许公司以数字方式控制任何事物，而大数据则将这些信息整合到一个数据库中。它允许公司基于实时数据作出决策（Brous *et al.*, 2019）。此外，以往研究指出了物联网和大数据对公司业绩的影响（Matthias *et al.*, 2017; Moeuf *et al.*, 2018）。

结果显示，物联网技术能帮助公司确保食品质量——温度检测频率从每天

6 次变为每 5 秒一次。此外，实时控制冷冻仓的温度可以让公司在必要时做出积极主动的决定。而且，公司可以据此提供产品的内部可追溯性以及每种食物的冷冻仓温度方面的信息。在其他方面，通过与咨询小组合作开发一个原型作为解决方案，可以最大限度地减少实施障碍。

这项研究有助于为 O&SCM 领域的数字化提供证据。它扩展介绍了应用、障碍和产出机制的稀缺文献，并通过一个实际案例研究展示了物联网设备的实施情况，以及在冷冻食品链中通过这些设备收集的大数据。从管理的角度来看，物联网和大数据是保证食品安全和质量、实时监控流程以及在影响食品质量的情况突然发生变化时更快作出决策的重要工具。然而，使用这些工具并非易事，我们将在本章介绍一家大型冷冻食品分销商是如何从传统的、基于电子表格的监控方法过渡到物联网和大数据分析的。

8.1 文献综述

8.1.1 数字化转型

从历史上看，颠覆性的技术转型会引发世界的深刻变革。它们根据特征大致分为机械化（工业 1.0）、大规模生产（工业 2.0）和自动化（工业 3.0）等阶段。最新的技术转型是物理和赛博网络系统的集成，被称为工业 4.0，其采用一套虚拟解决方案来解决实际问题，如大数据分析、仿真、物联网、赛博物理系统（cyber physical systems）、云计算、虚拟现实、网络安全、协作机器人以及机器间（machine-to-machine）通信（Moeuf *et al.*, 2018）。

目前，传统企业正面临着技术转型的挑战，产品、服务和流程通过不同的方式进行规划、加工、控制和销售。因此，如果可能的话，企业通常会管理大量数据以实时作出更快、更好的决策。这可以帮助公司作出有效决策，优化流程，降低成本，更好地了解客户并使用数据预测未来（Choi *et al.*, 2018）。

新的商业模式、初创企业和衍生企业在世界各地诞生，其组织结构通常具有柔性，即可以在短时间内实现更快的变革。相比之下，大公司一旦有了严格的结构和既定的程序，就很难采用新兴技术。最后，这些新兴技术通过解决物理和虚拟系统集成的实际问题，帮助大公司过渡到工业 4.0 时代。如前所述，物联网和大数据是这些公司采用的技术工具，可以帮助他们进入工业 4.0 时代（Ben–Daya *et al.*, 2017）。8.1.2 节将进行详细介绍。

8.1.2 物联网与大数据

近年来，“物联网”将任何物理设备连接到数字网络的属性引起了相关领域从业者和学者的关注。物联网指的是与互联网相连的、几乎可以在任何地方进行管理的对象，也称为数字化（Dutton, 2014）。根据 Ben–Daya 等人（2017:3）的说法，物联网：

> 一个通过数字方式连接的物理对象网络，在公司内部以及公司与其供应链之间进行感知、监控和交互，从而实现敏捷性、可见性、跟踪和信息共享，以促进供应链过程的及时规划、控制和协调。

传感器实现物理对象和虚拟网络之间的链接。目前，已经开发了一系列能够实现不同解决方案的设备，例如传感器（接近度、陀螺仪、温度、湿度、压力和液位）、监控器和射频识别设备（Dutton, 2014）。因此，将对象集成到网络可以使公司获得一系列好处，例如，实时、即时或远程地管理事物，并存储和分析大量数据（Gubbi *et al.*, 2013）。

Ehret 和 Wirtz（2017）的研究指出，工业物联网（IIoT）具有广泛的适用性，可以为企业带来新的商业模式和机遇。本章作者认为，企业可以将物联网用于：①提供制造资产（维护、运营）；②处理和分析实时信息（大数据分析、人工智能）；③通过将最终用户引入供应链流程（服务化和通过体验创造价值），提供新的服务。此外，Dutton（2014）强调，物联网的作用将改变人们在工作和个人活动中的行事方式。

一旦物联网解决方案将物理对象连接到互联网，生成的数据就会被存储、处理并转化为对公司有用的信息，由此，大数据概念应运而生。“大数据”是指数据集呈现出高容量、高多样性、高速度等特征的情况（Choi *et al.*, 2018: 1868），它已被广泛应用于各个领域（Lamba and Singh, 2017）。

大数据的应用使企业能够根据生成的信息和客户的偏好高效地管理流程（Lamba and Singh, 2017）。因此，它可以帮助企业发展竞争优势，并使其成为信息驱动型企业（Matthias *et al.*, 2017），让企业可以更快地作出决策，做到信息创新、业务创新，以此创造更大的价值（Ehret and Wirtz, 2017）。在实现上述效益之前，企业实施大数据技术会面临一些挑战。Lamba 和 Singh（2017）描述了企业在投资任何大数据平台之前面临的一系列挑战：①定义数据；②获取大量数据；③获取同质或异构数据以作出更好的决策；④利用数据及时解决问题；⑤合并数据的 4V——数据的数量（volume）、多样性（variety）、速度（velocity）和真实性（veracity）。

很少有实证研究探讨物联网和大数据应用的驱动因素、障碍和产出。Rymaszewska 等人（2017）分析了组织应用物联网的驱动因素，以及利用数字化改善其提供的服务。Brous 等人（2019）论证了采用物联网对决策过程有效性的影响。此外，Kamble 等人（2019）评估了印度零售供应链中物联网应用的驱动因素和障碍。这些实证研究中调查的物联网和大数据应用因素详见表 8.1。

表8.1 实证研究中调查的物联网和大数据应用因素

研究	驱动因素	障碍	产出
Rymaszewska 等人（2017）	生成有关客户偏好的信息、实现与客户的距离越来越近	无	为客户提供更好的解决方案、提高盈利能力、增加客户服务
Brous 等人（2019）	数据的质量和准确性	管理人员难以解读数据、缺乏人事技能	物联网帮助管理人员实时作出决策、详细准确地预测和分析
Kamble 等人（2019）	食品质量、管理冷冻机的浪费和温度、减少能源消耗、信息准确性	缺乏监管和治理、缺乏互联网基础设施、缺乏人事技能	无

一些实证研究强调了物联网和大数据应用的驱动因素、障碍和产出。作为驱动因素，物联网的应用被认为有助于公司形成严密的管理流程（如保证质量、避免浪费、控制温度）和降低能耗（Kamble *et al.*, 2019），数据的准确性有助于公司更快、更主动地做出决策（Brous *et al.*, 2019; Kamble *et al.*, 2019），以及判断客户偏好和提高需求数据的可用性（Rymaszewska *et al.*, 2017）。

障碍，主要包括缺乏收集和管理数据的人事技能（Brous *et al.*, 2019; Kamble *et al.*, 2019），管理人员难以解读数据（Brous *et al.*, 2019），缺乏政府方面的监管和治理以及缺乏互联网的基础设施（Kamble *et al.*, 2019）。

应用物联网和大数据的结果是实时控制和作出决策，并实现准确的预测分析（Brous *et al.*, 2019）。此外，Rymaszewska 等人（2017）指出，一旦通过物联网和大数据技术获得客户偏好的数据，组织就可以为客户提供更好的解决方案，从而提高盈利能力。

8.2 研究方法

为了提供物联网和大数据技术实施的一些实证证据，本章通过行动研究法对单个案例进行了分析。行动研究法指的是一种参与式和协作式的问题解决方法，研究者和管理者之间的直接互动将导致组织变革和新的科学知识的产生（Shani and Coghlan, 2019）。通过更好地理解这一现象以及利益相关者之间关于某一主题的相互影响，为本研究提供了一些思路（Coghlan, 2011）。虽然很少有研究将行动研究法应用于运营管理领域，但行动研究法与本研究非常吻合，涉及规划、实施和实施后阶段从顾问和管理人员那里获得的数据。

我们采用的单一案例方法具备以下优势：①对现象有更深入的理解；②建立对现象的探索性理解；③该案例对理论建设有重大贡献（Yin, 2009）。我们选择的是巴西一家规模较大的冷冻食品出货物流（outbound logistics）供应商，该供应商应用物联网和大数据实时管理冷冻仓。这家公司非常适合作为此次研究的对象，因为它是供应链中新技术的采用者和其他公司的影响者。此外，一个咨询小组加入了该公司，在实施和整合过程中开展协同工作。咨询小组有120多名专家，但只有3名专家参加了本研究——两名经验丰富的顾问和一名项目经理。顾问的职责是创建基础设施和软件，而项目经理整合了所有平台，并投入使用。

数据收集的管理分为三个阶段：规划、实施和实施后。数据来源于6次访谈［与物流经理和IT经理的访谈（2次）、与一名顾问和首席技术官的访谈（2次）（见本章附录）］、120小时的观察以及公司的文件和报告。基于我们在访谈前获得了观察数据，访谈提出开放性问题，通过受访者对项目动机、障碍和产出的看法来检查任何额外的因素。

我们对所有数据进行三角测量以便在分析部分保证一致性。通过Nvivo软件的内容分析功能，对数据进行了适当的记录、转录和归纳分析。编码结构见表8.2。

表8.2　编码结构

第一类	第二类	情况	理论支持
采用的驱动因素	流程和食品质量控制	每天收集6次冷冻仓温度的人工信息，提高食品安全、供应链过程的可见度	Brous 等（2019）、Kamble 等（2019）
	能耗	由于保持仓门打开状态而导致的温度变化	Kamble 等（2019）
	供应链的透明度	向监管实体和客户提供流程信息	—
采用的障碍	专业知识	咨询团队加入公司，创建基于物联网和大数据的解决方案	Brous 等（2019）、Kamble 等（2019）
	信息系统集成	连接物理设备和虚拟平台	—
	实施成本	通过在项目中加入咨询小组优化成本	—
		合作合同——成本分摊	—

续表

第一类	第二类	情况	理论支持
达到的产出	食品质量	确保产品质量	—
		实时监控流程并更快作出决策	Brous 等（2019）
	信息可用性	冷冻仓内温度的虚拟实时监测	Brous 等（2019）
		以电子表格方式向监管机构发送报告	Rymaszewska 等（2017）
	运营成本	降低能源成本	—

8.3 研究发现

该案例展示了一家冷冻食品行业的公司采用物联网和大数据技术来控制其内部流程的情况。该公司是巴西南部地区冷链中最大的出货物流供应商之一，拥有 32 年的运营经验、400 名工人和 250 名分包商，其运营满足约 3000 万巴西公民的日常需求。该公司提供范围广泛的冷冻食品，如鸡肉及其衍生物（如鸡肉、鸡块）、牛奶衍生物（如奶酪、奶油奶酪、牛奶巧克力）、猪肉及其衍生物（如猪肉、培根、香肠）、意大利面及其衍生物（如千层面等）、羊肉、鱼类、冷冻蔬菜和薯条。公司有一个占地 10 万平方米的战略设施，该设施靠近主要高速公路，可以快速进入主要市场。

冷冻仓中的细微温度变化都可能影响食物的储存，从而影响食品质量。因此各食品行业公司开始对物联网和大数据技术感兴趣，旨在满足巴西国家卫生监督局（ANVISA）关于管理冷链风险的要求以及 ISO 22000 食品安全管理体系的要求。此外，管理人员需要注意的是，能源成本约占公司总

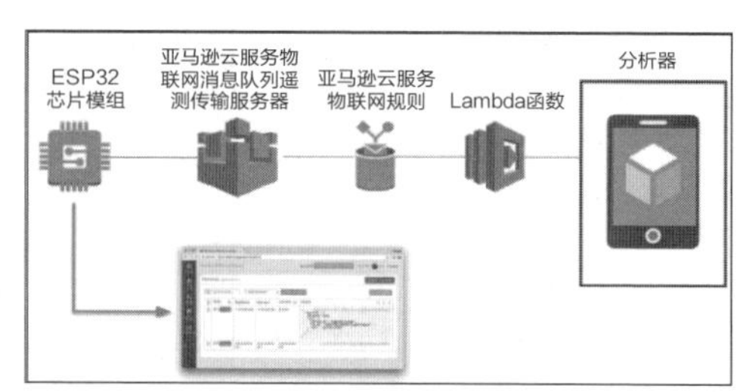

图8.1　咨询小组提出的解决方案

成本的 30%。为了优化温度控制，一个咨询小组参与了本研究，其在 IT 设备和技术方面有丰富的专业知识和良好的声誉。

咨询小组确认，该公司大约每 4 小时监测一次冷冻仓的温度，由一名工人将读数记录在记事本上。这些信息被输入一个用于存储信息的电子表格中，以备监管机构查询时使用。

> 一个人每天大约进入房间 6 次，检查温度并将其记录在电子表格中，这很容易出错。
>
> （物流经理，2019 年）

由此，咨询小组提出了一种基于物联网和大数据的解决方案，可以实时控制冷冻仓温度，每 5 秒存储一次相关信息。

> 通过物联网解决方案，可以在公司的所有环境中添加传感器；这些大数据可以在一个平台上编制索引，这个平台可以为决策者生成商业智能仪表盘。
>
> （首席技术官，2019 年）

图 8.1 为咨询小组提出的解决方案示意图。它总共包含五个步骤，具体如下：

（1）安装两种类型传感器：①冷冻仓仓门上的移动传感器，用来记录仓门的状态（打开或关闭）及其持续时间；②温度传感器，用以确定冷冻仓的温度条件。

（2）所有信息都会自动上传到数字平台（亚马逊网络服务，AWS）。

（3）将从平台中提取的大数据转化为有用的信息，如每 5 秒各冷冻仓的温度、仓门的开启时长时刻表、仓门的开启时间时刻表等。

（4）Lambda 函数使用大数据计算变量以提供管理信息，例如每天的平均室内温度和开门次数。

（5）仪表盘和分析法为计算机和移动设备提供实时信息。

在实施该解决方案的 6 个月中，公司能够通过实时了解各冷冻仓温度和仓门信息（图 8.2 和图 8.3）确保出货物流过程中冷冻食品的质量，并在出现任何问题时作出主动决策。此外，该解决方案还提供了一些通知指令（短信通知、视觉信号和音频信号），以防工人开门后忘记关门，因为未及时关门会增加能源成本并影响食品质量。最后，案例展示了能量矩阵的优化。

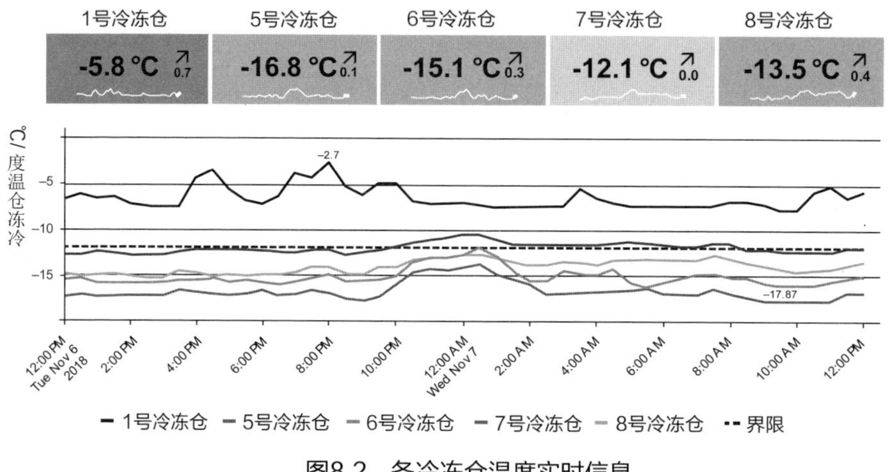

图8.2　各冷冻仓温度实时信息

> 公司最大的成本是电能成本，因为公司需要把所有的食物都放在冷冻仓内，以免食物变质。物联网解决方案可以将能源成本降至最低，从而降低总成本，使公司能够在市场中发展。
>
> （IT 经理，2019 年）

> 如果仓门未完全关闭，系统将通过向管理者发送音频信号或视频信号和短信消息来反馈问题，因为仓门打开时会增加能耗并对电机的要求更高。因此，该解决方案可以帮助我们保证食品质量和降低成本。
>
> （IT 经理，2019 年）

由图 8.2 和图 8.3 可知，该解决方案向管理人员提供了有关仓门和温度的实时信息。图 8.2 显示了一段综合信息，图 8.3 显示了每个仓门、冷冻仓和能耗的详细信息。

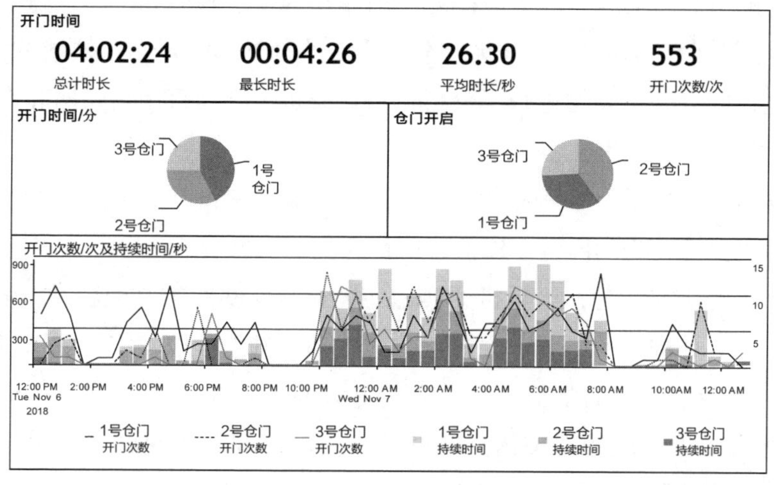

来源：研究数据（2020）

图8.3　各冷冻仓仓门实时信息

在项目进行过程中，我们发现了一些障碍。首先，在实施这个解决方案之前，公司认为采用物联网和大数据的成本会更高，因为他们对物联网和大数据工具的了解有限。为了降低实施的风险，一个咨询小组加入了这个项目。因此，专家运用所有专业知识协作创建了一个解决方案。最后，这些公司通过连接物理设备、平台和管理人员的仪表盘，创建了一个控制冷冻仓内温度和降低能源成本的解决方案。

该解决方案的投资额达 18 万美元，包括基础设施费用、咨询和工时费用、软件许可证和维护费用。相比之下，通过减少能源消耗（约占总消耗量的 1.15%）每年节省了 26 万美元的费用，以及由于管理控制而调离 3 人使得每年可节省约 3 万美元。由此看来，投资回报率（ROI）实现正增长只用了不到 8 个月（12 个月 ×180 000 ÷ 290 000=7.45 个月）。此外，作为一家关注冷链工艺的公司，该项目在市场上产生了积极的反响，从而增强了其品牌影响力。

8.4 结果讨论

先前的研究对物联网和大数据应用的驱动因素、障碍和产出进行了有限的讨论（Frank *et al.*, 2019）。因此，本研究致力于推动 O&SCM 领域的工业 4.0 文献研究，并对一个案例进行了分析，重点分析了公司采用物联网和大数据的驱动因素、障碍和产出。

根据目前的文献，本研究的发现集中在实施物联网和大数据来控制冷冻仓的温度，以保证食物的质量。以前，工作人员每天检查 6 次冷冻仓；Kamble 等人（2019）的研究认为，该项目的实施使公司能够实时控制流程并节省 1.15% 的能源成本。此外，本研究建立在过去文献的基础上，以对客户和监管实体的透明度为采用本研究的附加因素。它的好处是可以提供产品到达任何一家商店之前所有发生情况的有关信息。此外，内部流程的透明度可以引导公司与其供应链合作伙伴和监管机构建立更紧密、更良好的关系（Rymaszewska *et al.*, 2017）。作为整个冷链中透明度较高的一部分，有关冷冻仓操作过程的相关数据内容将不断发展和完善。

目前的文献提到，缺乏监管和治理、缺乏互联网基础设施、缺乏人事技能、管理人员难以理解数据是实施物联网和大数据的障碍（Brous *et al.*, 2019; Kamble *et al.*, 2019）。本研究发现了类似的结果，一个咨询小组加入了这个项目，并以专业知识为公司提供可行的解决方案。此外，咨询小组还建议该公司将一组设备集成到集成平台中。

还有一个障碍与实施成本有关。为了最大限度地降低风险并签订一份可行的合同以推进项目，公司和咨询小组制订了一份合作合同，从而降低了双方的成本。咨询小组为这项应用带来了相关的专业知识，而公司为项目提供了所需的资源。因此，两家公司都为其业务组合增加了价值。从理论角度来看，我们在前人文献（Brous *et al.*, 2019; Frank *et al.*, 2019; Kamble *et al.*, 2019; Rymaszewska *et al.*, 2017）的基础上，将实施成本确定为实施物联网和大数据的额外障碍并提供来自冷链的投资回报数据。

本研究的结果与以往关于物联网对实时信息监控操作的研究（Moeuf *et al.*,

2018）类似，即确保食品质量（Kamble *et al.*, 2019），并帮助公司作出更快的决策（Brous *et al.*, 2019; Hsu and Yeh, 2017）。通过对这些因素的深入研究，本研究还指出了通过控制冷空气从冷冻仓中逸出的途径，可以提高能源效率。

最后，本研究还以已有文献为基础，展示了物联网和大数据工具是如何运用的，提出了物联网和大数据实施的动机、思维过程、障碍和产出。由此，本研究一系列采用因素可以为 O&SCM 领域的理论发展提供思路（Choi *et al.*, 2018; Lamba and Singh, 2017）。

8.5 结论

先前关于运营和供应链管理的文献提到物联网和大数据是管理运营数据的潜在工具。然而，关于企业如何实施物联网与大数据、实施的动机、存在的障碍、驱动因素和潜在产出的讨论十分有限。因此，我们对单一案例及其采用因素进行了深入研究和分析。这项研究指出了公司采用物联网和大数据分析的驱动因素、障碍和产出。虽然一些结果与当前文献相似，但本研究增加了一些额外的因素。"对客户和监管实体的透明度"是一个额外的驱动因素，"实施成本"是一个障碍，而物联网和大数据的采用带来的能源效率是一个产出。

这项研究还有助于管理人员将物联网和大数据当作实时监控供应链流程、作出主动决策、降低运营成本和提高产品质量的工具。本研究解释了一些思维过程，例如，减少学习曲线的合作伙伴关系、涉及的设备和平台以及项目的障碍和结果。此外，它还具有不可概括化的特征，管理者可以将此案例作为在其他公司推进物联网和大数据实施的基准。

这项研究有一些值得注意的局限性：①由于分析的是单一的案例，因此不能一概而论；②研究只包括一个参与者，而不是整个供应链。未来的研究者可以通过研究成功或失败的案例、产出以及不同行业的公司采用物联网和大数据的制度障碍的影响来推进这一主题的研究，并检查整个供应链的更多参与者采用物联网和大数据的情况。

附录：访谈大纲

背景

1. 你能告诉我们你在这家公司任职前的背景吗？

动机

2. 你采用物联网和大数据的动机是什么？
3. 为什么选择物联网和大数据？

项目

4. 你有没有遇到任何初始问题？
5. 项目是如何发展的？

实施

6. 你是如何实施这个项目的？
7. 你在实施过程中是否遇到障碍？

结果

8. 采用物联网和大数据的经济效益如何？
9. 有哪些社会和环境效益？

第 9 章

预测配送的中转时间：

出货物流案例研究

齐娜 · 本 · 米莱德（Zina Ben Miled）、杰里米 ·
阿奇博尔德（Jeremy Archbold）、布鲁克 · 勒妮 ·
科奇努尔（Brooke Renee Cochenour）

由于参与者数量的增加以及与供应链网络交互的货物数量和频率的增加，供应链系统变得越来越复杂。幸运的是，这种复杂性正在被机器学习（ML）、数据分析和实时跟踪等新兴技术抵消，这些技术有助于提高供应链管理的效率和敏捷性。例如，供应链 4.0 要求在整个价值链中使用这些技术进行智能规划。

本章介绍了机器学习在出货中转时间预测中的实际应用。出货物流指的是将货物从供应商的装货点运输到客户的交货点，通常通过第三方承运人进行。提高这一过程的效率可以减少供应商的库存并提高客户满意度。

一般来说，根据其预测范围，预测模型可以分为两类：长期预测模型用于规划和做出战略决策，而短期预测模型用于支持运营决策。对于出货物流，需要进行长期预测以估计发货计划期间的配送交货提前期（lead time），这可能在发货日期的前几天进行。一旦货物离开供应商地点，可能需要通过短期预测模型来估计到达客户地点的时间。后一种短期分销预测模型已得到研究人员和商业供应商的广泛关注。事实上，目前正在使用诸如 Geotab[①] 和 FourKites[②] 之类的解决方案，以利用卡车上的交通流量数据和电子记录设备来估计在途货物到达的时间。

在一个集成的生产—分销供应链的背景下，以及从制造商的角度思考，长期预测模型实际应用较少。发货计划人员面临的一个典型问题是“如果我在给

① www.geotab.com (archived at https://perma.cc/MF-M5UL).

② fourkites.com (archived at https://perma.cc/5L2D-Y5W6).

定日期安排发货，预计的运输时间是多久？”通常，每条路线都会建立一个静态交货提前期。该交货提前期是根据同一路线上以往运输时间的总体概率分布估算的，并未考虑天气、基础设施条件和社会事件的影响。

本章描述了一个模型，用于估计给定装运的运输时间。第 1 节回顾了相关工作。第 2 节描述了用于开发所提出预测模型的方法。第 3 节介绍了该模型在 7 条线路上的应用结果。第 4 节分析了这些模型及其局限性。第 5 节讨论了所提出的出货物流方法的实际应用及未来工作的大纲。

9.1　文献综述

供应链模型根据其集成程度可分为三类（Chen, 2004），分别是：进货（inbound）运输和生产；生产和出货（outbound）运输，进货运输、生产和出货运输。如果没有整个供应链流程的整合和协调决策，每个利益相关者都会采用一种不必要的缓冲方案，即延长交货提前期或使库存过剩以解耦这些流程，并降低相关的中断风险。虽然整合和协调这一目标仍未完全实现，但有意思的是，本章作者在十年前对完全实现这一目标是持怀疑态度的，因为在当时，不同组织之间实现信息共享存在着障碍。

避免缺乏及时的信息共享和紧密协调的决策而造成差距的一种方法是预测建模。这种方法利用了供应链中各个部门的组织最近创建的数字化主干（digitization backbone）。事实上，组织可以使用他们的历史数据，并结合不断改进的外部数据流，根据他们的特定需求来预测未来交易的状态。为了实现这一目标，供应链 4.0 提倡使用机器学习和数据分析来改进整个价值链的规划和决策自动化（Kückelhaus and Chung, 2019; Alicke *et al.*, 2016）。然而，将这些技术转化为实际利益时，必须考虑不同用户的需求。事实上，给定组织内和跨组织的参与者需要具有不同背景的定制信息。

本节简要回顾了供应链中具有代表性的预测模型，该模型采用了类似于 Chen（2004）提出的基于物流的分类，即交通运输、进货物流、出货物流。

9.1.1 交通运输

有两个可大规模使用的交通数据来源：第一个是交通流数据，它是由关键基础设施位置（如高速公路收费站和交通灯）的固定传感器收集的；第二个是跟踪数据，是由用户通勤期间使用的智能手机或连接在车辆上的远程信息处理设备收集的。

早期的试点（pilot）展示了基于交通流数据的机器模型预测短线路段城市交通时间的能力（Chen *et al.*, 2010）。这一概念现在是商业解决方案（如 INRIX）[①] 的核心，它依赖于统计模型，通过对路线各段情况进行汇总，并基于路线的当前和历史交通流数据估计通行时间；另一个示例解决方案 PCMiler[②] 将来自 INRIX 的交通流数据与天气数据结合，以此估计到达时间。

Geotab[③] 和 FourKites[④] 是车队管理解决方案的示例，这些解决方案从配备远程信息处理设备的车辆中收集跟踪数据，平均每 15 分钟对车辆进行一次定位，然后将这些信息传达给供应链合作伙伴，为他们提供几乎实时的运输途中数据。

上述解决方案适用于估计短预测时间（几小时）内的运输时间，并已考虑相关事件（如道路建设、天气状况和社会事件）的影响，因此基础模型的精确度非常高（van der Spoel *et al.*, 2017）。

当从多个网络聚合时，交通流数据可用于交通管理决策所需的短期和长期预测。例如，Basso 等人（2018）利用交通流数据，提出了一个具有短期预测功能的路段事故模型。Chen 等人（2012）介绍了中国某省份的货运交通预测模型，该模型也使用了交通流数据，且具有长期预测功能，有助于交通基础设施规划。

远程信息处理设备的日益普及也促进了服务提供商[⑤] 的出现，这些服务提

---

① inrix.com.

② Routing, mileage & mapping software that drives the transportation industry: pcmiler.com.

③ www.geotab.com.

④ fourkites.com.

⑤ 供应链风险管理平台：resilience360.dhl.com (archived at https://perma.cc/K49X-K7PH); Stop shipping air: transmetrics.eu (archived at https://perma.cc/P7zQ-2GGU).

供商通过利用这些数据进行长期趋势分析和预测分析，帮助供应链参与者从跟踪数据中获得更多收益。

9.1.2 进货物流

对于配送中心和客户来说，进货物流的提前期预测非常重要。对于配送中心，预测范围通常很短（几小时），并允许安排交货点和设备。例外情况包括从制造商到靠近客户的配送中心的进货物流，可能会出现交货期延长。

van der Spoel 等人（2017）介绍了一个预测卡车到达荷兰配送中心时间的模型。该模型的预测范围约为 2 小时，并在假设该范围内的流量已经包含天气和道路状况信息的情况下使用交通流数据。然而，经过进一步的探索，本章作者发现，同时使用交通流和天气数据的模型优于仅使用交通流数据的模型。

对于客户来说，产品从订货到交货的交货提前期（包括进货运输）是很重要的。这些交货提前期可以有一个扩展的预测范围。目前，客户为每种产品定义了静态交货提前期，这种做法可能导致重大浪费（Alicke *et al.*, 2016）。

在进货物流规划的背景下，Dogan 和 Aydin（2011）讨论了一种可把总成本降至最低的供应商选择模型，该模型的预测因素包括供应商的财务状况和按时交货的能力；Emcien[①] 提供了类似的解决方案，该解决方案使用客户的历史数据来估计特定产品延迟交付的条件概率。

上面的例子展示了客户在规划预测建模方面的主要兴趣，即降低产品采购成本和最小化产品交付延迟。后者同样是供应商关注的要点，从出货物流的角度来看，这也是本章的重点。

9.1.3 出货物流

最近一项关于供应链数据分析的调查（Tiwari *et al.*, 2018）显示，致力于提

---

① iemcien.com (archived at https://perma.cc/5W9D-MGMV).

高分销效率的研究极其有限，而智能规划对于将供应链风险的响应措施从被动转变为预期是必要的。另一项调查（Cavone *et al.*, 2017）显示，配送是供应链中浪费的主要环节之一，可以基于机器学习的算法改进货运物流建模。

Rohmer 和 Billaut（2015）讨论了一个侧重于出货货运物流的模型示例。该模型利用两个线性规划协作代理优化生产作业调度和配送路线规划。最近的一项研究（Lin *et al.*, 2018）基于 B2C 在线购物模型，使用循环神经网络预测交货时间。

本研究提出了一种方法来开发可供供应商在装运计划期间使用的装运运输时间预测模型。

9.2 研究方法

考虑动态事件的预测模型是未来供应链分析的方向（Speranza, 2018）。在所提出的模型中，每批货物都有一组从三个不同来源提取的输入特征：推特[①]、天气和供应商装运数据库。接下来将描述输入特征的提取过程以及用于导出所建议中转时间模型的方法。

9.2.1 数据集

本研究中用于培训和验证模型的数据集是从美国供应商装运数据库中提取的。具体来说，本研究选取了 7 条路线，这些路线数量不到供应商提供服务的实际路线的 1%。本研究选取的路线具有不同距离和地理位置，因此具有一定代表性，可用于对所提议方法的优点进行初步评估。

上述供应商数据由两个外部数据集补充：社交媒体和天气；前者摘自推特，

① developer.twitter.com (archived at https://perma.cc/G3RM-ZDUC).

后者摘自 NOAA[①]。之所以选择这两个来源，是因为它们提供了公开可用的历史数据。三个数据集的组合构成了拟建模型的输入特征，如表 9.1 所示。推特和天气特征是数字的。除发货日期外，所有供应商特征已进行分类。

表9.1 拟建模型的输入特征

特征	定义
—	推特
道路、事件、事故、交通	每个关键字出现的频率
—	天气
Tmax, Tmin	最高和最低温度
Rmax, Rmin	最大和最小降雨量
Smax, Smin	最大和最小降雪量
—	供应商
Sdate	发货日期
Stype	装运类型（例如整车装载、部分装载、油罐车）
Dpriority	交货优先级
Ditem	交付物品
Carrier	承运人身份证明
Dgood	危险品指示（是 / 否）
Lpoint	装运的装货点

来源：OSRM，有修改

每一条路线都由一个始发地和一个目的地的邮政编码划定。处理外部数据的第一步是将这些邮政编码转换为沿途的地理编码和地理围栏。每个地理围栏

① 美国国家海洋和大气管理局：noaa.gov (archived at https://perma.cc/49K5-7LAN).

都有一个半径和一个由经度和纬度表示的中心，分别使用地理编码和地理围栏应用程序（如 Geocode[①] 和 OSRM[②]）转换路线，每条路线只执行一次这种转换。图 9.1 描述了一个示例路段的此过程。

第二步是从推特中提取相关特征。通过使用日期、路线中的地理围栏和一组查询关键字检索推文。通过使用目标装运日期、路线沿途的所有地理围栏，以及一组查询关键词（“道路”“事件”“事故”和“交通”）来检索推文。这些查询关键字的选择基于对多条路线上的几条推文的检查结果，例如，上下文包含诸如“道路拥堵”和“道路建设”的推文被整合在关键字“道路”下，因为推文中同时出现了基本术语“道路”。未来可使用一种提高提取效率的方法，如依赖于语义分类器（semantic classifier）（Mikolov *et al.*, 2013），这样可以更准确地评估每条推文与给定路线运输时间的相关性。

一旦完成上述提取，重复的推文就会被删除，并且可将提及每个关键字的推文总数相加，按照词袋（bag of words，Joachims, 1998）方法将每个关键字出现的频率用作模型的输入特征（表 9.1）。我们需要选择这种方法来降低模型的计算复杂性，因为供应商可能有超过一千条路线，而每条路线都对应一个模型。

第三步的目标是提取天气特征。根据每条路线上的气象站与地理围栏中心的距离标识气象站（图 9.1），然后再提取温度、降雨量和降雪量的每日最小值和最大值（表 9.1）。这些数值沿路线整合以创建总体每日最小值和最大值。

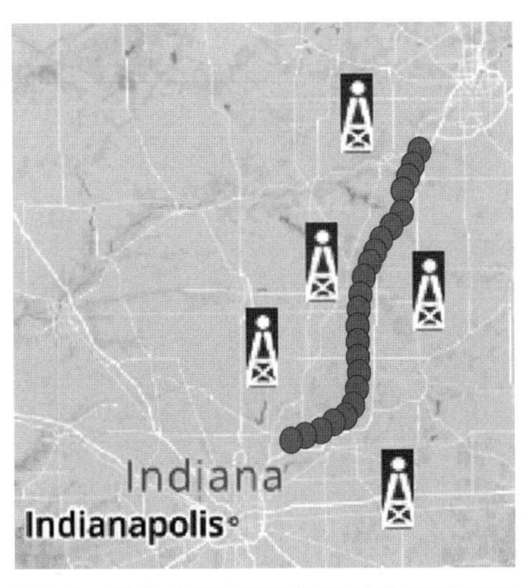

图9.1　带有地理围栏和气象站的路段示例

① geocode.ca (archived at https://perma.cc/DCZ7-D3NZ).

② 开源路由机：project-osrm.org (archived at https://perma.cc/K957-HGD5).

第三组输入特征来自供应商装运数据库（表 9.1）。发货日期映射到一个月的第几天（即从第 1 天到第 31 天）。可以采用不同的方法将发货日期映射为数值，例如，可以根据一年中的某一天或一周中的某一天对发货日期进行映射，也可以把一年中的某一天和一周中的某一天进行组合。根据初步调查，我们选择了使用月份中的某一天。当然，这一点还需要进一步分析，因为这取决于路线的特点（即城市或农村）和装运频率。该组中的其余特征以分类值的形式进行编码，包括：装运类型（如整车装载或部分装载）；交货优先级，代表交付货物的优先级；交付物品，代表交付的物品；承运人身份证明；危险品指示，用于确定交付的产品是否属于危险品类别；装运的装货点。表 9.2 给出了具有三个特征组的装运记录示例。

每批货物的运输时间也来自供应商装运数据库，按实际到货时间与离港时间之差计算。实际运输时间用于训练拟建的模型，并根据测试装运的预测运输时间评估其准确性。

表9.2　具有三个特征组的装运记录

特征	数值
道路	2
事件	14
事故	1
交通	1
Tmax	17
Tmin	10
Rmax	2
Rmin	0
Smax	0
Smin	0
Sdate	2/15/2019

续表

特征	数值
Stype	部分装载
Dpriority	2
Ditem	10
Carrier	Logistics Inc.
Dgood	是
Lpoint	3

9.2.2 运输时间模型

可以同时使用几种机器学习分类技术开发目标模型。例如，van der Spoel 等人（2017）提出的进货到达时间预测模型使用了两种机器学习分类技术，即支持向量机（SVM）算法（Cortes and Vapnik, 1995）和随机森林（Random Forest，RF）算法（Breiman, 2001）。支持向量机是一种非参数分类器，其利用超平面将数据分为两类，训练阶段的目标是定义超平面，它能以最佳方式将两类数据分开。最接近超平面的输入记录（即向量）是支持向量，可以描述分类。当特征空间不是线性可分时，利用核函数（如多项式、径向基或双曲正切函数）将特征转换到不同的空间，以便识别适当的超平面。

随机森林是一种特别的机器学习技术，它是多个决策树的集合。在训练过程中，每个决策树都是使用可用训练数据的子样本构建的。最初，最能将子样本中的记录分开的特征被分配给树的根，从而创建两个子集：左子集和右子集。然后对每个子集重复该过程以创建左子树和右子树。尽管可以使用多个停止判据（stopping criteria），但通常情况下，当一个记录被分配到其中一个类时，树会停止增长。随机森林中的每个树都是不同的，因为它是使用原始数据的不同子样本得出的。

正如 van der Spoel 等人（2017）所述，我们还对随机森林和支持向量机进行了实验，发现它们具有可比性。本研究选取具有径向基核函数支持向量机（SVM with a radial basis function kernel），为每条路线建立了一个机器学习模型。如上所述，基本的支持向量机模型是一个二元分类器（即两个类）。为了采用这种方法预测运输时间，需要一个多类分类器，每条路线的分类器数量是根据运输时间的范围确定的。在本研究中，运输时间是以天数衡量的，其中，运输时间等于 0 对应当天的交货，一天的运输时间对应于次日交货。对于每一条路线，运输时间的有效范围是基于历史供应商发货数据集定义的，最小值设置为给定路线的所有装运的最短运输时间；最大运输时间定义为平均运输时间加上标准差。该最大值的建立是为了消除数据集中的异常值，减少每条路径所需的分类器数量。数据集中的异常值通常是数据输入错误造成的。例如，平均运输时间为一天（即次日交货）的路线可能包括运输时间等于 30 天的历史装运，这是装运月份输入错误造成的。为运输时间定义一个合理的最大值可以消除这些错误的运输时间；当然，这种方法也可能会消除有效的运输时间。任何情况下，对于这些异常的运输时间都没有足够的数据训练分类器。也就是说，为每条路线选择适当的最长运输时间是一个亟待解决的问题，这取决于增加的预测精度和额外分类器产生的开销之间的权衡。

对于运输时间范围内的每个值，都会开发一个分类器。例如，如果给定路线的运输时间范围为 0~2 天，则会开发 3 个不同 SVM 分类器的集成。第一个分类器的目标是识别运输时间为 0 天的货物。类似地，第二个和第三个分类器的目标是识别运输时间分别为 1 天和 2 天的货物。每个分类器都使用“一对多”方法进行训练（Schiilkop *et al.*, 1995）。然后将分类器的结果进行组合，以估计目标路线上任何货物的运输时间。

每条路线的分类器集合使用一组货物装运数据进行训练，并使用一组不同的货物装运数据进行测试。就本研究而言，训练用的装运数据跨度为两年，即从 2017 年 1 月 1 日—2018 年 12 月 31 日。测试用的装运数据提取于 2019 年前 6 个月，这样选择训练和测试用的装运数据保证了训练和测试数据集之间的分离。此外，它与此应用程序的目标一致，即使用历史装运数据来估计未来装运的运输时间。使用平均绝对误差（MAE）测量模型性能，定义如下：

$$\mathrm{MAE}=\frac{1}{n}\Sigma_1^n|\text{预测运输时间}-\text{实际运输时间}| \qquad (9.1)$$

其中 n 是测试数据集中的装运数量。

所提出的运输模型的架构有两个重要方面，即输入特征和预测范围。为了分析每个特征对模型预测性能的影响，使用了基于包装器（wrapper-based）的（Khalid *et al.*, 2014）降阶方法（reduction approach）。这种方法是迭代的，在每次迭代过程中，消除一个输入特征，并比较有无该特征的模型的 MAE。如果 MAE 中的差异具有 60% 或更高的 z 值（z-score），则保留该特征，否则，它将被消除。这种方法有助于识别给定路线模型中关联度最高的特征。

就预测范围而言，通常在实际装运日期前 5~10 天计划装运。可提供装运日期前 1~15 天内不同精度的天气预报值。然而，推特事件在扩展预测范围内的有效性取决于事件的类型。例如，一条主要道路的建设可能持续数周，而交通事故的影响可能只持续几个小时。本研究针对示例路线评估了扩展预测范围的影响。

9.3 研究发现

本研究中选择的 7 条代表性路线被标记为 A 到 G。如表 9.3 所示，这些路线的距离、行进方向和平均运输时间各不相同。路线 A 和 B 从同一个始发地出发。路线 C、D、E 和 G 也具有相同的始发地。正如预期的那样，长路线的平均运输时间较长，而短路线的平均运输时间较短。表 9.3 中还显示，根据各自的运输时间标准差，给定路线的运输时间可能会有很大差异。例如，最长的路线 C 的平均运输时间为 2.5 天，标准差为 7.3。相比之下，最短路线 A 的平均运输时间为 0.7 天，表明大多数货物可于当天或次日送达。表 9.4 显示了每条路线的训练装运数量、测试装运数量和相应模型的 MAE（见公式 9.1）。MAE 是预测和实际运输时间之间差异的度量，MAE 越低表明模型越精确。

表9.3　每条路线的距离、行进方向和平均运输时间

路线	距离 / 千米	行进方向	平均运输时间 / 天	运输时间标准差
A	111	东北—正北	0.7	0.7
B	193	东北—正南	0.8	0.7
C	1587	东南—正北	2.5	7.3
D	463	东南—正西	1.4	2.4
E	484	东南—正西	0.8	0.9
F	653	西南—正南	1.2	1.0
G	309	东南—正西	1.6	7.0

表9.4　每条路线的训练装运数量、测试装运数量和MAE

路线	训练装运数量	测试装运数量	MAE
A	1923	360	0.59
B	989	147	0.41
C	1188	235	1.07
D	1383	364	0.84
E	1288	244	0.71
F	2096	362	0.64
G	1267	254	1.20

大多数模型都经过超过 1000 条装运数据的训练，所有路线的数据集的训练和测试装运数据分割比例分别约为 80% 和 20%。表 9.4 显示，所有路线的 MAE 均小于运输时间标准差。该表还显示，预测模型可能对较长路线比对较短路线更有用。例如，模型预测最长路线的通过时间，误差为 1，路线的平均运输时间为 2.5 天，标准差大于 7。对于最短路径，模型预计的运输时间误差为 0.59，

其中该路线的平均运输时间为 0.7 天，标准差为 0.7。

表 9.4 中的机器学习模型使用了表 9.1 中列出的所有特征。使用 9.2 节中描述的基于包装器的降阶方法来获得每条路线的最小模型。表 9.5 列出了降阶（维）特征模型（reduced features model）中每条路线保留的特征集。降阶模型（表 9.5）的 MAE 低于或与全特性模型相当。因此，降阶模型保留了它们的预测性能，同时使用了比原始模型更少的特征。

表9.5　每条路线的重要特征

路线	推特	天气	供应商	降阶模型的 MAE	完整模型的 MAE
A	事件	Tmax, Smax, Smin	Sdate, Carrier, Lpoint	0.43	0.59
B	交通，事故	Tmax, Tmin, Rmin	Sdate, Ditem, Lpoint	0.37	0.41
C	—	Tmax, Smax	Sdate, Lpoint	0.88	1.07
D	—	—	Sdate, Lpoint, Stype	0.86	0.84
E	—	Rmax, Smax, Smin	Sdate	0.55	0.71
F	事件	Tmax, Tmin, Rmin, Smin	Stype	0.47	0.64
G	—	Tmin, Rmax, Smax	—	1.17	1.20

通常，降阶模型的较低误差表明被消除的特征是有噪声的。在所有路线中，除路线 D 外，降阶模型的 MAE 均低于完整模型。这三组特征都存在数据丢失和噪声。事实上，推特数据可能非常稀少，特别是对于短路线，某些站点的天气信息可能会丢失，供应商的数据可能包含错误的数据或可能是恒定的。

研究还注意到，大多数相关推文都是由少数关注监控其地理位置内的交通用户发布的。这些用户多生活在城市地区。例如，推特的特征对路线 D 的降阶模型没有贡献。在研究期间，这条路线的查询关键字相关的推文数量非常有限。

如表 9.5 所示，天气特征对大多数路线都很重要。除了例外模型路线 D，它似乎不受天气影响。对该路线的输入天气特征的审查表明，在研究期间，气象站没有记录降雪，而且温度和降雨量的记录值变化不大。

由于为每个单独的路线建立了一个模型，因此在某些路线的供应商特征中可以观察到的变化很少。例如，对于路线 G，装运类型、交货优先级、交付物品、承运人身份证明和装运的装货点都是恒定的，因此与预测运输时间无关。也就是说，供应商在这条路线上使用同一个承运人，按照固定的时间表运输单类产品。对于路线 A 也可以观察到类似的情况，其中装运类型、交货优先级和交付物品也是恒定的。然而，与 G 路线不同，A 路线上的货物并非定期装运，发货日期、承运人身份证明和装运的装货点的重要性表明了这一点。

以上结果显示了机器学习模型基于当前天气和推特数据估计货物运输时间的潜力。即使以较低的精度为代价，具有扩展范围的模型也可以通过灵活的缓解方案来更好地满足装运人员的计划。通过使用最长 15 天的可用预测天气数据，可以扩展天气数据的范围。然而，社交媒体数据受制于用户发布的事件和交通信息，以及这些信息在很长一段时间内的有效性。为研究这一方面的问题，我们使用推特数据对路线 B 的降阶特征模型进行了测试，测试时间为发货日期前 1~5 天。由此产生的 MAE 为 0.46~0.54。这些误差高于路线 B 的 0 天模型的 MAE 0.37（表 9.5）。这种性能的下降是预测范围延长以及在发货日期前几天无法获得相关的推特信息造成的。

9.4 结果讨论

本章提出的预测运输时间方法被应用于分析美国的 7 条不同路线，发现较长路线的模型往往比较短路线的模型更准确，这似乎表明较短的路线更可以从每小时的运输时间模型中而不是每日的模型中受益。

降阶特征模型强调了每个特征对预估出货运输时间的贡献。这一贡献因路线而异。这种差异可能与路线类型（如农村与城市）以及路线上订阅推特并提供与路况相关信息的通勤者数量有关。

一般来说，天气特征有助于预测所有路线的通过时间，这一观察结果与

van der Spoel 等人（2017）的研究结果一致。

从供应商装运数据集中提取的特征对模型性能的影响比最初预期的要小。形成这一趋势主要是由于某些路线中代表供应商特征的值可能是恒定的（例如，同一产品的定期计划装运）。

供应商数据、始发地和目的地的地理位置以及路线长度的可变性可能会显著影响模型的预测性能。需要对路线和装运过程的特征进行进一步的调查，以了解研究结果中观察到的潜在趋势。

扩大建议模型的预测范围是因为它允许装运计划人员主动探索补救方案，例如转换模式或使用多个承运人。如 Kate 等人（2016）所述，与短期预测范围相比，具有较大预测范围的预测模型可能更难开发，并且可能不太准确。然而，它们在规划中更有用（Prytz *et al.*, 2015）。本研究比较了路线 B 的预测范围 1~5 天的模型。虽然扩展预测范围导致了准确度降低，但路线 B 的运输时间预测模型仍然足够精确以支持装运计划。然而，为了进一步确认，该方法应以其他路线和更大的预测范围进行测试。

9.5 结论

根据这项研究，可以开发一个模型来估计出货物流的运输时间。该模型能够估计每批货物的特定级别的运输时间，从而使装运计划人员能够处理轻微和严重的中断问题。此外，运输时间模型可能有助于自动化分析根本原因，例如，了解为什么装运类型（即整车装载或部分装载）是路线 F 的一个重要特征，可能有助于该路线上货物的准时交付。在这种情况下，假设运输时间延长是由于部分装载的装运类型，供应商可能会鼓励合并多个订单。

如果要在生产中部署上述模型，供应商需要在较长的时间（如 2~5 年）内收集装运数据。建议让每个始发地和目的地路径对应一个模型，因为不同的特性可能会对路径产生不同的影响。模型需要通过只保留给定路线的重要特征进行测试和改进。对于本研究中探索的路线，原始特征集包括 7 个供应商特征、

6 个天气特征和 4 个推特特征。供应商的特征需要根据应用和路线进行调试。例如，如果供应商在给定路线上仅使用一种装运类型或一个承运人，则不需要设置装运类型或承运人身份证明特征。

根据这项研究的结果，建议按小时计划运输时间，特别是对于短途路线，因为每日模型可能不够精确。在这项研究中，只有每天的时间戳（time stamp）用于标记装运出发和到达。每小时的时间戳可从车载远程信息处理设备获得，并将用以支持以小时为单位的运输时间预测。

在这项研究中，建立机器学习模型的一个主要问题与数据丢失和噪声数据有关。例如，气象站可能不会记录给定日期的天气信息。供应商可以通过使用天气预报服务来解决这一问题，并允许预测范围长达 15 天。一些路线的推特数据也很有限。但从多个社交媒体来源收集信息可能会缓解这个问题。此外，由于从外部来源收集数据需要大量计算，特别是对于长途路线，因此关注发布交通信息的用户将有助于改进此过程。

未来可以考虑几个改进方向。通过使用文本到概念映射（Text to Concept Mapping, TTCM）的技术，以及通过开发每个社会事件的时间有效性、地理范围和规模的指标，将来自多个社交媒体来源的数据转换为准确的预测值，可以帮助提高所提出运输模型的准确性。未来工作的另一个关键方向是为多式联运（如铁路—卡车）运输时间建模。我们认为，每种运输方式都需要一个单独的预测运输时间模型，可以结合这些特定模式的模型来预测多式联运物流的运输时间。这就意味着，这种方法的预期关键挑战之一是准确预测从一种模式到下一种模式的转换时间。

第 10 章

在农产品供应链中采用工业 4.0 技术：

对驱动因素和障碍的探索性调查

伊姆兰·阿里（Imran Ali）、萨塔尔·萨蒂（Sattar Satie）、永泰（Vinh Thai）

全球化和持续变化的客户偏好给农业食品供应链（Agri-Food Supply Chain, ASC）带来的压力越来越大，农业食品供应链需要更高效地生产和分销高质量和安全的食品。为实现这一目标，可以采用工业 4.0 技术，如物联网、区块链、自主机器人、无人机以及支持决策的大数据分析。

尖端的工业 4.0 技术包括物联网等。物联网是第四次工业革命中一个令人难以置信的里程碑，在这场革命中，互联网连接的设备或事物，如传感器、智能手机和计算机，通过网络不断地传递和接收实时数据。这种实时数据交换在供应链内的公司中具有可见性、透明度、柔性和敏捷性。例如，连接物联网的传感器有助于连续监测供应链上产品的位置和状况，并在产品运输过程中发送有关延误、温度变化、变质、损坏等特定警报。此外，在产品运输过程中，传感器提供集装箱内温度和湿度条件的实时数据，有助于对在途产品浪费进行主动控制。与物联网相连的设备有助于生成一个大数据集，对其进行分析可预测整个供应链的未来市场行为、供需情况、库存等（Sanders, 2016）。世界经济论坛报告（2019）中的统计数据显示，使用大数据分析可以使公司收入增加 2%（World Economic Forum, 2019）。

另一个尖端的工业 4.0 技术是区块链，它能够在所有贸易伙伴之间进行实时信息交换，从而提高食品的可追溯性并减少食品造假（Korpela *et al.*, 2017）。购买有机食品的消费者可以通过追踪食品的来源确保其纯度。提高食品可追溯性使监管机构能够确定供应链中食品污染的来源和地点，并迅速消除污染，从而避免对人体健康的危害。

根据世界经济论坛（2019）的一份报告可知，农业食品生产占淡水消耗量的 70%，生产商可以通过使用物联网支持的传感器，如虚拟优化器 PRO 系统，对供水系统进行优化，从而在正确的时间和地点提供合适的用水量（CropMetrics, 2019）。

工业 4.0 技术不仅颠覆了生产和分销，也颠覆了食品包装。物联网支持的数字食品包装系统（例如瑞士二维码公司 ScanTrust）将互联网与打印在标签、纸箱和文件上的二维码（Hadsel-Mares，2017）集成。消费者通过智能手机扫描二维码，可以追溯食品的相关信息，并主动与食品供应商进行沟通。该二维码还允许企业通过分销渠道在各个阶段跟踪食品，帮助收集有关个人消费者的统计数据，从而有可能改善供应链沿线的食品质量控制，并促进以更有效的方式响应客户的需求（Hadsel-Mares, 2017）。

自主机器人技术是广泛应用于农业食品生产（种植、采摘和收获）、加工和运输的工业 4.0 技术之一，能够降低劳动力成本和损失。此外，在农业食品生产中使用无人机空中施用多种投入物（化肥和杀虫剂）似乎可以实现精确操作和控制食物浪费。空中投放的速度比传统方法快很多倍。尽管越来越多的人意识到工业 4.0 技术的潜在好处，但其在农业食品供应链中的应用仍处于起步阶段（Dania *et al.*, 2018; Saberi *et al.*, 2019）。由于采用工业 4.0 技术涉及投入高昂成本，因此公司在决定投资前都需要了解采用过程中的驱动因素和障碍。然而，现有文献缺乏对在农业食品供应链中采用工业 4.0 技术的驱动因素和障碍的实证见解。

本研究旨在通过探讨澳大利亚柑橘供应链（the Australian Citrus Supply Chain，ACSC）采用工业 4.0 技术的驱动因素和障碍，为其他农业食品供应链提供参考，填补现有的知识空白。柑橘产业是澳大利亚五大鲜果产业之一，柑橘年产量约为 74.6297 万吨，向全球 30 个国家出口约 25.8196 万吨（Citrus Australia Limited, 2018）。一些柑橘产业前沿公司已经开始投资应用现代技术，还有一些公司尚未投入资金。

本章结构如下：第 1 节回顾了与各种技术相关的现有文献、采用技术的驱动因素和障碍，以及进一步研究的必要性；第 2 节概述了研究方法；第 3 节分析了与在供应链中采用工业 4.0 技术的驱动因素和障碍相关的关键发现；第 4 节展示了结果讨论；第 5 节总结了本研究的理论和实践贡献，以及今后的研究方向。

10.1　文献综述

动态的业务挑战、技术中断和快速变化的客户需求不断推动技术革命取得巨大进步。历史上发生过四次工业革命（图 10.1）。第一次工业革命始于 18 世纪 60 年代，当时使用水和蒸汽进行机械生产（Stearns, 2018）；19 世纪进行了第二次工业革命，出现了装配线和使用电力的大规模生产（Yin *et al.*, 2018）；第三次工业革命始于 20 世纪 40 年代，通过电子、信息技术和工业机器人实现生产的数字自动化；如今，我们正处于第四次工业革命（又称工业 4.0）的风口浪尖，这场革命将引发众多工业领域的范式转变（paradigm shift）。工业 4.0 技术可以提供一系列可行的解决方案，以满足当代企业日益增长的需求，提高效率、效益和竞争力。

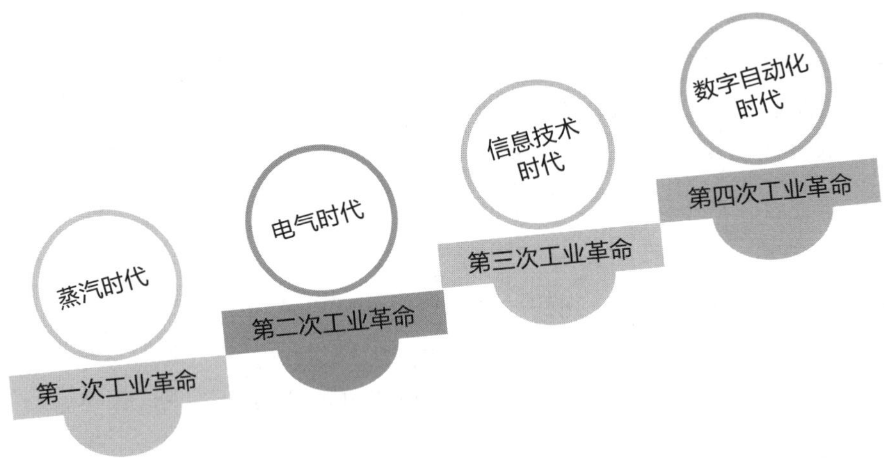

图10.1　历史上的四次工业革命

为了在复杂的商业环境中获得竞争优势，全球多家组织已经开始投资应用尖端的工业 4.0 技术，包括物联网、区块链、自主机器人、无人机、传感器和大数据分析等。

由于这些技术的重要性，对关于这一主题的实证研究的需求越来越多。然而，通过对现有文献的回顾（表 10.1）发现，大多数研究只是通过概念框架或文献综述讨论采用工业 4.0 技术的潜在好处（Ben–Daya *et al.*, 2017; Fatorachian and Kazemi, 2018; Feng and Shanthikumar, 2018; Kumar *et al.*, 2018b; Liboni *et al.*, 2019; Winkelhaus and Grosse, 2019; Xu *et al.*, 2018）、描述性统计（Dalenogare *et al.*, 2018; Frank *et al.*, 2019）、模拟或数学模型（Alqahtani *et al.*, 2019; Dolgui *et al.*, 2019）、定性研究（Schroeder *et al.*, 2019）和调查（Tortorella and Fettermann, 2018）等，缺乏关于采用工业 4.0 技术的理论构建研究。

因此，尽管对工业 4.0 技术的预期效益进行了大量讨论，但许多公司要么忽视工业 4.0 技术，要么在真正发挥其潜力方面进展缓慢。其他学科的研究表明，了解过程中隐含的影响因素（驱动因素、障碍）有助于实现目标或实施制度。例如，Magnan 和 Fawcett（2008）确定了战略供应链管理中采用协作的驱动因素（更紧密的联盟和信息技术）和障碍（缺乏信任、缺乏柔性）。Giunipero 等人（2012）确认了实施可持续性的具体驱动因素（高层管理举措和政府法规）和障碍（不确定性和经济危机）。Roberta 等人（2014）指出了采用弹性采购系统的三个障碍（缺乏可见性、协作和信任）。Ghadge 等人（2019）确定了气候变化适应性的驱动因素（经济效益、品牌形象 / 声誉、利益相关者压力）和障碍（缺乏利益相关者的支持、缺乏知识 / 意识和更高的成本）。同样，Frohlich（2002）、Walker 等人（2008）和 Zhu 等人（2010）确定了实施绿色供应链管理（GSCM）实践的驱动因素（成本优化、法规遵从性）和障碍（抵制变革）。

虽然工业 4.0 技术在最近一段时间内获得了大量的关注，但是缺乏对于支持或阻碍其实施的不同类型因素的整体看法（表 10.1），特别是缺乏对许多发达国家和发展中国家的经济和社会做出重大贡献的农业食品供应链的全面研究。因此，有必要对在农产品供应链中采用工业 4.0 技术的驱动因素和障碍进行及时且有价值的调查。

表10.1　回顾工业4.0技术现有文献

作者	发现	方法	驱动因素	阻碍
Liboni *et al.*, 2019	回顾了现有文献，并提出了定量 / 实证研究的差距	概念	—	—
Ben-Daya *et al.*, 2017	物联网在供应链管理中的优势	定性	—	—
Fatorachian and Kazemi, 2018	提出了工业 4.0 在制造业运作的理论框架	概念	—	—
Bibby and Dehe, 2018	调查了国防制造企业的工业 4.0 成熟度水平，发现重点企业的工业 4.0 成熟度水平为 59.35，高于行业平均水平 55.58	混合方法	—	—
Schroeder *et al.*, 2019	公认物联网是工业 4.0 的关键推动者	定性	—	—
Gölzer and Fritzsche, 2017	建议将大数据、工业运营和组织绩效联系起来	概念	—	—
Kumar *et al.*, 2018b	认识到需要在不同领域进行研究，如智慧城市管理、医疗保健、社交媒体和数字平台等	概念	—	—
Feng and Shanthikumar, 2018	总结大数据中出现的概念	概念	—	—
Xu *et al.*, 2018	回顾了工业 4.0 中使用的基本技术	概念	—	—
Yin *et al.*, 2018	确定了在不断变化的客户需求中推动生产发展的因素	单一案例分析	—	—
Winkelhaus and Grosse, 2019	总结了支持物流 4.0 的现有解决方案	概念	—	—
Theorin *et al.*, 2017	提出了一种面向柔性工厂集成的事件驱动生产线信息系统体系结构	数字建模	—	—

续表

作者	发现	方法	驱动因素	阻碍
Tortorella and Fettermann, 2018	阐述了精益制造和工业 4.0 技术之间的积极联系	调查	—	—
Dolgui *et al.*, 2019	研究了数字技术和工业 4.0 对连锁反应和供应链风险分析的影响	模拟	—	—
Frank *et al.*, 2019	阐述了前端和基础工业 4.0 技术的采用模式	描述性统计	—	—
Dalenogare *et al.*, 2018	公认的工业 4.0 技术的潜在好处	描述性统计	—	—
Alqahtani *et al.*, 2019	基于物联网的传感器嵌入式再制造产品保修政策调整建议	数学建模	—	—

10.2 研究方法

本研究的主要目的是在现有文献的基础上，关注农业食品供应链采用工业 4.0 技术的驱动因素和障碍。当缺乏关于当前情况的信息，且没有关于过去如何解决类似研究问题的信息时，建议采用探索性的定性研究方法（Creswell, 2013; Yin, 2014）。

10.2.1 数据收集

定性研究通常涉及三种数据收集方法，包括：①参与者观察或民族志；②参与者访谈；③焦点小组法（Bryman, 2012; Creswell, 2013）。本研究采用定性研究中的参与者访谈法，具体来说就是半结构化访谈法，即从有见识的管理者那里收集关于特定现象的丰富而详细的数据。本研究的目的并不是观察参与者的行为。此外，时间、资源和利益相关者的可用性问题也限制了本研究采用焦点小组法。

在文献基础上，本研究设计了一份半结构化访谈问卷，其中包含一组标准的开放式问题和探索，以获取关于采用工业 4.0 技术的驱动因素和障碍信息。访谈方案由 4 名受访者和 2 名学者进行了初步测试。参与者主要来自澳大利亚柑橘有限公司（Citrus Australia Limited，CAL）、澳大利亚农业企业理事会（Agribusiness Council of Australia，ACA）以及一些行业论坛。本研究还使用滚雪球取样技术（snowball sampling technique）选择更多联系人（Creswell, 2013），使用有目的（专家）抽样方法（Creswell, 2013）选择有见识的受访者。

我们总共进行了 15 次访谈，包括对种植者（3 次）、包装商（2 次）、批发商（2 次）、加工商（2 次）、零售商（2 次）、运输商（2 次）、顾问（1 次）和政府机构（1 次）进行访谈，他们可以代表供应链中的许多参与者。所有的采访都被录音，访谈持续 30~50 分钟。除了访谈之外，公司报告、时事通信和网站也被用来对这项研究的结果进行三角测量。

10.2.2 数据分析

这些采访信息是被逐字记录的，本研究共产生了 15 份总计约 2.1 万字的记录文件。遵循内容分析原则，我们通过免费的 VOSviewer 软件对采用工业 4.0 技术的驱动因素和障碍进行了分析（图 10.2①）。

该软件有一个非常强大的功能，它可以自动和准确地识别经常出现在大型文本数据的关键术语（主题）（Ali and Gölgeci, 2019）。VOSviewer 只能对“.txt”格式或“.csv”格式的数据文件进行分析。因此，我们将所有日期文件从“.docx”格式转换为“.csv”格式，然后导入软件中。通过 VOSviewer 分析产生了许多与驱动因素、障碍和工业 4.0 技术相关的主题（图 10.2）。

① www.vosviewer.com (archived at https://perma. cc/FQ5G-NRPT).

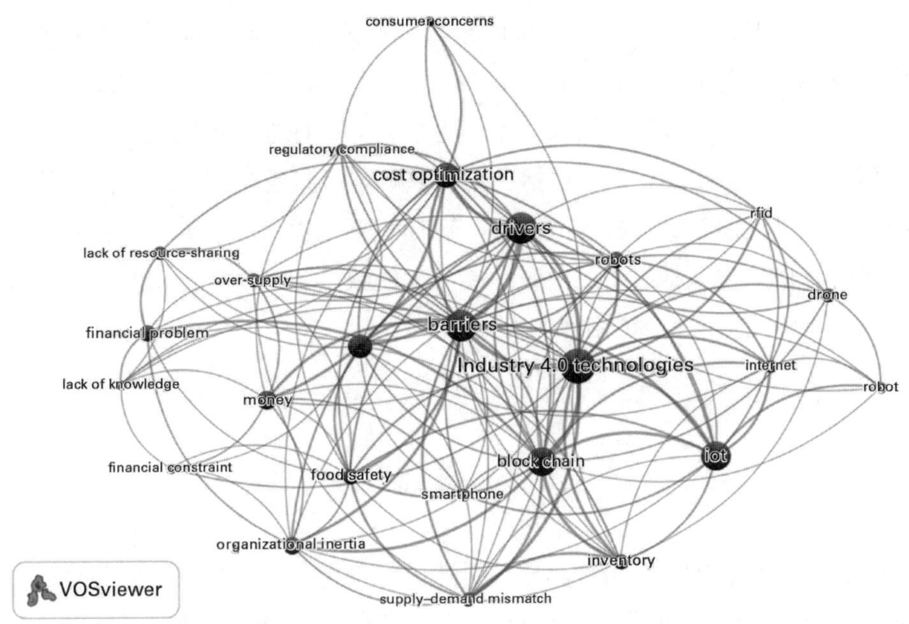

注：consumer concerns：消费者关注的问题
regulatory compliance：法规遵从性
cost optimization：成本优化
drivers：驱动因素
rfid：射频识别
lack of resource–sharing：缺乏资源共享
robots：机器人
over–supply：供应过剩
drone：无人机
financial problem：财务问题
barriers：障碍
Industry 4.0 technologies：工业4.0技术
internet：互联网
lack of knowledge：缺乏知识
money：金钱
robot：机器人
financial constraint：财政约束
food safety：食品安全
block chain：区块链
iot：物联网
smartphone：智能手机
organizational inertia：组织惰性
inventory：库存
supply - demand mismatch：供需不匹配

图10.2　VOSviewer对采用工业4.0技术的驱动因素和障碍的分析

在网络视图中（图 10.2），每个主题由一个标签表示，默认情况下也由一个圆表示。主题的圆的大小基于主题的权重，即主题在数据中出现的次数。主题的频率越高，权重越高，圆也就越大。因此，圆的大小是衡量一个主题权重的标准。主题之间的线条表示它们之间的联系。请注意，对于某些主题，可能不会显示标签，这是为了避免标签重叠（van Eck and Waltman, 2009）。

与描述性和人工分析不同，VOSviewer 的自动分析可以避免研究人员受主观想法的影响，从而确保了研究结果的可靠性。

为了交叉核对 VOSviewer 分析的结果，我们还单独阅读了访谈记录，结果没有发现显著差异。本研究讨论了各种驱动因素、障碍和工业 4.0 之间的关系，得出了 7 个可检验的假设和 1 个理论模型。各种推荐措施也保证了本研究的可信度（Creswell, 2013），包括：①要求参与者查看访谈记录，并就任何误解或遗漏提供反馈；②选择不同的参与者代表不同类型的职位、职责和地区；③提供所有信息，包括组织的数量、参与者的数量和类别、数据收集程序和访谈时间；④研究结果得到引用和相关文献的支持，避免了判断偏差。

10.3 研究发现

通过对访谈数据和受访者的相关引述进行分析，我们发现了许多有趣的关于农业食品供应链企业采用工业 4.0 技术时存在的驱动因素和障碍。在此过程中，本研究针对研究问题，提出了 7 个可检验的假设和 1 个理论模型。

10.3.1 采用工业 4.0 技术的驱动因素

在访谈中，受访者对采用工业 4.0 技术的关键驱动因素有多种看法。总体而言，对文本数据的分析确定了推动企业在农业食品供应链中采用工业 4.0 技术的 4 个主要因素。

（1）调查发现，几乎所有（93.3%）受访者都倾向于采用工业 4.0 技术优化运营成本。在农业食品供应链中，约 50%~70% 的总业务成本属于劳动力成本（Parkinson, 2016）。相应地，一组有关种植者、包装商和批发商的报告表明，他们一直在生产（采摘、收割）和包装中使用自主机器人，以降低劳动力成本和对人工的依赖。此外，澳大利亚农业和资源经济与科学局的报告指出，包括燃料、电力和化学品在内的投入成本呈指数级增长（Australian Bureau of Agricultural and Resource Economics and Sciences, 2019）。因此，为了优化投入使用成本，一些种植者已经开始投资应用无人机技术，以实现精确投放，并将投入物浪费的相关成本降到最低。

从运输商的角度来看，投资应用物联网集成射频识别和传感器的驱动因素是避免在途库存的浪费和质量下降。物联网连接设备在追踪产品和提供有关延误、损坏、温度和湿度的实时信息方面具有巨大潜力，有助于运输商快速采取纠正措施（Fatorachian and Kazemi, 2018; Winkelhaus and Grosse, 2019）。根据访谈结果和相关文献，可以得出以下假设：成本优化推动农业食品供应链采用工业 4.0 技术（假设 1）。

（2）许多（60%）受访者表示，决心将减少供需不匹配作为采用工业 4.0 技术的驱动因素。供需不匹配是指预期和实际供需状况的可变性（Hendricks and Singhal, 2013）。鉴于农产品易腐烂且具有季节性（Ali *et al.*, 2017），大规模定制（Mass Customization，MC）和按订单生产（Make-to-Order，MTO）的传统措施不适用于解决供应过剩或供应不足问题。因此，需求和供给失调的问题日渐增多，给企业的业绩和生产力带来了巨大压力。然而，工业 4.0 技术的出现，特别是支持物联网的智能手机和区块链，为应对供需变化提供了很好的机会（Feng and Shanthikumar, 2018）。一位种植者强调了物联网投资对于减少供需不匹配的重要性：

> “我相信，通过物联网智能手机的数字连接，可以在所有供应链合作伙伴之间交换实时和精确的信息。有了及时准确的需求信息，我们现在能够解决供给过剩或供给不足的问题，以及由于供需失调造成的经济损失。”

一位包装商补充说：

> “通过智能手机、电子数据交换、区块链等现代互联网连接设备进行实时、准确的信息交换，增强了我们供应链合作伙伴之间的可追溯性、联合规划和强有力的协作。”

协作运营有助于改进需求预测、控制库存和进行更快的响应，以应对供需变化（Winkelhaus and Grosse, 2019）。同样，在强调采用区块链的重要性时，一位零售商表示：

> “供需变化的一个主要原因是经过了大量的中介机构，它们是信息失真、支付延迟、定价不公和高额佣金的根源。我认为采用区块链可以通过直接连接所有参与方并消除中介机构来帮助解决这些问题，就像沃尔玛的商业模式一样。”

区块链的使用允许贸易伙伴之间的直接业务转换为具有更高的透明度、可见性和可实时信息共享的业务（Ivanov *et al.*, 2019）。这种虚拟数据交换是解决供需不匹配问题的关键(Ali, 2019)。根据文献和访谈结果,本研究提出以下假设:减少供需变化的决心推动农业食品供应链采用工业 4.0 技术（假设 2）。

（3）在超过半数（53.3%）的受访者看来，采用工业 4.0 技术的第三个驱动因素是消费者对食品安全和健康的关注。虽然食品贸易的全球化为消费者提供了更多种类的食品，但它也给农业食品供应链带来了新的挑战，例如，接触到对食品有高要求的消费者以及来自不同国家的严格食品安全标准（Ali *et al.*, 2017）。

现代消费者更关心他们吃了什么，以及他们的食物是如何生产和运输的（Bourlakis *et al.*, 2014; Ali and Gurd, 2020）。这种担忧的增加可能是由各种健康危害引起的，例如沙门氏菌（一种有害细菌）于 2009 年和 2017 年在美国的多个州和南澳大利亚州引起食物中毒。因此，由食品安全问题导致的食品召回数量一直在增加，而采用工业 4.0 技术可以帮助解决此类问题。

一位零售商表示，“物联网嵌入式传感器和区块链技术为消费者对食品产地、技术质量和食品生产中使用的化学品的担忧提供了有效的解决方案。”区块链通过连接独立系统，帮助向所有利益相关者提供实时数据。这些数据包括食品的来源、在供应链中的流动，以及参与生产、采购和分销的贸易伙伴，被记录在分散的分类账中。这些信息不仅有助于消费者追溯食品的来源，还使企业能够迅速定位和消除食品污染源，从而在确保消费者健康安全的同时减少经济损失。

一家运输公司的报告指出，他们已经开始在食品运输中使用物联网支持的传感器，以保持适当的温度和湿度，减少食品腐烂和抑制有害微生物的生长。物联网连接的传感器有助于收集和整理各个方面的大数据，例如，食品变质率、食品变质数量和质量下降事件等。通过大数据的分析制订解决潜在问题的方案，从而能够实施积极主动的食品安全措施（Ali, 2019）。消费者对食品安全和健康利益的关注促使许多公司采用物联网、传感器和区块链，从而提高客户满意度。经过讨论，提出了以下假设：消费者对食品安全的担忧推动农业食品供应链采用工业 4.0 技术（假设 3）。

（4）受访者指出的第四个驱动因素是法规遵从性。监管合规是指采用不同国家的食品安全标准和法律框架，例如，欧洲联盟对化学品的注册、评估、授权和限制有独特的规定，致力于保障人类健康和加强对环境的保护（European Commission, 2019）。为确保标准的实施，监管部门经常检查供应链内企业的产品和设施。不遵守标准可能导致巨额罚款和商业声誉的损失。

据受访者称，农业食品生产涉及使用一些化学品来避免昆虫和疾病的侵袭。此外，一位包装商说，在包装过程中还应用了一些化学处理，以保证食品新鲜。过量使用化学品不仅会影响人类健康，还会污染自然环境（Ali and Göllgeci, 2020）。因此，农业食品供应链上的公司被严格警告只能使用适当数量的化学品，以减轻其对社会和环境的有害影响。

考虑到合规性监管，受访者（46.6%）报告指出，他们使用传感器支持的无人机和智能喷雾器在食品生产和包装中使用化学品。利用这些数字技术精确使用化学品，不仅减少了化学品浪费导致的经济损失，而且降低了食品和环境受到化学污染的风险。采访数据显示，一直使用这些技术的公司仍没有发生任何或只发生了可以忽略不计的食品污染问题，基本未受监管处罚。此外，一位商业顾问和政府官员强调，需要增加对在农产品供应链中应用区块链的认识和投资，以此作为控制化学品过度使用的一种手段。他们表示，通过区块链实现食品的可追溯性是零售商在将食品销售给消费者之前追溯来源并消除受污染食品的关键。经过讨论，可以得出以下假设：法规遵从性推动农业食品供应链采用工业 4.0 技术（假设 4）。

10.3.2 采用工业 4.0 技术的障碍

尽管存在一些推动企业采用工业 4.0 技术的驱动因素，但工业 4.0 技术实施的现实情况却并不乐观。显然，这表明存在一些阻碍实施进程的负面力量。对访谈数据的分析揭示了阻碍农业食品供应链采用工业 4.0 技术的三大障碍。

（1）大多数（80%）受访者认为的一个主要障碍是缺乏资金（财政限制）投资现代技术。这是因为农业食品供应链中的大多数公司都是中小型企业（SME）。中小型企业具有财政和物质资源的固有约束，这往往限制了它们投资颠覆性技术的能力（Stankovska *et al.*, 2016）；此外，半数以上（60%）的受访者认为，对新技术的投资在大多数情况下很难实现财务回报。鉴于这些发现，提出了以下假设：财务约束是农业食品供应链采用工业 4.0 技术的一个关键障碍（假设 5）。

（2）据报道，在农业食品供应链中阻碍采用工业 4.0 技术的第二个因素是组织惰性（Organizational Inertia，OI），这主要是由于员工抵制变革、缺乏动力以及对这些技术的潜在好处缺乏认知或认知扭曲。在组织理论文献中，组织惰性被定义为组织无法进行由外部机遇驱动的内部变革（Gilbert, 2005）。在外部机遇需要内部变革的情况下，员工主要由于缺乏主观意识而表现出不灵活和思想僵化，因此抵制变革（Schmitt and Klarner, 2015）。包括一名顾问、一名政府官员、一名种植者和一名加工者在内的 4 名受访者认为，组织惰性是采用工业 4.0 技术的一个关键障碍。根据这些发现，提出了以下假设：组织惰性是农业食品供应链采用工业 4.0 技术的一个关键障碍（假设 6）。

（3）一些（60%）受访者报告的第三个关键障碍是供应链中各公司之间缺乏资源共享。资源共享是指与供应链合作伙伴一起利用投资能力和资产的过程，包括实物资产、设施和技术，以提高整个供应链的绩效（Cao and Zhang, 2013;

Butt and Ali, 2020）。然而，包括一名顾问、一名包装商和两名零售商在内的4名受访者表示，每家公司都是为实现个人利益和绩效目标而努力的。在供应链中，大多数公司都有相互冲突的目标，这种分裂导致了在采用工业4.0技术时缺乏资源共享。因此，解决这一问题对资源匮乏的中小型企业来说至关重要。根据讨论，可以提出以下假设：缺乏资源共享是农业食品供应链采用工业4.0技术的一个关键障碍（假设7）。

在ASC中采用工业4.0技术的驱动因素和障碍之间的关系如图10.3所示。

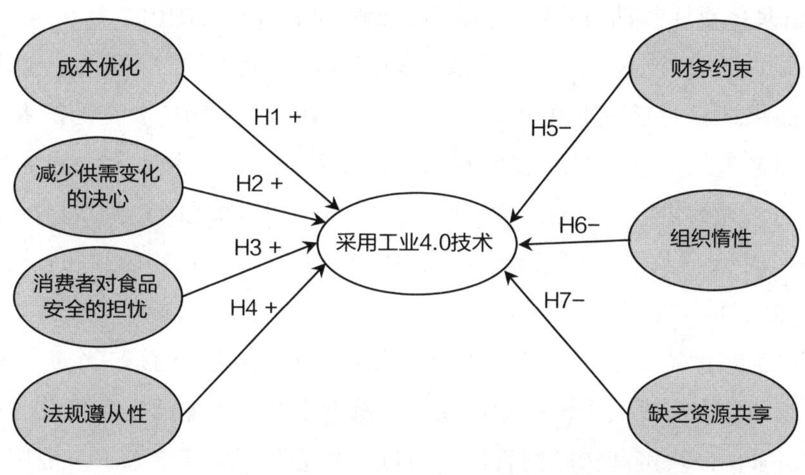

图10.3　在ASC中采用工业4.0技术的驱动因素和障碍

10.4　结果讨论

通过采用当代数字技术，工业4.0技术具有通过提高端到端供应链的可追溯性、可见性和连接性来应对动态业务挑战的巨大潜力（Ali, 2019; World Economic Forum, 2019）。因此，全球许多国家都在寻求通过采用工业4.0技术来增强农业食品供应链的竞争力。如果不深入了解有助于推动其采用过程的驱动因素，以及不消除可能的障碍，工业4.0技术的实现将是困难甚至是不可能的。虽然有许多关于其他主题的驱动因素和障碍的研究，例如绿色供应链管理

（GSCM），但是缺乏关于在农业食品供应链中采用工业 4.0 技术的驱动因素和障碍的广泛经验证据。本研究探讨了在农业食品供应链中采用工业 4.0 技术的四个重要驱动因素和三个关键障碍。

在四个重要驱动因素中，成本优化是促使企业采用工业 4.0 技术的首要驱动因素。从种植者和包装商的角度来看，工业 4.0 技术，如机器人和无人机，有助于降低劳动力成本；从运输商和零售商的角度来看，这些技术有助于将食物浪费成本降至最低。对绿色供应链管理的研究还指出，成本优化是实施绿色供应链管理的重要驱动力（Walker *et al.*, 2008; Zhu *et al.*, 2010）。

采用工业 4.0 技术的第二个重要驱动因素旨在减少供需不匹配，这是许多农业食品供应链目前面临的严峻挑战之一（Ali *et al.*, 2017）。受访者表示，主要问题之一是信息不对称和预测错误，尤其是上游种植者和下游零售商之间的问题，导致供需不匹配。然而，可以通过采用物联网和区块链实现供应链中的实时信息共享和可追溯性来解决这一问题（Ali, 2019; Fatorachian and Kazemi, 2018）。

消费者对食品安全的担忧被认为是采用工业 4.0 技术的第三个重要驱动因素。现代消费者需要关于食品如何在供应链上生产和运输的完整信息。现有研究表明，采用区块链和物联网有助于通过食品追溯到生产端来解决消费者的担忧（Dalenogare *et al.*, 2018; Xu *et al.*, 2018）。

法规遵从性似乎是实施工业 4.0 技术的第四个驱动因素——如果企业在监管合规性方面是积极和创新的。我们的研究结果扩展了对绿色供应链管理的研究，其中 Balon 等人（2016）和 Giunipero 等人（2012）指出，公司发展的主要驱动力是遵守政府法规和标准。

虽然驱动因素可以促进企业采用工业 4.0 技术，但由于实施过程中存在一定的障碍，大多数情况下企业可能无法将工业 4.0 技术付诸实施。因此，识别和消除障碍对于企业采用工业 4.0 技术至关重要。本研究确定了采用工业 4.0 技术的三个令人困惑的障碍。

财务约束，包括缺乏物质和货币资源，似乎是采用工业 4.0 技术的一个关键障碍。这是因为农业食品供应链由中小型企业主导，而它们具有内在资源稀缺性（Ali *et al.*, 2017）。我们的研究结果扩展了 Shibin 等人（2016）的研究内容，他们认为投资成本是实施绿色供应链管理的最大障碍。

采用工业 4.0 技术的第二个关键障碍是组织惰性，可能是由缺乏对这些技术优势的认知导致。这一发现与先前的研究（Frohlich, 2002）一致，在先前的研究中，抵制技术变革是提高企业绩效的一个巨大障碍。

虽然资源共享有助于资源受限的企业共享有形资产、设施和技术，从而提高整个供应链的绩效（Cao and Zhang, 2013），但我们发现，缺乏资源共享是我们抽样企业的混淆障碍（confounding barrier）。这一发现与现有采购研究（Roberta *et al.*, 2014）和海运物流整合研究（Yuen and Thai, 2017）一致。

总而言之，驱动因素和障碍对农业食品供应链中工业 4.0 技术的实施具有相当大的作用。我们认为，对驱动因素和障碍的探究是农业食品供应链进行更快、更顺畅和更有效的数字化转型的重要前提。

10.5 结论

与研究问题一致，本研究探讨了四个重要驱动因素（成本优化、减少供需变化的决心、消费者对食品安全的担忧和法规遵从性）和三个关键障碍（财务约束组织惰性以及缺乏资源共享）。

我们发现，在当代商业挑战（包括不断变化的消费者担忧、监管处罚和声誉损失的风险、成本优化以及供需变化）的推动下，采用工业 4.0 技术的企业可以获得竞争优势。本研究进一步探讨了企业在其供应链中采用工业 4.0 技术时面临的一些挑战或障碍，企业需要迎接挑战、克服障碍，以确保工业 4.0 技术的成功实施。

此外，关于如何在供应链中开展合作的争论由来已久（Ali *et al.*, 2018; Cao *et al.*, 2010）。本研究通过倡导采用工业 4.0 技术促进供应链中合作伙伴之间的强有力合作，为这场辩论做出了贡献。

我们介绍了一种稳健而严谨的定性数据分析方法（VOSviewer 分析）。这种方法不同于传统的基于内容或描述性的方法，因为它的算法和启发式性质允许更客观和无偏见的研究结果。

从管理的角度来看，本研究有助于供应链从业人员根据所讨论的驱动因素和障碍，对是否采用工业 4.0 技术作出明智的决策。对于公司来说，开始并推进工业 4.0 技术的实施以保持竞争力、生产力和相关性是至关重要的。为了在竞争中保持领先，数字化过程必须超越局部软件和孤岛信息存储，通过资源共享整合整个供应链。我们相信，如果公司能够有效地利用驱动因素并不断克服障碍，其对工业 4.0 技术的采用将提高整个农产品供应链的性能，从而为行业带来一系列社会效益和经济效益。例如，工业 4.0 技术（如物联网和区块链）可以解决涉及关键驱动因素之一的食品安全问题，利用这些技术，可以很轻松地跟踪和追溯各种食品成分的来源和交易，必要时可以沿着供应链采取纠正措施。显然，为了有效地利用这种驱动因素，需要克服本研究中确定的障碍。具体而言，由于采用技术的常见障碍之一是组织惰性，即员工对变革的抵制，因此农业食品供应链的高级管理层需要发挥关键作用，确保其员工充分了解并做好准备，即对其公司采用工业 4.0 技术进行培训，以及受到这些技术可能给其组织带来的潜在好处的启发。在这方面，企业还可以寻求代表行业的尖端组织的支持，并与相关政府机构合作，利用它们在技术援助和资金方面的支持，有效且高效地采用工业 4.0 技术并利用其优势。此外，我们认为，通过采用工业 4.0 技术提高效率和生产力，有助于提供优质和安全的食品，促进农业经济发展，为家庭和社区增加收入、提供更多的就业机会，并扩大生产和出口量，从而支持国家经济。

从社会角度来看，这项研究还涉及两个联合国可持续发展目标（Sustainable Development Goal，SDG），这两个目标将在 2030 年实现（United Nations, 2018）。SDG-1 颁布了“无贫困”——贫困表现为缺乏确保可持续生计所需的收入和资源（United Nations, 2018）。在这方面，有人认为工业 4.0 技术有助于提高农业食品供应链企业的生产率；同时，这将为雇员和雇主提供更多的工作机会和更好的收入。另外，由于农业食品供应链公司的运营成本降低，食品成本可能降低。SDG-2 发布了“零饥饿”——研究结果有助于企业管理者和决策者了解实施数字技术涉及的重要因素，从而为不断增长的人口提高粮食生产和供应。由于采用工业 4.0 技术涉及投入高昂成本，企业在决定投资前都需要了解采用过程中的驱动因素和障碍。然而，现有文献仍缺乏对农业食品供应链中采用工业 4.0 技术的驱动因素和障碍的经验见解，其他学科的研究表明，了解过程中潜在的影响因素（驱动因素、障碍）有助于实现目标、实施制度。

虽然本研究提供了相当多的理论和实践贡献，但仍存在一些局限性，也为进一步研究提供了机会。本研究提出了 7 个可检验的假设和 1 个理论模型，可以在未来通过定量研究加以检验。同时，我们的研究侧重于特定行业和国家。考虑到采用、发展和实施系统的驱动因素和障碍因行业部门和国家而异，后续研究者应在不同的行业和国家背景下开展进一步的研究。此外，对更多结构性投资的驱动因素和障碍进行定量优先排序也是未来一个有趣的研究途径，前瞻性研究还可以测试障碍能否以及如何影响驱动因素与工业 4.0 技术之间的关系。

第 11 章

共享经济激励措施和工业 4.0 技术对人道主义后勤的影响：

2019 年伊朗洪灾的启示

哈米德·赛迪吉（Hamed Seddighi）、
阿米德·莫拉德鲁（Hamid Moradlou）

世界气象组织报告（2019）指出，气候变化近来引发了多次突发性自然灾害（WMO, 2019）。如图 11.1 所示，在整个 20 世纪，灾害数量呈指数级增长，全球平均每年 6 万人因此死亡。然而，尽管报告中的自然灾害数量不断增加，死亡人数却有所下降。

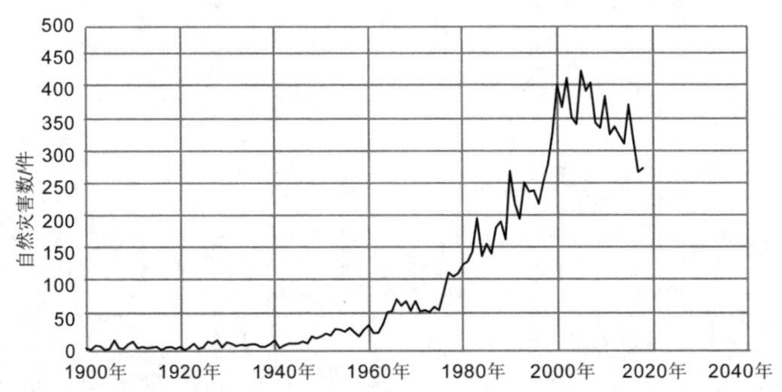

来源：Guha Sapir等人（2017）

图11.1　1900年以来世界自然灾害数量变化趋势

伊朗是中东和北非地区最易发生灾害的国家之一（Seddighi and Salmani, 2019）。此外，根据《世界风险报告》（*World Risk Report*），伊朗遭受自然灾害的脆弱性被评为高风险（Heintze *et al.*, 2018），灾害已给伊朗造成了重大的财政、社会和物质损失，如表 11.1 所示。灾后需要采购和分发救济物品，如食物、水、药品等，以及为受灾群众提供住所，以满足受灾群众的迫切需要（Seddighi *et al.*, 2019）。

表11.1 1990—2019年伊朗发生的最致命的自然灾害

自然灾害	影响
1990年鲁德巴尔地震	35000~50000人死亡，60000~105000人受伤
1997年阿尔达比勒地震	1100人死亡，2600人受伤
1997年加延地震	1567人死亡，2300人受伤
2002年布因扎赫拉地震	261人死亡，1500人受伤
2003年巴姆地震	26271人死亡，22628~30000人受伤
2005年扎兰德地震	612人死亡，1411人受伤
2006年博鲁杰尔德地震	63~70人死亡，1246~1418人受伤
2013年布什尔地震	37人死亡，850人受伤
2014年穆尔姆里地震	60~330人受伤
2017年伊朗-伊拉克地震	630人死亡，8100多人受伤，70000多人无家可归
2017年伊朗西北部洪水	42人死亡
2019年伊朗洪水	77人以上死亡，791人受伤

来源：Jafari等人（2019）

人道主义后勤（Humanitarian Logistics，HL）是指“为满足最终受益人的需求，从来源地到消费地，对货物和材料以及相关信息的高效、经济的流动和储存进行规划、实施和控制的过程”（Thomas and Kopczak, 2005）。根据Balcik和Beamon（2008）的说法，人道主义后勤的特点是短时间内需求量大、需要的物资种类繁多。在时间、地点、类型和规模方面，充分和及时的交付、资源不足和不可预测的需求关系重大。此外，Kovács和Spens在2009年讨论了人道主义组织面临的缺乏受过教育的志愿者和工作人员，以及当地交通和基础设施的可用能力较弱等挑战。

随着无人机、物联网（传感器）、图像识别以及无人驾驶车辆等工业4.0技术出现，共享经济或协作经济成为应对此类挑战的方案（Jeble *et al.*, 2019）。

共享经济（Sharing Economy，SE）可以被定义为“一个社会经济生态系统，通常使用信息技术将不同的利益相关者（个人、公司、政府和其他人）联系起来，通过分享其过剩的产品和服务能力创造价值”（Kornberger *et al.*, 2018）。它包括“通过技术与对等团体重新定义的分享、易货、借贷、交易、租赁、馈赠和交换”（Botsman and Rogers, 2011）。

随着当今社会信息和通信技术的发展，共享经济已通过互联网设备和分布式信息共享得以实现。有关文献中很好地探讨了信息和通信技术在人道主义救援行动中的应用（Careem *et al.*, 2006; Gao *et al.*, 2011; Li *et al.*, 2013）。然而，据我们所知，尽管共享经济在灾害应对方面具有潜力，但探讨工业 4.0 技术带来的共享经济激励措施对人道主义后勤影响的文献数量却非常有限，共享经济和工业 4.0 技术对人道主义组织和实地工作者的影响也相当不明确。本章旨在通过一个案例研究方法，收集关于共享经济和移动及连接设备在人道主义后勤中起作用的证据，从而填补相关研究空白。基于 2019 年伊朗洪灾期间共享经济激励措施的影响，我们确定了以下研究问题：在突发性灾害的哪些阶段，共享经济激励措施和移动及互联网设备可以从哪些方面以及如何为人道主义后勤做出贡献？

本章结构如下：第 1 节为文献综述；第 2 节为研究方法；第 3 节对研究发现进行了说明；第 4 节对研究结果进行了讨论；第 5 节给出了结论和未来的研究方向。

11.1 文献综述

共享经济可用于食品、旅游、交通、物流、招聘等不同领域（Hamari *et al.*, 2016）。共享经济以两种方式运行：B2C 和 C2C（Matzler *et al.*, 2015）。许多开展共享乘车（ride-sharing）业务的公司已经从协作式转向 B2C，如优步（Uber）打车平台和来福特（Lyft）打车平台（Matzler *et al.*, 2015）；同样，一些住宿共享企业使用 B2C 模式，如全球民宿平台爱彼迎（Airbed and

Breakfast，Airbnb），另一些使用 C2C 模式，如沙发客平台（CouchSurfing），因为它是“免费住宿”或“免费房屋共享”。还有一个 C2C 电子商务的例子是易贝（eBay）电商平台，在这个平台上，个人可以用五花八门的货物进行商业交易（Sundararajan, 2016）。

基于工业 4.0 的出现以及移动和连接设备等技术的可用性，上述企业现在可以在人道主义后勤中发挥重要作用。例如，在 2012 年的飓风“桑迪”期间，成千上万无家可归的人没有住所、燃料和食物（Wong *et al.*, 2018），这便可以通过共享经济解决。下文阐明了一些定义，并介绍了一些用于灾害风险管理的共享经济平台的例子。

11.1.1 定义

在本章中，我们将灾害风险管理分为四个阶段：预防和（或）减灾、防灾、救灾、恢复（Altay and Green Ⅲ, 2006）。“减灾”是指“将危险事件的不利影响降至最低”（Burton *et al.*, 2015）。“防灾”是指“政府、救灾及恢复组织、社区、个人通过自身的知识和能力有效预测即将发生或当前的灾害影响，作出响应，并从中恢复”（Burton *et al.*, 2015）。“救灾”是指“在灾害发生之前、期间或之后立即采取的行动，以挽救生命、减少健康危害、确保公共安全并满足受灾群众的基本生存需要”（Burton *et al.*, 2015）。“恢复”被定义为“恢复或改善受灾害影响社区或社会的人民生计和健康，以及经济、物质、社会、文化和环境资产、系统和活动，符合可持续发展和‘重建得更好’的原则，以避免或减少未来的灾害发生风险”(Burton *et al.*, 2015）。

11.1.2 住宅

在共享经济对自然灾害恢复的不同贡献中，许多研究都集中在住宅方面（Zervas *et al.*, 2017）。研究的主要领域之一是危机期间的旅游业，其中大部分文献讨论了爱彼迎的作用（Dolnicar, 2018; Hajibaba *et al.*, 2017; Kaplan and

Nadler, 2015; McNamara, 2015; Prot, 2019）。受灾地区的游客通常比居民更容易受到伤害，因为他们不熟悉该地区的情况（Hajibaba *et al.*, 2017）。为容纳受影响的游客和居民，首先要采取的行动是提供帐篷作为紧急避难所（Hajibaba *et al.*, 2017; Yang *et al.*, 2004）。但在长期的恢复阶段，这并不是一个合适的选择，而应该在自然灾害后从安全、文化背景和健康方面重新考虑应如何采取行动（Felten–Biermann, 2006）。根据澳大利亚的一项研究，当地居民倾向于为灾民提供住宿，灾民也愿意接受当地居民的这种帮助。通过共享经济与数字工具、移动通信技术相结合，受影响的人能在安全、信息和住宿供应三个方面获得帮助（Hajibaba *et al.*, 2017）。

点对点（P2P）网络，如爱彼迎，对灾难后需要留在某处的绝望的无家可归者来说是一个不错的选择（Gray, 2018）。在爱彼迎平台，作为供应方，人们可以在网上通过图片展示他们的住宅（McNamara, 2015）。作为需求方，人们可以根据照片、价格和之前客户的评价在不同住宅间进行选择（Hajibaba and Dolnicar, 2018; Kaplan and Nadler, 2015）。他们可以联系该地区的房主，询问他们是否有额外的住宿空间与受灾害影响的人群共享。爱彼迎 2017 年的报告显示，该公司及其房主向受灾害影响的人捐赠了超过 3950 间客房（Dolnicar, 2018）。爱彼迎多次在灾害发生后收容受灾群众，包括在 2012 年 10 月的纽约飓风“桑迪”（Rees, 2014）、2017 年 6 月 14 日的伦敦格伦费尔塔火灾（Dolnicar, 2018）和 2017 年 6 月 17 日葡萄牙野火（Dolnicar, 2018）发生后。2017 年 6 月，爱彼迎推出了一项开放式住宿方案，旨在为受自然灾害影响的人群提供免费或低价住宿（Marchildon, 2017），爱彼迎向 2019 年经历澳大利亚森林火灾的无家可归的人群提供免费住宿（Olle, 2020）。

11.1.3　交通

交通领域正在发生变化，尤其是在数字时代和工业 4.0 革命中（Mendez *et al.*, 2017）。基于全球定位系统（GPS）的导航、实时交通信息和移动应用程序为每个人的优化出行创造了重要条件（Henao and Marshall, 2017）。然而交通容易受气候变化等的影响。与气候变化相关的灾害，如极端天气、洪水和海啸，会对交通运输产生重大影响（Mendez *et al.*, 2017），并且对交通基础设施（即隧道、道路和桥梁）产生破坏作用（Henao and Marshall, 2017; Mendez *et al.*, 2017）。

共享经济和共享汽车改变了交通运输行业（Henao and Marshall, 2017）。在数字时代，B2C 和 P2P 交易在经济中扮演着重要角色。有 B2C 共享汽车，宝马（BMW）公司的 DriveNow、戴姆勒（Daimler）公司的 Car2Go 就是较为成功的共享汽车项目。还有 P2P 共享汽车，人们可以把车租给有需要的人。Shaheen 等人将交通应用程序分为移动应用程序、联网车辆应用程序、智能停车应用程序和快递网络服务（CNS）应用程序。不同的交通移动应用包括 B2C 共享、网约车（ride-sourcing，如优步、来福特）、P2P 共享、实时公共交通信息应用程序和出租车应用程序（如 Flywheel.com）（Shaheen *et al.*, 2017）。还有其他一些对交通有影响的非交通应用，例如，导航应用（如 Waze 导航和谷歌地图）。导航应用减少了交通时间和成本，并使旅行更安全（Siuhi and Mwakalonge, 2016）。

Hong 等人分析了推特上有关美国东海岸 18 场暴风雪的内容。他们发现，许多人给了优步和来福特差评是因为其无法使用或价格过高（Hong *et al.*, 2017）。在灾害中大规模疏散人群，尤其是弱势人群，如儿童、残疾人，是一项重要挑战。研究人员在过去十年中一直对此进行探讨（Habib *et al.*, 2016）。2005 年，飓风“卡特里娜”造成的大量伤亡人员（1500 人）都属于无法使用私家车的人员（Li *et al.*, 2018）；在 2011 年日本福岛核电站灾难中，弱势群体在大规模疏散中面临同样的挑战（Li *et al.*, 2018）。Li 等人（2018）研究了优步和滴滴出行等共享交通经济在中国大规模疏散中的应用，他们得出结论，共享经济在缓解疏散压力方面发挥重要作用，特别是在大都市地区。在疏散中拼车（ride-sharing）的两个优势是减少道路交通拥堵和保证疏散人员之间的公平性（Naoum-Sawaya and Yu, 2017），此外，他们还提出了紧急疏散中最佳拼车的模型。

11.1.4 其他服务

TaskRabbit 是美国一个基于网络的移动市场，用于匹配劳动力需求者与供应商（Prassl and Risak, 2015），它能将自由职业者与当地不同服务需求匹配，如清洁、搬家和送货等（Prassl and Risak, 2015）。2012 年飓风“桑迪”过后，TaskRabbit 呼吁第一批救援人员（志愿者）提供帮助。TaskRabbit 的技术工人群体变成一个巨大的救灾人员群体（Ganapati and Reddick, 2018）。

BayShare 是一个以共享商品和服务为使命的组织。2013 年 6 月，它开始与旧金山紧急管理部合作（Brown, 2014）。这一伙伴关系旨在通过共享经济平台帮助受灾群众。BayShare 本身也正在与“共享经济”应用程序合作（Brown, 2014）。Nextdoor 是旧金山一个流行的共享经济平台，它是一个为身边的人提供服务和应急计划的社交网络（Smith *et al.*, 2018），也是预警、防灾、救灾和恢复的良好应用（Brown, 2014; Smith *et al.*, 2018），此外，使用此平台的人在发生灾害时也会和别人分享他们的技能和资源（Brown, 2014; Smith *et al.*, 2018）。

一项关于奥地利灾民危机的研究强调了一个名为“希望列车（train of hope）”的在线应用在人道主义运动中的力量（Kornberger *et al.*, 2018）。人们与灾民分享物品（食物和住房）和服务（如翻译、医疗援助和护理）（Kornberger *et al.*, 2018），例如，一共聚集了 5000~6000 名志愿者，其中 400 名志愿者能翻译不同语言，他们免费为灾民提供服务（Kornberger *et al.*, 2018）；“希望列车”应用程序通过共享经济平台提供住房、食物、交通和护理，帮助了成千上万的灾民；此外，他们还提供卫生服务、厨房 / 食品配送服务、法律咨询、儿童保育、翻译服务、运输物流、中央登记台、医疗保健、服装、捐赠、寻找失踪人员、住宿和安保等服务（Kornberger *et al.*, 2018）。

在迄今为止审查的所有工作中（表 11.2 和表 11.3），我们注意到共享经济应用程序的相关性和重要性日益提升，这些应用程序尽管不一定都用于直接救灾，但也能使受灾群众在救灾阶段获得生命攸关的关键支持。

表11.2　关于共享经济应用程序和工业4.0技术参与灾害后援的文献摘要

活动	Airbnb	Couch Surfing	Lyft	Uber	Waze	Walk Score	Task Rabbit	Next door
住宿提供者	*	*						
交通提供者			*	*	*			
志愿者管理				*		*	*	*
信息共享						*	*	*
备灾						*	*	*
灾害应对	*	*	*	*	*	*	*	*
灾难恢复				*			*	*

表11.3　共享经济应用程序和工业4.0技术在灾害中的参与情况

作者	年份	文献标题	共享经济应用程序的作用
Prot	2019年	Airbnb: A New Disaster Shelter?	爱彼迎在灾难中的作用
Smith等	2018年	Social Media in Citizen-Led Disaster Response: Rescuer Roles, Coordination Challenges, and Untapped Potential	Nextdoor（旧金山流行的共享经济平台）在应急计划中的作用
Kornberger等	2018年	Rethinking the Sharing Economy: The Nature and Organization of Sharing in the 2015 Refugee Crisis	在线应用在人道主义运动中的力量，如奥地利的难民危机
Hajibaba and Dolnicar	2018年	Helping When Disaster Hits	爱彼迎在大规模自然灾害和人为危机中的作用
Ganapati and Reddick	2018年	Prospects and Challenges of Sharing Economy for the Public Sector	TaskRabbit 在 2012 年飓风“桑迪”中的作用

续表

作者	年份	文献标题	共享经济应用程序的作用
Naoum-Sawaya and Yu	2017年	Ridesharing For Emergency Evacuation	优步和滴滴出行等共享乘车在线平台在灾难大规模疏散中的作用
Hong 等	2017年	Understanding Citizens' and Local Governments' Digital Communications During Natural Disasters: the Case of Snowstorms	批评优步和来福特在美国东海岸遭遇 18 场暴风雪时无法使用或价格过高
Henao and Marshall	2017年	A Framework for Under-Standing the Impacts of Ridesourcing on Trans-Portation	优步在灾难中的作用
Hajibaba 等	2017年	Residents Open Their Homes to Tourists When Disaster Strikes	爱彼迎在灾难中的作用

11.1.5 伊朗洪灾的背景

需要注意的是，上述所有例子主要集中在住房和交通方面，而其他方面，如人力和资源的提供，则没有相关的研究。此外，由于美国对伊朗的制裁，上述企业都无法在伊朗境内经营，这些制裁导致伊朗国内企业开发了许多与上述企业相似的业务，如模仿亚马逊等数字平台的 Digikala。因此，本研究旨在通过分析共享经济模式对人道主义后勤的额外贡献，同时将 2019 年伊朗洪灾作为一个分析单元来填补这一空白。此外，本研究也强调了工业 4.0 技术在整个人道主义援助中的作用。

从 2019 年 3 月中旬至 4 月，伊朗新年假期（Nowruz，诺鲁孜节）期间，大范围的山洪暴发影响了伊朗 31 个省中的至少 26 个省（IFRC, 2019）。图 11.2 所示的戈勒斯坦省、法尔斯省、胡泽斯坦省和洛雷斯坦省是受影响最严重的地区。超过 70 人死亡，26 万人流离失所（IFRC, 2019; Peyravi *et al.*, 2019）。受灾地区约1900个城市和乡村全部或部分被损毁，78条道路受阻，84座桥梁倒塌。据报道，伊朗全国有140多条河流决堤，409处山体滑坡（Tolooei *et al.*, 2019）。根据官方报告，洪水造成至少22亿美元的损失，主要是农业的损失（Tolooei *et al.*, 2019）。由于许多人在诺鲁孜节假期出行，在16分钟的强降雨后，许多道路上山洪暴发造成了致命事故，尤其是在法尔斯省（IFRC, 2019）。据红新月会（Red Crescent）称，由于毁灭性洪水，有200万人需要人道主义援助（IFRS, 2019）。在上述洪水发生仅9个月之后，2020年1月9日的强降雨导致克尔曼省、锡斯坦省和俾路支斯坦省以及霍尔木兹甘省等省份暴发大洪水（IRCS, 2020）。据伊朗红新月会称，应急救灾人员为锡斯坦－俾路支斯坦省的74 000多人提供了救济，并为7916人提供了紧急住房（IRCS, 2020）。

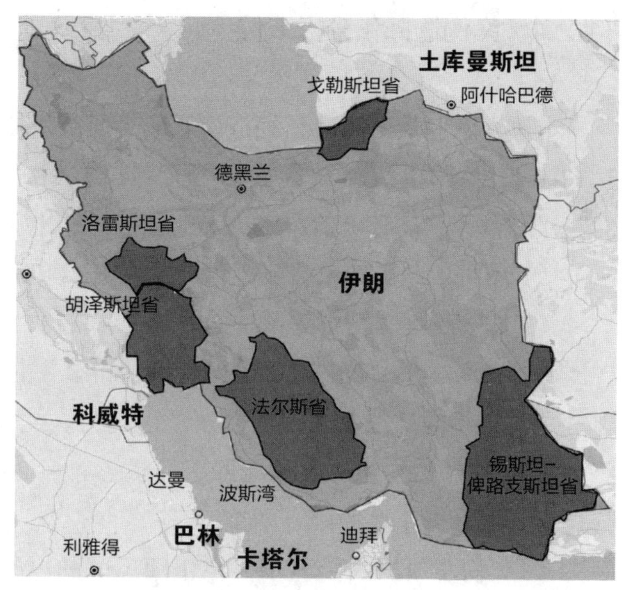

图11.2　2019年伊朗受洪水影响最严重的省份

11.2　研究方法

本研究遵循案例研究方法（Barratt *et al.*, 2011）。该方法建议研究人员将重点放在四个主题上来设计研究：①时间；②灾害的地点和类型；③数据收集和分析技术；④研究的实践和理论意义。

11.2.1 案例选择和分析单位

本研究选取了三家共享经济公司作为研究对象。所有案例都选自从 2019 年 3 月中旬开始的伊朗洪灾救灾阶段，受灾群众和向他们提供救济的人都使用过的在线平台、移动和电信技术。三家被选中的电子商务初创公司如下：

（1）Digikala（一家在线销售商品的 B2C 电子商务平台公司）；

（2）Snapp（一家共享乘车公司）；

（3）Divar（一家用于在线买卖商品和服务的 P2P 电子商务公司）。

所有案例的访谈都在伊朗以波斯语进行。此外，这三家电子商务公司在网络和移动平台上也处于活跃且可用的状态。在 2019 年伊朗洪灾的背景下，选择这三个案例的主要原因有两个：

（1）初步数据收集显示，在伊朗不同的电子商务初创企业中，只有这三家公司参与了对洪灾的人道主义响应。

（2）本研究其中一位作者作为人道主义组织的工作人员在救灾工作中发挥了直接作用，因此有机会进行观察。

11.2.2 数据采集

在本研究中，数据采集的三个来源是文件、访谈和观察。对数据进行三角测量有助于验证研究结果（Barratt *et al.*, 2011）。为了收集数据，2019 年 4 月 6 日至 25 日，研究小组与伊朗红新月会在不同省份及总部的管理人员进行了 6 次半结构化访谈，访谈共耗时 210 分钟，如表 11.4 所示。其中 4 人为当面采访，2 人为电话采访。以来自法尔斯省和戈勒斯坦省的 4 名省级主任和副主任以及 2 名总部管理人员为采访对象，他们在灾害期间都是积极的决策者。半结构化访谈主要围绕表 11.4 中的主题进行。

研究小组对所有与 2019 年洪水有关的文件都进行了扫描，并提取了数据。公司的官方网站、伊朗官方通讯社的新闻播报的具体情况和相关人群（Digikala、Snapp、Divar、伊朗红新月会）的官方报告被用作其他信息来源。为了防止在数据采集过程中出现信息不明的情况，研究小组在三个具体情况中组织了与伊朗红新月会和公共关系部的知情人士面谈。所有的访谈信息均在双方同意的情况下进行记录和转录，并用于数据分析。

表11.4 半结构化访谈详情

职位	组织	日期	形式	时长/分钟	主题
志愿者事务副主任	戈勒斯坦省红新月会	2019年4月19日	电话	30	Digikala在戈勒斯坦省洪水救灾中的作用，在线平台和救灾人员之间的协调问题，未来合作计划
主席	伊朗红新月会志愿者组织	2019年4月21日	面谈	30	在线平台和工业4.0救灾能力，在线平台和救灾人员之间的协调问题，未来合作计划
青年事务副主任	法尔斯省红新月会	2019年4月21日	面谈	60	Snapp和Divar在法尔斯省洪水救灾中的作用，IRCS计划将在线平台整合到救灾中并融入共享经济的挑战和机遇
营救和救援副局长	法尔斯省红新月会	2019年4月21日	面谈	30	Snapp和Divar在法尔斯省洪水救灾中的作用，IRCS计划将在线平台整合到救灾中并融入共享经济的挑战和机遇
主任	戈勒斯坦省红新月会	2019年4月19日	电话	30	Digikala在戈勒斯坦省食品救灾中的作用，在线平台和救灾人员之间的协调问题，未来的合作计划
慈善局局长	伊朗红新月会志愿者组织	2019年4月22日	面谈	30	在线平台和工业4.0救灾能力，在线平台和救灾人员之间的协调问题，未来的合作计划

11.2.3 数据分析

所有从文件和访谈中提取的数据均使用MAXQDA 18软件进行分析。分析围绕的六个主题是：①业务类型；②创新类型；③灾难阶段；④参与者；⑤地点；⑥重点领域。其中，有五个主题是基于 Altay 和 Kovács（2018）所做的工作，并添加了一个附加主题（业务类型）以确定电子商务的类型。

11.3 研究发现

在 2019 年伊朗洪灾期间及之后，许多人想帮助受灾群众，大部分捐赠品都是现金和物品（Peyravi *et al.*, 2019）。此外，大量组织和行业根据自身的社会责任，向伊朗红新月会等人道主义组织捐赠现金，并发放所需要的基本物资帮助受灾群众（Peyravi *et al.*, 2019）。在伊朗，一些电子商务初创企业首次以共享经济的方式帮助人们。

11.3.1 Digikala：按需分配

Digikala 和伊朗红新月会引入了一种收集和分发援助的创新解决方案。Digikala 目前是伊朗最大的电子商务初创企业，每天有大约 170 万名访客，伊朗 85% 的电子商务都在 Digikala 上进行（Assarzadeh and Aberoumand, 2018）。Digikala 拥有中东和北非（MENA）最大的货物处理中心，并使用工业 4.0 技术提供一系列服务，例如将移动应用程序、连接设备、使用射频识别和其他传感器的实时信息用于他们的运输车队。业务包括 Digikala 在线商店、Digikala 生鲜、DigiPay 作为货币交易的在线基础设施、在线广告服务、云服务、大数据，以及用于生产相关产品和服务的文本、照片、视频等内容的内容工厂（Digikala, 2019）。Digikala 在伊朗首都德黑兰拥有 3 个处理中心和仓库，在全国拥有 33 个配送中心（Moharrami and Tahmasebi, 2019）。

在洪灾发生的最初几天，Digikala 与伊朗红新月会合作开展了一项活动，为人们筹集援助物资并将其送往戈勒斯坦省红新月会省级分支机构。伊朗红新月会列出了所有必需品，Digikala 则将这些商品放在他们网站上提供折扣的特殊页面中，让客户可以从 Digikala 购买毛毯、保暖衣服和卫生用品并捐赠给受洪灾影响的人群，然后再将它们直接送到受灾地区的戈勒斯坦省红新月会分部进行分发（Digikala, 2019）。该活动主要使用了在线平台、移动和电信技术。在6天的时间里，派送了7700件商品，价值50 000美元（Digikala, 2019）。在伊朗东南部的锡斯坦－俾路支斯坦省于2020年发生了一次洪灾，Digikala再次提供人道主义援助。Digikala宣布，人们可以通过其网站以50%的折扣购买基本生活物资并向受洪灾影响的人群捐赠。人们可以在他们的订单中选择人道主义非政府组织，之后他们捐赠的物资将被交付给该组织。Digikala表示，该活动将持续3个月，直到2020年4月结束。

戈勒斯坦省红新月会主任在采访中表示：

> “在传统的获取捐款的方式中，人们通过现金和非现金项目来获得帮助。我们可以用现金捐款来购买受灾群众需要的物资，但非现金捐款物却很难被分发，因为许多是主动捐赠的物品。当Digikala询问我们对分发给受灾群众的需求时,他们在线上商店里公布了这些需求，结果所有的非现金物品都被顺利分发给了受灾群众。”

因此，非现金捐赠的最有效方式似乎是通过Digikala等在线平台捐赠。在线平台在伊朗应对洪灾中的另一个作用是援助运输和人力资源。戈勒斯坦省红新月会的代表在接受采访时强调：

> “在以前的灾难中，我们在运送援助物资方面遇到了困难。因为红新月会在不同省份的重型车辆数量有限，在紧急情况下很难找到车辆。然而，Digikala通过从它自己的仓库向我们位于戈勒斯坦省的（红新月会）配送中心运货来提供帮助。这意味着它的交通网络在灾难中帮助了我们。此外，它还对仓库和运输人员进行了培训。Digikala帮助我们集中人力资源进行救援和救济，并产生了更好的响应。”

信任度和透明度高是洪灾期间人们使用Digikala在线平台的另一原因。法尔斯省红新月会代表强调：

“许多人不信任受灾地区的人道主义组织，他们选择亲自帮助受灾群众以确保捐赠物能够送达灾民手中。Digikala 的无线射频识别系统为所有捐赠者提供了一个机会，让他们能够实时查看这一过程并分享他们捐赠给受灾群众的物资的地理位置。”

11.3.2 Snapp：人道主义运输

Snapp 是伊朗最大的在线交通网络公司（Assarzadeh and Aberoumand, 2018）。它于 2014 年推出叫车应用程序，用户可以通过基于 Windows、iOS 或 Android 平台的应用程序叫车。Snapp 拥有 30 万名司机和 1000 万名注册用户，在城市交通中发挥着重要作用，尤其是在伊朗的大都市地区（Assarzadeh and Aberoumand, 2018）。这家公司并不提供汽车，而是作为拥有汽车的司机和需要交通服务的乘客之间的连接纽带。法尔斯省和洛雷斯坦省两个主要省份发生了大洪灾，Snapp 在洪灾发生时宣布，在两大内所有在法尔斯省设拉子地区（Shiraz）的受灾群众和游客将可以免费享受到达预定目的地和紧急避难所的服务。发生洪灾时正值新年假期，许多受灾群众是来自其他城市的游客，因此他们并不熟悉这个地区。Snapp 的这一举措将许多在洪灾中丢失了钱和行李的幸存者免费转移到另一个安全的地方，提供了帮助且格外贴心。此外，利用这一举措，人们免费分发了救济物品。

在洪灾期间，疏散游客是人道主义组织的职责之一，而这一职责得到了共享乘车在线平台 Snapp 的支持。法尔斯省红新月会代表表示：

“在每一次灾难中，由于缺乏车辆和司机，我们在疏散和运送受灾群众方面都会遇到问题。在这场灾难中，Snapp 提供了很大的帮助。网约车平台免费为受灾群众提供汽车和来自司机的帮助，它提高了法尔斯省的救灾能力。”

在洪灾发生之前和洪灾期间，在线平台公司和人道主义组织之间缺乏协调是一个挑战。伊朗红新月会公共捐赠局负责人表示：

“在洪水来临前，我们与这些公司没有进行过任何协调。我们没有意识到它们的潜力，它们也不知道我们的救灾计划。这导致我们在洪灾期间缺乏协调，特别是与 Divar 网站和 Snapp 的协调。洪灾过后，我们与企业进行了一次会晤，我认为这将增强下一步与在线平台和共享经济公司在人道主义援助方面的合作。”

11.3.3 Divar：提供服务和货物

洪水过后，设拉子地区（法尔斯省）面临的一个问题是，为无处可去及受道路封锁影响的受灾游客寻找避难所。许多住在法尔斯省的人通过 Divar 网站免费向受灾游客提供房屋。Divar 是伊朗最大的买卖二手商品和服务的分类公司（Assarzadeh and Aberoumand, 2018）。它的网站涵盖了伊朗所有的商品和服务，每个人都可以提供和购买服务或商品，甚至可以提出请求。在 Divar 网站上，有意租售商品和服务的用户会拍摄各自的商品或服务地点，设定相应价格，并分享他们的联系方式。向受灾群众提供的人道主义援助的服务包括移动修理、车辆修理、洗衣和类似服务。这些免费提供的服务弥补了伊朗官方人道主义组织在人道主义后勤方面的不足。最终，工业 4.0 技术极大地帮助了法尔斯省设拉子地区山洪暴发后的受灾群众，尤其是对该城镇或服务地点不熟悉的游客。

如何把技术熟练的志愿者与受灾群众进行精准匹配是使用在线平台的另一个挑战。在伊朗的大洪灾中，许多专业人士通过 Divar 网站向受灾群众提供服务。法尔斯省救灾副代表表示：

“在伊朗红新月会，我们有许多救援受灾群众的志愿者，但我们总是很难找到专业的志愿者。例如，我们几乎找不到任何建筑或汽车维修领域的志愿者。但在这次洪灾中，我们第一次找到来自不同服务部门的志愿者，他们通过 Divar 网站提供服务。为受灾群众提供免费的专业服务是非常有帮助的。”

在过去的灾难中，技术娴熟的志愿者没有组织，因此也就不知道受灾群众的需要以及帮助他们的方法，同时受灾群众也无法获得服务提供者的帮助。通过工业 4.0 技术和在线平台将匹配技术应用于灾难救济中，是救灾和恢复的有力支撑。在线公司在人道主义援助中面临的挑战是匿名和不信任。法尔斯省红新月会青年代表表示：

“一些受灾群众告诉我们，他们无法信任 Divar 网站提供的人道主义服务，因为他们不知道是谁在提供这些服务。此外，官员们也对网站服务发出了警示，因为其中一些是欺诈性的。他们无法确认通过 Divar 网站提供的服务是否为人道主义援助。”

11.3.4 无人机

工业 4.0 技术在伊朗洪灾中的另一个用途是在救灾过程中使用无人驾驶飞行器或无人机。戈勒斯坦省红新月会主任表示：

“在洪灾期间，我们使用无人机空投人道主义和医疗援助，监测道路交通，并绘制受灾地区地图。”

伊朗红新月会官方报纸的一篇文章报道了 2019 年伊朗洪灾期间无人机的不同用途（Mahdad, 2019）。根据这篇文章，无人机被用来向被洪水包围的受灾地区分发医疗援助和药品，监测大坝以便在溃坝时发出预警，并在受洪水影响的地区搜寻失踪人员（Mahdad, 2019）。文章称，在救灾阶段，伊朗有 400 名志愿无人机飞行员与人道主义组织合作（Mahdad, 2019）。

11.4 结果讨论

本节讨论了研究结果的意义，以供决策者、响应者和研究人员用于未来研究。需要注意的是，伊朗的报告机制和数据登记系统结构不够完善，无法有效地收集定量数据。因此，从与关键知情人的访谈中提取的定性数据可以替代 Snapp 和 Divar 提供的在线服务的定量数据。此外，仓库、车辆和其他设备没有在很大程度上用于救灾（Tolooei *et al.*, 2019）。伊朗红新月会的秘书长和主席表示，2019 年伊朗洪灾的救灾工作受到干扰，主要是由于救援工作的重复、交通和基础设施故障、不必要的捐赠以及与受灾群众的文化和宗教背景相关的其他问题（Peyravi *et al.*, 2019）。

定性研究（文件分析和与主要知情人士的访谈）的结果表明，地方共享经济可以潜在地利用新技术为灾害管理提供创新的解决方案。例如，Digikala 与伊朗红新月会在伊朗的合作可以被视为人道主义后勤的创新解决方案。如果没有 Digikala，伊朗红新月会将面临更多问题，例如，缺乏开展仓储和配送活动的能力。同时，Digikala 表明，通过有效的合作，他们可以在多个领域利用共享经济的能力，其中一些应用程序用于救济分配、库存管理、需求评估和采购；尤其是 Digikala 使用了工业 4.0 技术，如射频识别和物联网，以提供实时信息、更好的仓库库存可视性，以及受灾地区的分销渠道。人道主义组织可以与共享经济激励机制合作，因为后者可以通过遍布全国的供应商和设施的广泛网络提供巨大的力量。伊朗红新月会的一名管理人员表示：

> “在 Digikala 提出这一倡议之后，我们开始了关于未来合作的谈判。此外，Bamilo（伊朗的另一家在线公司）也来找我们进行类似的合作（Bamilo 拥有类似的共享经济模式，是 Digikala 的竞争对手）。”

我们的研究结果与研究在救灾过程中共享经济激励措施的影响的文献一致，例如，美国优步和中国的滴滴出行（Gray, 2018; Li *et al.*, 2018; Naoum-

Sawaya and Yu, 2017; Prassl and Risak, 2015; Wong *et al.*, 2018）。优步在其紧急协议中已经为飓风和洪水等紧急情况做好了准备，其中包括修改价格、与不同利益相关者合作，以及在美国和印度发生灾难期间为当地社区提供灾难援助（Gray, 2018; Prassl and Risak, 2015）。例如，2015 年印度洪灾和 2016 年佛罗里达州飓风后，优步利用其技术为受灾群众提供免费乘车前往避难所的服务，为急救人员提供餐食，疏散并运送志愿者以及为当地非营利组织提供支持（Gray, 2018）。优步和伊朗的 Snapp 区别在于，2019 年洪水过后，Snapp 特别调配员工为受灾群众提供帮助，同时暂停正常运营，例如，在其中一个受灾地区，Snapp 主要侧重于在法尔斯省设拉子地区的 29 个预先选定的目的地和洛雷斯坦省霍拉马巴德地区的 11 个紧急避难所，为寻求避难所的受灾群众提供乘车服务。基于以上阐述，我们有了第一个提议（proposition）：共享经济激励措施和工业 4.0 技术可以帮助自然灾害中的第一响应者进行库存管理、需求评估和采购。

文献中的一些研究描述了提供服务对共享经济激励措施在救灾中的作用（Dolnicar, 2018; Hajibaba *et al.*, 2017; McNamara, 2015; Prot, 2019）。Divar 作为 P2P 服务交付共享经济体，通过各种服务帮助受灾群众，例如，寻找住房、修理汽车和手机、打扫房屋；Divar 网站充当了捐助者与受灾群众之间的桥梁，这类似于爱彼迎作为 P2P 住宿共享经济体，它在为世界各地数次灾难中的受灾群众提供住宿方面发挥了重要作用（Dolnicar, 2018; McNamara, 2015; Prot, 2019）。2017 年，在应对飓风“哈维”期间，许多流离失所的灾民试图寻找避难所，爱彼迎便被广泛用于寻找紧急避难所（Dolnicar, 2018），这是通过在网站上专门设立一个页面实现的，该页面在 2017 年为被疏散人员提供免费住宿时也发挥了作用（Dolnicar, 2018）。

伊朗洪灾期间，Divar 的另一个作用是将志愿者与受灾群众联系起来。许多人通过 Divar 网站和移动应用程序，向寻求帮助的人特别是在法尔斯省石砬子地区度假的游客提供住处。尽管 Divar 与爱彼迎的业务性质不同，但作用与 Dolnicar（2018）所做的研究一致。该研究调查了澳大利亚居民接待受灾害影响游客的意愿以及游客接受居民提供的帮助的意愿，结果表明，居民接待受影响游客的意愿，超过了受影响游客在早期响应阶段留在居民家的意愿（Dolnicar, 2018）。此外，Divar 共享经济模型与旧金山的 Nextdoor 应用程序有相似之处。在旧金山，许多技术人员可以通过该应用程序与受灾群众联系并为其提供服务，例如修理房屋和汽车（Smith *et al.*, 2018）。伊朗的 Divar 也有类似的功能；然而，应当指出的是 Divar 的救灾潜力可能会受到文化影响。尽管如此，伊朗的人道主义组织仍可以与 Divar 合作，以解决灾害导致的其他问题，如派遣更多能熟练提供相关服务的志愿者。我们的第二个提议：共享经济激励措施和工业 4.0 技术可以在救灾中发挥多重作用，例如联系和服务受灾者。

所有这些基于互联网的激励措施都为人道主义后勤提供了创新的解决方案。Altay 和 Kovács（2018）研究了人道主义供应链中的创新，并定义了人道主义背景下创新的四个特征（Altay and Kovács, 2018）：①创新类型；②灾害阶段；③参与者；④地点。表 11.5 显示了调查结果和文献中基于这四个特征的共享经济分类。

表11.5　2019年伊朗洪灾中人道主义后勤共享经济激励机制和在线平台的创新

2019年伊朗洪灾中的案例分析			
案例	Digikala	Snapp	Divar
业务类型	企业对客户	个人对个人	个人对个人
创新类型	新的服务和流程	新的服务	新的服务
灾害阶段	即时救灾	即时救灾	即时救灾
参与者	人道主义组织、捐助者	捐助者、志愿者	捐助者、志愿者
地点	场地、全国各地	场地	场地
侧重领域	救济分发、库存管理、需求评估、采购	救济物品分发	提供并分发救济物品

从表 11.5 中可以看出，所有灾害阶段都与即时响应有关，即灾害发生的最初的两天（Snapp 和 Divar）和第一周（Digikala）。在那之后（救灾和恢复），这些举措被削减，但对这些服务的需求仍在持续增长。原因之一可能是这些倡议与人道主义组织以及政府之间缺乏合作。伊朗红新月会是与这些倡议合作的唯一人道主义组织。我们的研究结果表明，人道主义组织、非政府组织和官方与电子商务初创企业之间的合作可以提高救灾能力。它将在需求评估、库存管理、采购、救济分发等过程中帮助应急人员。

共享经济有助于解决人道主义后勤面临的诸多问题，如需求的不可预测性、短时间内大规模需求的迫切性和资源管理的不足。我们的案例研究表明，如果人道主义组织与共享经济激励措施有效合作，这些问题是完全可以被解决的。Snapp 为志愿者和受灾群众提供免费乘车服务，Digikala 以从始发地向受益人运送货物的方式提供帮助，而 Divar 则为受影响的人提供住房和庇护所。

因此，我们的第三个提议为：共享经济激励措施和工业 4.0 技术可以提高人道主义后勤的有效性和效率。

11.5 结论

本研究基于 2019 年伊朗洪灾的三个案例，就共享经济激励措施和工业 4.0 技术对改善人道主义后勤的影响提出了看法。研究发现，共享经济可以成为防灾、救灾和灾后恢复的有力支持。2019 年伊朗洪灾的调查结果显示，Digikala、Snapp、Divar 等共享经济应用在救灾阶段的人道主义物流中发挥了重要作用。我们的研究证实了之前关于全球其他共享经济激励措施的研究，例如爱彼迎和优步，它们在最近的多起灾难中为受灾群众的住宿和交通提供了帮助。

人道主义组织和人道主义后勤的其他参与者可以在其范围内与共享经济激励措施密切合作。这种激励措施有助于为受灾群众提供食物、住所、药品、交通服务等。对于共享经济激励措施，这种合作有助于社会责任的倡议行动。通过移动应用程序和其他通信技术连接受灾群众和捐赠者，以及使用射频识别和物联网来优化仓储和配送活动，共享经济可以充当受灾群众与捐赠者之间的桥梁。政策制定者和管理者不应忽视这种将他们的努力与受益者联系起来的潜力。总体而言，我们提出了三个提议：①共享经济激励措施和工业 4.0 技术可以在库存管理、需求评估和采购方面帮助救灾者；②共享经济激励措施和工业 4.0 技术可以在救灾中发挥多重作用，如联系和服务受灾群众；③共享经济激励措施和工业 4.0 技术可以提高人道主义后勤的有效性和效率。

应当指出的是，需要进一步收集关于共享经济和工业 4.0 技术在人道主义后勤中发挥作用的证据，并将重点放在共享经济的不同方面和灾害管理中可用的其他技术。研究人员可以将重点放在工业 4.0 技术的不同应用以及与其他大规模的共享经济应用（如现金转移）的整合上。根据我们的调查结果，人道主义组织应与共享经济激励机构合作，以提高其应对活动的有效性和效率。这种合作可以在援助的来源地或消费地进行。共享经济可以有效改善灾害混乱局面下的后勤工作。

需要指出的是，我们的研究受到研究案例数量的限制。本研究的研究结果基于2019年伊朗洪灾中的三家共享经济初创企业，这影响了我们研究的普遍性。未来，研究人员可以研究优步、Waze、爱彼迎等拥有更广泛国际网络的其他共享经济激励措施的影响。还可以进一步研究调查如何促进人道主义组织和电子商务初创企业之间的合作。

○○○○○○

第12章

寻找供应链4.0的人文因素：

将学习约定为未来供应链组织的杠杆

亨宁·德哈斯（Henning de Haas）、约翰·班·马赛厄森（John Bang Mathiasen）、瑟伦·绍尔德·安德生（Søren Skjold Andersen）、托本·坦博（Torben Tambo）

○○○○○○

供应链管理 2.0（SCM 2.0）侧重于建立决策程序和信息流来管理上游和组织内部流程，以确保实体商品无缝向下游流动（Christopher, 2016; Priem and Swink, 2012）。焦点问题是降低物流的可变性，因为它会导致整个供应链中出现缺货、低生产率、高在制品水平（high level of work-in-progress）和库存缓冲等形式的成本浪费（Slack *et al.*, 2019）。

显然，第三次工业革命已经悄无声息地改变了学术界和实践者的思维方式。在当前向供应链管理 4.0（SCM 4.0）过渡的过程中，数字技术已处于可用阶段，为信息系统和供应链设备的完全数字化铺平了道路。

在供应链管理 4.0 时代，企业有机会形成新的决策实践（Kagermann *et al.*, 2013）。数字信息系统、SCM 设备、人工智能和大数据的指数级发展改变了决策方面的游戏规则（Mathiasen and Clausen, 2019）。本质上，企业必须学习如何管控地域分散的供应链，这与竞争主题以及适应或采用 SCM4.0 的数字技术都相关。

基于杜威的实用主义（Deweyan pragmatic learning understanding）（Brandi and Elkjær, 2019; Cohen, 2007; Dewey, 1938），我们将学习定义为问题解决方案的逐渐演变。人类的思维和行为要么依赖于习惯性的思维态度，要么依赖于反思性的思维态度（Miettinen, 2000），前者是预知性的（pre-cognitive），后者是认知性的。在供应链中，习惯性的心态形成了常规决策的基础，而反思性的心态则是学习的先决条件。

在供应链管理 4.0 时代的开端，一般的思维方式仍然源于 20 世纪中叶发展起来的“丰田生产系统”的原则（Ohno, 2006; Eaidgah *et al.*, 2016）；在供应链管理 2.0 时代，使用这些原则已成为一种习惯（Holm, 2018; Mathiasen and Clausen, 2019），其中强调了人工操作的观念模式（Galsworth, 2017），使用模拟而不是基于软件的系统（Parry and Turner, 2006）和易于理解的信息（Liker and Meier, 2006）。

考虑到运营供应链的从业者在地理上分散，并且大部分为供应商和客户（Contractor *et al.*, 2010），决策发生在不同的地点和时间。在供应链管理 2.0 设置中，信息存储在孤岛型的功能库（functional silo）中（Werner and Woltsch, 2018），位置距离和时间距离都会导致孤立的决策。Forrester（1958）展示了基于不协调信息流的孤立决策是如何导致“牛鞭效应（bullwhip effect）”的，即供应链上游需求变化不断升级，从而导致整个供应链的库存水平提高和交付绩效不佳。这种 SCM 2.0 管理行为的结果是，决策建立在思维习惯的基础上，因此供应链缺乏响应性、可靠性和弹性。然而，SCM 4.0 加快了转变的步伐，尤其是供应链决策的复杂性（Frank *et al.*, 2019; Hahn, 2019; Kagermann *et al.*, 2013; Vaidya *et al.*, 2018）。决策的复杂性不仅源于整个供应链中不协调的物质流（physical flow of material），即“库存烟囱（inventory walls）”（Forrester, 1958），还源于潜在的“信息边界”。实际上，SCM 4.0 提高了信息的透明度，这使得消除“库存烟囱”和“信息边界”成为可能。然而，如果企业不能摆脱管理 SCM2.0 设置的惯用方法，其结果可能是决策者同时面临“库存烟囱”和“信息边界”，会影响个人和集体学习（Mathiasen and Clausen, 2019）。因此，摆脱这种习惯性管理 SCM 2.0 的方式似乎至关重要。

为此，本章旨在加深对学习是如何成为从 SCM 2.0 持续转型到 SCM 4.0 的杠杆的理解。指导本研究的研究问题是：企业如何摆脱 SCM 2.0 的习惯思维？本章赞同一种基于实践的学习观点（Brown and Duguid, 1991），信息越多并不意味着决策越正确（Galbraith, 1974）。基于杜威的实用主义（Dewey, 1938），在公司内部和跨公司内实现学习并因此作出合适决策的合适方法取决于决策过程是否会干扰从业者的习惯心态，从而使一个或多个从业者能够运用他们的反思心态提出解决方案。

本章首先介绍了相关理论，然后介绍了研究方法，接着对案例研究进行了描述、分析和讨论。

12.1 研究理论

本节介绍了 SCM 2.0 和 SCM 4.0 时代的决策以及决策的复杂性。然后，探讨了供应链管理中的实践性学习。

文献综述需要用到 EBSCO 主机数据库和 Academic Search Premier 以及 Business Source Premier。EBSCO 主机数据库是一个多学科数据库，包含 4600 多种期刊的全文。

使用以下关键词进行两次搜索：①供应链 4.0 和学习型组织；②供应链管理和学习型组织。第一次搜索返回 35 个匹配项，第二次搜索返回 53 个匹配项。系统检索显示，在第一次搜索的 35 个匹配项中，有 30 篇文章也是第二次搜索结果的一部分；不属于第二次搜索的 5 篇文章与机器学习、人工智能等有关，而不是组织性学习；因此，把这些文章排除在外。在这 53 篇文章中，有 19 篇文章涵盖了供应链和组织环境中的学习。

12.1.1 供应链管理 2.0 时代的决策

供应链管理被提上议程已有近 40 年（Oliver and Webber, 1982）。供应链管理与工业革命齐头并进，供应链管理 4.0、工业 4.0 与 20 世纪初的工业化有着深刻的历史性的联系。1908—1914 年，“福特工厂（Ford's Work）”的成功意味着面向已知客户的基于工艺的个性化生产被面向未知客户的基于机器的大规模标准化产品装配线生产所取代（Wilson, 2014）。当时，工人被认为是一种用手劳动的工具，因此不被允许参与决策。在接下来的几十年里，人们零星地尝试寻找方法让从业者持续地学习，为决策做出贡献。正如 Bessant 等人（2003）

指出的："制造业不再仅仅是通过使用标准设备和技术将投入转化为产出的业务……可持续增长取决于掌握生产中知识内容的能力，而这只能通过发展在整个经济活动中学习的能力实现。"

尽管存在许多 SCM 定义，但大多数似乎围绕三个要素展开：①网络结构；②业务流程；③管理组件（Lambert *et al.*, 1998）。一个众所周知的 SCM 定义是："管理与供应商、客户的上下游关系，以较低的成本为整个供应链提供卓越的客户价值"（Christopher, 2016）。这种理解 SCM 2.0 的方法对于学术界和现实世界都是至关重要的。然而，直到最近，供应链管理的"软（soft）"方面还没有受到太多的关注，例如，管理方法和从业者参与决策所面临的挑战在于：所应用的供应链管理模型并没有捕捉到现代供应链管理中决策方面的复杂性。

12.1.2 供应链管理中决策的复杂性

Forrester（1958）是计算机科学的先驱，他提出了"系统动力学（system dynamics）"的概念，以揭示在不恰当的基础上进行决策活动的后果。Forrester 的理论是在供应链管理 2.0 时代发展起来的，这意味着决策的信息透明度低，并且在决策过程中缺乏操作层面从业者的参与，决策者无法区分并充分了解影响其决策的动态因素，例如，供应链活动中不断发生的变化；换言之，整个供应链的决策不协调会导致需求和产能利用率的波动，通常，决策是基于问题症状而不是根本原因分析。

与其他所有人一样，决策者也会受到未来形象（image of the future）的影响（Mathiasen, 2017）。决策者考虑的目的会影响决策过程（Mowles, 2012），但正如 Schön（1983）指出的那样，这种"脑海中的目的（end-in-view）"并不是决策的目的；相反，这是一个可能永远无法实现的理想结果（Gotesky, 1963）。决策者对未来发展方向的认知可能是清晰的，也可能是模糊的，但他们的最终目标将对决策和供应链管理的学习产生微妙而深远的影响。

供应链管理 2.0 时代的特点是打破"库存烟囱"，因为它是阻碍优化决策从而减少缺货、提高生产率的重要障碍。在供应链管理 4.0 时代，决策者将面临新的挑战，下文将详细阐述。

12.1.3 供应链管理 4.0 时代的决策

供应链管理 4.0 与第四次工业革命——工业 4.0 齐头并进。工业 4.0 的概念通常被理解为技术的总括（Kagermann *et al.*, 2013），包括大数据分析、机器学习、机器人、仿真、物联网、网络安全、增材制造、增强现实技术、云计算等（Yin *et al.*, 2018）。这些新的数字技术导致了供应链管理的颠覆性变革（Liboni *et al.*, 2019），并将对从业者的决策方式产生重大影响（Kagermann *et al.*, 2013; Frank *et al.*, 2019; Hahn, 2019; Vaidya *et al.*, 2018）。

供应链管理的数字化要求数据和信息的互操作性和透明度。供应链管理 4.0 与工业 4.0 一样，被认为是一个赛博物理系统，所有供应链设备（包括机器、传感器和信息系统）都连接在一起。所有这些子系统之间的互操作性实现了整个供应链的数据驱动决策。数据驱动决策为运营效率、可持续性和新商业模式带来了新的机遇（Hahn, 2019）。然而，SCM 4.0 需要在供应链管理和决策过程中进行范式转换（paradigm shift）。

SCM 4.0 时代的决策复杂性不仅仅是因为与物质的物理流动相关的不协调问题。相反，供应链的持续数字化将是增加复杂性的关键因素（Kagermann *et al.*, 2013），因此决策者需要自我管理，消除自我管理决策者之间的信息边界。正如 Carlie（2004）提醒的那样，问题始终在于如何让更多的信息变得容易获得，而挑战是让正确的信息变得容易获得——让决策者挑战他们习惯性的思维态度，从而实现基于实践的学习。

12.1.4 基于实践的学习

与 Brown 和 Duguid 基于实践的学习（1991）、Nonaka 等人的 SECI 知识创造方法（2014）一样，Nicolini 等人（2012）强调学习是基于实践的。实际上，理解基于实践的学习的关键是承认知识、学习和行动的相互关联性（Brandi and Elkjær, 2019）；当从业者寻找问题的解决方案（即决策）时，实践就会展开。因此，学习的核心是在实践中工作，从而成为一个反思性从业者（Schön, 1983）。

Schön（1983）认为，当一个反思性从业者参与决策过程时，他们会观察每一个行动的结果并将思想和情感作为指导后续行动的工具。反思性决策是一个在行动中思考的过程（Mathiasen and Koch, 2015）。然而，并非所有的行动都是反思性的，大多数从业者的行为都是习惯性的。实际上，习惯性行为是"社会的大飞轮（the great flywheel of the society）"（Miettinen, 2000: 68）；有这种习惯性的行为是生活在当今社会的先决条件。例如，当我们在笔记本电脑上工作时，我们不会注意程序和操作系统，否则就无法专心工作；我们在开车时不会考虑太多，否则就无法专心驾驶。Cohen（2007）强调，这些习惯性行为不是僵化的、盲目的，而是可变的、不断发展的。实践性学习的前提是超越思维的习惯态度，从而激活思维的反思态度。

学习并非源于个体从业者、组织或高层管理人员；相反，学习是定位的，它在处理有问题的情况时与行动背道而驰（Brandi and Elkjær, 2019）。扰乱思维习惯心态的行为是引发学习的基础。要超越这种习惯心态，就必须处理好这个问题，即决策必须是真实的并立足于实践。一个成功的决策会激活从业者思维的反思心态，让从业者开始反思。参与并成功完成决策有助于找到问题的解决方案和学习方案（Elkjær, 2004），增强与网络决策、协作相关的能力。如果没有对问题情境的正确定位，传统思维将严重影响从业者的决策，也就不会引发学习。

人们越来越担心供应链中的学习问题仍然把个人问题和缺乏分享知识的动机摆在首位，而不是重点解决如何管理供应链和信息流的问题（Brandi and Elkjær, 2019）。任何供应链中的执行基础都是企业相互作用的组织，组织确保管理政策，形成和管理原则、规则和程序；根据公司的组织设计，该组织具有一套特定的行为或特征，这些行为或特征根据市场情况、柔性需求、创新等情况给公司带来不同的机遇。Frederic Laloux（2014）提出了组织的五个发展阶段，青色组织（teal organization）是组织进化的最高层次，这种类型的组织特点是有意开发人的潜能，建立在员工自我管理和自我发展的原则之上，其先决条件是有一个强有力的“未来形象”，组织中的所有人都可以在这方面找到决策指导。青色组织面临的一个挑战是传统管理方法的不适用性（Antipov *et al.*, 2017; Laloux, 2014）；青色组织的管理模式基于组织中人员的自我管理和自我发展原则（Kegan and Lahey, 2016），这样可以释放人类自我提升的潜力，并激发解决手头任务的动力。12.3 节将通过案例说明一家基于 SCM 4.0 技术的公司如何为自我管理的决策者形成供应链实践（Laloux, 2014）。

12.2 研究方法

本研究基于丹麦一家建筑公司的单个案例研究（Eisenhardt, 1989）。研究的重点是在自我领导的组织中工作的方式和供应链 4.0 技术的使用。考虑到我们的研究重点是理解供应链管理中的学习如何成为供应链管理 2.0 持续向供应链管理 4.0 转型的提升杠杆，因此仅用一家公司作为案例进行研究（Erkul *et al.*, 2013）。

本案例研究的主要目的是了解特定案例（Stake, 2000）。该案例的数据是通过与案例公司的联合管理团队进行的半结构化访谈的方式完成收集的。数据以问题注释和叙述片段的形式被记录下来，然后再系统化，作为从访谈中获得知识的方式（Seuring, 2008; Eisenhardt, 1989）。这些记录笔记被组织分类成从研究问题衍生的关键类别，即操作模型、信息交换过程、IT 平台、学习过程、响应 SCM 的学习过程、IT 和改进的操作能力，并从以下问题列表中收集：

（1）公司员工之间信息交流的主要方式是什么?

（2）在员工之间传播信息的关键障碍是什么?

（3）在看到您所在的组织地理位置分散时，您对于克服这些障碍的总体期望是什么?

（4）您了解哪些 IT 平台？您如何描述这些平台的知识维度?

（5）IT 平台中最关键的元素是什么，使用这些元素的主要动机是什么？

（6）您能否举例说明与 IT 平台支持运营相关的信息交换的关键流程？

（7）IT 平台如何支持整个组织的学习（如在提供学习内容和使用学习内容方面）？

（8）IT 平台与您的运营模式之间的关键关联是什么？

（9）您所在组织的运营模式的主要特点是什么？在工业 4.0 和供应链管理环境下，如何激发学习潜力？

（10）数字平台在运营环境中取得成功的关键障碍是什么？

（11）您如何描述您所在组织的学习？学习是一种竞争因素吗？

（12）您认为拥有学习理念的主要好处是什么？ IT 平台如何支持这一点？

（13）您能否举例说明学习是 SCM 持续改进的一部分？

（14）IT 平台是否只支持 SCM 流程，其是否涵盖更多的组织元素？

（15）您能看到 IT 平台在效率、有效性和员工福利方面的影响吗？

在将数字技术引入运营环境中时，本章借鉴了信息系统研究方法的基础来进行案例阐述和分析。信息系统中的许多经典方法都使用单一案例方法（Walsham, 1993）。在本章中，我们将看到技术与其应用领域之间的相互作用更加分散，并且更加深入地学习相关的工作系统和流程（Erol *et al.*, 2016）。

12.3 实证成果

本案例研究结果展示了新的 SCM 4.0 数字技术如何为促进跨组织边界的高度信息可访问性和通信铺平道路。这些数字技术在分布式组织中充当组织学习的杠杆。

本案例说明了材料和设备的密集流动主要是在闭环物流中运行的，关键是在客户服务、时间和成本方面优化供应链管理之间的权衡。该案例提供了一个学习和自我领导的组织的例子，作为解决供应链复杂性的答案，以提供最佳的客户服务，并寻求积极的工作环境。

案例公司是丹麦的一家建筑公司，简称 JR。JR 提供的服务是装配预制混凝土构件，如搭建墙壁、楼梯、阳台等。客户直接从不同的工厂购买混凝土构件，并将装配过程分包给 JR。该公司现有 24 名员工，分为 5 个团队：1 个办公室团队（4 人）和 4 个独立装配团队（20 人）。

JR 成立于 2012 年，在前公司的基础上建立，因此在其领域非常有经验。这家公司是私营的家族式企业，所有者也在做日常管理工作。该公司为“轻资产”或无资产模式运营，大多数设备都是在不同情况下租赁的，以确保财务自由和运营灵活性。公司更多地被视为人力资源、专业服务提供商，而不是有形的制造商。这与该领域的一般企业传统非常一致，也符合服务化和基于资本设备和执行分离的一般行业运营模式。公司采用非常灵活的雇佣 / 解雇计划，但由于劳动力稀缺、专业化且在裁员后难以重新招人，因此其关键目标是不断雇佣劳动力。该公司一直处于一个不断扩大的市场中，尽管它严格依赖于宏观经济状况，竞争可能来自那些试图自己雇佣劳动力而不是雇佣服务提供商的客户，市场中的外国参与者、“倾销”价格和劳动力条件也可能加剧竞争。数字化转型与该领域为了保持竞争力而进行的持续改进计划密切相关。

每个混凝土构件都是独特的，必须按照正确的顺序精确地放置在正确的位置。JR 计划提前一到两周安排物流，这样工厂就可以安排卡车把合适的构件装上运到施工现场。在一个选定的日子里，5~10 辆卡车会装载混凝土构件到达工地。由于卡车等待卸货也需要为其支付酬劳，而且在建筑工地上，空间是一种稀缺资源，因此需要预先对构件到达工地后的安排进行仔细规划。由于每个构件的重量基本都接近 10 吨，因此需要使用移动式起重机从卡车上卸载构件。移动式起重机也是租金昂贵的设备，因此卡车需要及时到达并准备好卸货。

施工现场是设备、人力和资源形成运输和处理预制构件成本驱动因素的交汇点。错误是独立的成本驱动因素，因为任何延迟都会对日常计划产生直接影响。错误的潜在来源有很多，如建筑图纸不完整、缺少正确的材料或工具、获取错误的构件、收到有缺陷的构件、构件位置放错等。放置构件时，构件用铁连接并通过泵被打入混凝土，一旦发生错误就很难改正。此外，混凝土构件的组装始终是整个施工项目的关键。因此，这一环节发生的任何延误都将影响按时完成建设项目，超过一个重要时间节点，装配过程每延误一天都要受到重大的经济处罚。一般来说，操作过程具有不确定性，除了犯错之外，还涉及各种各样的因素，包括恶劣天气、其他承包商的延误、政府的限制、事故，以及影响交货时间的设备故障。工人在不影响最终施工质量的情况下调节和随机应变的能力是更深入了解工作和生产过程的基础。

装配工人需要掌握必要的信息，以便在偏离计划的情况下迅速做出决定。由于每个项目都是独特的，而且期限很短，因此快速而精确的信息交换成了竞争优势。向个人和团队分发信息是一个特殊的挑战，以语言沟通作为交流的首选，但分散的地理位置阻碍了这种交流。组装具体构件的人员不需要接受正规的培训，而是高度依赖经验、隐性知识和行业实践。当出现偏差时，通常会通过语言沟通（如电话或现场交谈）共享信息。语言沟通的好处是能够迅速交换丰富的信息，但也有一些局限性，包括缺乏关于决策的文件，并且限制获得相同信息的参与者人数。

为了确保信息资源利用公共平台，JR 使用了微软团队（Microsoft Teams）模块，这是一个基于同行的对话平台，支持使用各种媒介进行一对多的通信。Microsoft Teams 在信息传递系统方面与脸书非常相似，JR 的大多数员工都有使用脸书的经验，这使得 Microsoft Teams 变得更容易被采用；JR 通过要求员工每天都使用交流平台确保了 Microsoft Teams 的应用，员工每天都必须登记工作时间，这些信息被直接计入工资系统，并公布给每个人，以便他们检查自己的登记情况。另外，因病缺勤的消息是公开发布的，以此让整个组织而不仅仅是受缺勤影响的团队都有机会做出相应的回应。高透明度的一个作用是，当公开进行交流时，组织间的摩擦（这种摩擦可能不被注意到）会更快地显现出来，因此可以得到更好的处理。除了允许常规的电话通话外，信息还能够以文本、图像、视频、文件和语音的形式传输，这对于一个员工不一定熟练使用电子邮件的公司是很有帮助的。允许员工通过手机上的应用程序访问该平台，以确保较高的采用率。在一个选定的工作日，24 个用户中有 15~21 个访问程序检索信息。

Microsoft Teams 采用率高的原因之一是 JR 特殊的组织结构。JR 团队具有自我管理的特征，利用平台访问与客户的电子邮件通信、数字版施工图生成的信息并定期跟踪不同施工现场的资源消耗情况。学习被视为竞争力的关键，当一个团队形成了一种习惯性的解决任务的思维时，如果团队没有获得新的灵感，它就有可能持续数年。该公司的经验是，有人提出改进一个本来不应该存在的流程的建议时，就仅仅是建议而已，因为前序步骤是在没有适当考虑后续步骤的情况下进行的；随着对整个过程的认识提高，与过程中承担不同责任的人分享想法并做出实际行动就可以消除这些不必要的流程。

12.4 分析讨论

该案例强调了协作知识管理平台在建筑行业中的使用（Buser *et al.*, 2010），在本案例中使用的是 Microsoft Teams 模块。若想了解有关 Microsoft Teams 模块的更多信息，读者可以访问以下网站：https://products.office.com/en-us/microsoft-teams/group-chat-software (archived at https://perma.cc/HP8B-9LJ4)。虽然这可能被认为是植根于比 SCM 4.0 更传统的信息系统研究，但协作平台仍然代表了特定行业的突破性技术。移动平台相当于一个分布式数据交换系统，通过移动平台进行通信并获取信息，以及提供资源消耗、进度报告和偏差登记的反馈机会。

与具有静态运营布局和已知端点间运输的工厂环境不同，建筑行业在供应链配置和运营布局方面是动态的，各种供应商为不断发展的建筑工地提供服务。SCM 4.0 必须利用多功能、可移动和灵活的技术将供应链和运营流程集成。智能手机、平板电脑、起重机、升降机、装载机、泵和关键工具的操作员控制台组成了一个集合，满足了 SCM 4.0 的许多预期特性。与产品相关的数据的自动化收集并不像以照片、测量、定位系统和个人通信等形式记录数据那么明显。

学习和教学观点是至关重要的、多方面的。在这里，尽管从非数字化建筑工地到系统性员工的转变还只是入门级别，但利用数字技术代表了一个关键的突破——一部分来自日常生活中常态化的移动设备，另一部分来自政府在建筑行业树立数字意识的举措。像 Microsoft Teams 这样的平台的功能主要是方便协作和交流，而不是辅助学习。据观察，获得图纸、工作说明和对供应链的更多了解有助于增强建筑工人学习的信心，使其在操作程序和持续的现场物流方面获得较大的支持。这一发现与 Carlie（2004）关于组织内协作团队内部和跨组织协作团队学习过程的研究结果相呼应。协作促进了特定承包商和供应商或承包商与客户之间交互模式中的潜在学习。

本案例说明了协作型 SCM 4.0 工具在促进分布式供应链中通信方面的作用。在建筑行业，合作伙伴关系发生在传统的专业能力和资源中介范围内。就 JR 而言，这些能力代表了组装预制混凝土构件（如墙壁、楼梯和阳台）的相关知识、人力和技术。供应链中的每家公司都能通过人员和工具来提供技能和知识。从 SCM 4.0 的角度来看，JR 的供应链网络为项目的知识和信息交换提供了框架。如案例所示，SCM 4.0 集成信息系统可以促进分布式组织中的协作和决策，该系统允许人们共享项目信息，并在装配团队内外进行交流定位（Brandi and Elkjær, 2019），JR 的分布式组织需要通过 SCM 4.0 通信平台来支持个人和组织学习。通过实践可知，组织能够反思自己的实践（Schön, 1983）并建立新的习惯和新的工作方式。

传统上，建筑行业中的分布式组织面临的挑战是人们等待反馈、决策和签收，以推动项目向前发展。在将组织与 Microsoft Teams 模块关联之前，公司在信息共享方面采用的是 SCM 2.0 模式，领导层是集中的，并试图对所有任务进行概述，指导所有相关人员执行特定任务。JR 尝试了不同的方法来应对决策的复杂性，他们发现安排会议时间等方面的复杂性是项目高效交付的障碍。对协调的需求是供应链的一个经典挑战，新的 SCM 4.0 协作工具使所有人都能够共享文件，获得经过审批的工作流程以及方便的“聊天”论坛，从而实现对实际挑战的在线双向交流。信息流的数字化和连接组织的新机会是领导变革和推动创建自我领导组织的重要杠杆（Laloux, 2014）。

实施协作型 SCM 4.0 技术以支持分布式供应链组织，需要对组织的未来形象进行调整。考虑到互联的信息系统，组织需要未来形象作为决策背后的推动力。JR 建立在学徒制的学习文化基础上，由经验丰富的人监督经验不足的新人。

学徒文化不仅仅关乎实际的建筑装配过程，它还包括团队中的合作，以及与合作伙伴（客户和供应商）的合作。实施这种反思自己实践的学习文化（Schön, 1983），也就是说，挑战习惯性的询问方式，与 Brandi 和 Elkjær（2019）强调对供应链和信息流进行主动管理的重要性一致。拥有学习视角可以逐步形成创新性组织能力，以平衡日益增长的数据可用性和决策复杂性之间的关系。

12.4.1　理论意义

供应链文献高度关注结构。如 Lambert 等人（1998）和 Christopher（2016）将研究重点放在物流领域如何平衡库存、交货时间、延期、成本和优化供应链，重新设计业务流程等；然而，很少人关注组织、人员和学习，即供应链管理的人文方面。

引入基于实践学习的观点（Brandi and Elkjær, 2019），展示了人在供应链管理中的重要性，以及 SCM 4.0 工具如何支持人们自我领导并拥有学习文化。对于建筑行业来说，团队学习的重要作用是对活动、技术规范、供应链、记录的偏差和突发事件有更深入和共享的观念。从理论上讲，必须审查数字平台融入运营实际的能力、透明度的保证以及为个人提供渐进式认知刺激的潜力；最后可能包括更好地使用图纸、安全说明、安全培训和认证，详细规划和优化现场物流，以及与起重机、升降机、泵等主要工具的交互。这种学习与施工人员相反，因为施工人员的实践要么有详细说明，要么由人力监督员监督，要么由于未经过批准作临时决定而被临时管控。

更具挑战性的理论意义是在数字平台上选择学习方法，这似乎受到数字化成熟度和工作场所文化的影响，也在一定程度上要求学习方法的文化适应性，更需要定位管理方法以及与企业机会相关的需求（Liboni *et al.*, 2019; Bianchi *et al.*, 2015）。虽然大多数工业 4.0 文献都涉及工厂层面的学习和协作，但本研究表明，在动态供应链管理环境（例如建筑行业，但不限于此）中，有必要建立基于理论的学习模型。类似的动态学习型组织可能会出现在如农业、救灾、国防、勘探、医疗保健和特殊物流中。

12.4.2 管理意义

越来越复杂的决策和更多的“自我领导”组织需要管理意义的框架。在当今的供应链 2.0 管理范式中，领导者应该定义一个成功的战略，然后管理和控制组织来执行该战略。将未来形象作为组织的基石对供应链领导者有着深远的影响。如 Laloux（2014）和 Antipov 等人（2017）建议，在 SCM 4.0 范例中，组织需要成为一个活的实体，由未来形象驱动，并作为指导方向和支持所有内部人员决策的指南。领导者需要找到让组织“自我领导”的方法，以便能够应对供应链 4.0 的复杂性。即使本案例团队很大程度上是自组织的，所建议的数字平台在组织的中央部分和分散部分之间有更清晰的关系，也一样会为管理层提供更好的洞察力和系统改进的机会（Bianchi *et al.*, 2015）。

12.4.3 研究局限性和未来的工作

虽然这项研究显示了有趣的成果，但这一个案例研究也存在局限性，这就限制了研究的普遍性（Erkul *et al.*, 2013）。由于目前在 SCM 4.0 的研究主题中存在的研究约束，因此在与许多其他制造业中小型企业共享许多基本运营类型的组织中，普遍性仍然处于一个初始研究阶段：白领很少，传统的 IT 工具很少，对外部 SCM 参与者的高度依赖，以及更加职业化而非扎根于明确的流程管理的运营实践。建议在进一步的研究中测试 SCM 4.0 与这些类型的关系。

我们建议未来研究在 SCM 4.0 中平衡技术吸引力和做出必要的操作 / 供应链管理改进，当然，这就需要在案例中进行技术可行性研究，同时也需要研究供应链组织采用和适应技术机会的竞争驱动力。这一问题在供应链管理人文的维度发展中也尤为关键，实例表明，SCM 4.0 技术可以连接供应链。在这种情况下，SCM 4.0 技术为人们提供了学习和改进实践的机会。未来的研究需要探索 SCM 4.0 在实践中的学习和组织形式，即自我领导的组织，这意味着要在工程、社会、商业、人文科学等领域发展新理论。产生新知识的方法将建立在两个方向上：第一个方向是理论方向，研究实用性学习理论，把解释自我领导组织作为应对 SCM 4.0 决策复杂性杠杆的一种方法；第二个方向是对拥有自我领导组织的公司和在 SCM 4.0 技术方面高度成熟的公司进行探索性研究，以找到学习和应对决策复杂性的驱动因素。

12.5 结论

本章的目的是更好地说明学习是如何成为从 SCM 2.0 持续转型到 SCM 4.0 的杠杆的。指导本研究的研究问题是：企业如何摆脱 SCM 2.0 的习惯思维？学习有助于提高供应链的效率，尤其是在领导者不再完全控制供应链，一个、两个甚至所有供应链阶段都委托给供应商的情况下；供应链领导者还应将目光投向销售、财务、IT 等职能之外的领域，以获得对客户需求、战略投资风险、人工智能、机器人和“黑灯工厂”、3D 打印和区块链等技术发展的更多见解。

在这种情况下，学习导向有助于改善日益复杂的供应链组织。在一个安全、开放的环境中，鼓励团队探索和试验新想法。团队不仅可以更有效地管理日常运营，而且可以自由地创新以获得更好的运营方式。

处理使用更多数据进行决策与复杂性增加的矛盾，对从业者和组织的学习能力有一定要求。供应链组织有独特的机会在实践学习中发展能力。建立领导能力和合作实践，培养人们反思自身实践、成败的能力，这也需要建立一种革新工作习惯和方式的学习文化。在未来供应链开发新技术（SCM 4.0）的过程中，组织设计应该为人们提供机会，让他们发展自己的个人技能和心智模式，而其前提是组织具有社会合理性。